NUR DIE WÜHLMAUS WAR ZEUGE

Martina Pahr, Jahrgang 68, Magistra der Literaturwissenschaften in Germanistik und Anglistik (Uni Heidelberg), lebt vom Schreiben und in München – und zwar beides sehr gern. Nach nervenaufreibenden Jahren als Fernsehredakteurin, Reiseleiterin und PR-Frau verbringt sie nun den Winter mit ihrem Laptop in Asien und den Rest des Jahres im Schrebergarten, wo sie die Nachbarschaft mit ihrer Experimentierfreude verblüfft (und ihrem Mangel an Fachwissen in Erstaunen versetzt). Darüber hinaus ist sie Vorsitzende der Regiogruppe Bayern der »Mörderischen Schwestern e. V.« und tritt mit Begeisterung auf Lesebühnen auf.

MARTINA PAHR

NUR DIE WÜHLMAUS WAR ZEUGE

EIN SCHREBERGARTEN KRIMI

emons:

Bibliografische Information der Deutschen Nationalbibliothek
Die Deutsche Nationalbibliothek verzeichnet diese Publikation
in der Deutschen Nationalbibliografie; detaillierte bibliografische
Daten sind im Internet über http://dnb.d-nb.de abrufbar.

© Emons Verlag GmbH
Alle Rechte vorbehalten
Umschlagmotive: shutterstock.com/by-studio,
shutterstock.com/Tartila
Umschlaggestaltung: Nina Schäfer
Gestaltung Innenteil: DÜDE Satz und Grafik, Odenthal
Lektorat: Julia Lorenzer
Druck und Bindung: CPI – Clausen & Bosse, Leck
Printed in Germany 2024
ISBN 978-3-7408-2066-4
Ein Schrebergarten Krimi
Originalausgabe

Unser Newsletter informiert Sie
regelmäßig über Neues von emons:
Kostenlos bestellen unter
www.emons-verlag.de

Für meine Mama.
Ich habe wesentlich mehr von dir mitbekommen,
als ich je (wahrhaben) wollte. Darunter auch die Liebe
zum Gärtnern, wofür ich dir sehr dankbar bin.

1

»Einen Schrebergarten?«

»Ja!«

»Noch mal.« Die Lerche klang irritiert. Oder tat sie nur so, um mich zu ärgern? »Du hast, du kriegst oder du willst einen Schrebergarten?«

Ich sprach betont deutlich in mein Handy: »Ich wollte schon immer einen Schrebergarten, ich habe gerade eben einen Schrebergarten gekriegt, und jetzt besitze ich einen Schrebergarten.«

Meine freie Hand lag lässig auf der Regentonne. Von hier aus blickte ich stolz auf meine neuen Ländereien: zweihundertzehn Quadratmeter in Premiumlage mit Blick auf den Olympiaturm. Als Wohnraum wäre so etwas in meiner »Weltstadt mit Herz« – und einem besonders großen Herz für Immobilienspekulanten – nicht zu bezahlen, ohne dafür monatlich ein Organ zu verkaufen, doch in Form einer Pachtparzelle war es spottbillig. Zudem: Zum ersten Mal in meinem Leben mietete ich nicht, sondern pachtete. Das fühlte sich genauso gediegen und erwachsen an, wie ich gern gewesen wäre.

Die Lerche lachte laut. Ich konnte förmlich hören, wie sie ihren Kopf in den Nacken legte, um mit der charakteristischen Lerchenlache ihre halbe Nachbarschaft zu beschallen. Silberglöckchen klangen anders. Nachtigallen auch. Das hier ging eher in Richtung Oldtimerhupe mit Schluckauf. Ein wenig angefasst wegen ihrer enttäuschenden Reaktion auf meine Neuigkeit wartete ich, bis sie sich beruhigt hatte.

»Was willst du denn mit einem Strebergarten?«, legte sie nach, sowie sie wieder Luft bekam. »Du kannst doch keinen Rosenkohl von einer Spalierrose unterscheiden!«

Gemeinheit. Ein Mal, wirklich nur ein einziges Mal, hatte ich beim Kräutersammeln für Frühlingspesto Maiglöckchen mit Bärlauch verwechselt, was glücklicherweise nicht tödlich geendet hatte und außerdem gefühlte Ewigkeiten her war. Doch wofür hat man Freundinnen, wenn nicht, um alte Peinlichkeiten bei jeder sich bietenden Gelegenheit aufzuwärmen? Deshalb entgegnete ich nonchalant: »Eben. Höchste Zeit, dass ich das mal lerne.«

Wieder ertönte herzhaftes Gelächter aus meinem Handy. »Es heißt ja, dass Frauen nach einer Scheidung seltsam werden. Oder vor der Menopause. Und bei dir trifft halt beides zu.«

»Hör mal, verarschen kann ich mich auch selbst!«

»Anscheinend nicht. Sonst würdest du doch nicht immer mich anrufen, Liebchen.«

Da war was dran. Aber es war lästig, dass die Lerche wieder einmal recht hatte. Also sagte ich: »Was bist du bloß für eine Freundin, Frau Nachtigall? Du bist die Erste, die ich mit dieser unglaublichen Neuigkeit anrufe, und du freust dich nicht mal für mich!« Ich legte ein wenig Timbre in die Stimme. Die Lerche hatte ein grundlos schlechtes Gewissen abonniert und ließ sich dadurch erstaunlich leicht manipulieren.

Und richtig, auch diesmal lenkte sie ein. »Natürlich freu ich mich für dich, Valentina. Wenn *du* glücklich bist, bin *ich* glücklich. Weißt du doch.«

Wieder versöhnt, lud ich sie für den Tag darauf auf einen Kaffee in mein persönliches Kleingartenparadies ein, auf meine blitzblanke, wunderbare eigene Scholle. Mein urbanes Arkadien.

Ich drehte mich um meine eigene Achse, um nochmals alles zu bestaunen: die Gartenlaube, die optisch an eine Heimwerkersauna erinnerte, mit der reichlich mit Moos bewachsenen Steinterrasse davor. Die beiden imposanten Regentonnen daneben. Das Spaliergitter aus Holz, an dem in wenigen Monaten sicher herrliche Rosen ranken würden. Die mageren Zweiglein, in Kürze garantiert reich tragende Beerensträucher. Die Beete, auf denen sich das zarte Grün der ersten Unkräuter des Jahres zeigte. Und der neongrüne Kapuzenpulli des

Nachbarn zur Linken, der hinter einer massiven Wand aus Kirschlorbeer hervorgetreten war und nun wenig dezent über den Maschendrahtzaun zu mir herüberspähte.

»Servus!«, tönte er und kam näher. Er war groß und hager, seine Haut um den weißen Bart herum tief gebräunt. Die dunklen Haare trug er in einem erstaunlich dicken Pferdeschwanz. Sein Alter war mir ein Rätsel. Wie ich später erfahren sollte, wurde es allgemein zwischen sechzig und achtzig vermutet, wobei die individuelle Schätzung jeweils um den Beisatz ergänzt wurde, er sei mit Sicherheit älter, als er aussehe.

»Du kannst Jo zu mir sagen. Wir duzen uns alle im Garten«, sagte er kauend und präsentierte eine erdverkrustete Pranke. Eine echte Gärtnerhand.

Beherzt griff ich zu und wollte mich eben vorstellen, als ein kleines, schmutziges Stück Fell neben Jo heiser bellend auf und ab sprang.

»Und das ist Flokati.«

»Passender Name.« Ich beugte mich ungelenk über den Zaun und tätschelte den Kopf des Zottels.

»Ich nenne die Dinge eben gern Bananen«, nuschelte er.

»Bananen?«

»Beim Namen, zefix!« Jo kaute sichtlich energischer und schob eine Handvoll Schokonüsse nach. »Der Hund heißt Flokati, und die beiden Goldfische Sushi.«

»Susi?«

»Sushi. Sushi eins und Sushi zwei. Und der dicke Gelbe heißt Käpt'n Iglo.« Bei diesen Worten machte er einen Schritt zur Seite.

Ich beugte mich über den Maschendrahtzaun, spähte um den Kirschlorbeer herum und konnte so einen Blick auf den kleinen Teich erhaschen, der malerisch unter Stauden und Steinen lag. So einen wollte ich auch!

»Du bist also die Neue«, kombinierte mein Nachbar scharfsinnig.

»Valentina«, stellte ich mich artig vor.

»Das ist ein Haufen Arbeit mit einem Garten, wirst schon sehen, Valentina.«

»Ich hab keine Angst vor Arbeit«, beteuerte ich. Es war erstaunlich, wie wichtig es mir, einer gestandenen Frau, doch war, in meiner neuen Gartennachbarschaft patent und fleißig zu wirken und nicht so unbedarft und planlos, wie es mir mein Ex-Mann gern vorgeworfen hatte.

»Hast du was Süßes?«, wollte Jo wissen, nachdem er endlich heruntergeschluckt hatte. Ich fand zwei Toffees in meiner Jackentasche, die ich ihm in die dreckige Hand drückte.

Zum Dank gab es einen Rat. »Ich kann dir nur empfehlen: Tu nicht zu viel! Wenn du dich zu sehr reinhängst, vergeht dir bald die Lust daran. Carpe lieber den Diem und genieße. Und wenn du Fragen hast, dann frag mich.«

»Danke, das werde ich gern machen. Beides.«

Meine erste soziale Kleingarteninteraktion lief ja so geschmeidig wie ein Stück Butter auf heißem Toast! Demonstrativ schob ich die Ärmel meines Anoraks hoch und präsentierte wie nebenbei die nagelneuen Gartenhandschuhe mit Blümchenmuster. Ich packte an, ich war eine Macherin. Eine Pächterin noch dazu. Ich surfte souverän auf dem Trend der kleinen heilen Gartenwelt. Das fühlte sich unglaublich kompetent an.

Rückblickend muss ich gestehen, dass ich an diesem herrlichen Frühlingstag keine Ahnung hatte, davon allerdings gleich eimerweise: weder vom Garteln noch davon, dass ich in Kürze dem ersten Toten meines Lebens begegnen würde, der nicht aufgebahrt und angehübscht in einem Sarg lag, wie es sich für eine anständige Leiche gehörte. Stattdessen würde er sich mir in freier Wildbahn in den Weg legen, wodurch der Begriff des »Gottesackers« einen bizarren Realitätsbezug bekam, auf den ich gern verzichtet hätte. Darüber hinaus würde ich eine regelrechte Mulch-Miss-Marple in Aktion erleben. Diese drei Dinge in Kombination – das Garteln, die Leiche und Elfriede Frühauf – sollten durch mein Leben pflügen, meine Nerven häckseln und meinen Alltag kompostieren, bis es kein Zurück mehr gab. Kaum hatte ich mein Parzellenparadies in Besitz genommen, stand mir der Biss in die Frucht vom Baum der Erkenntnis unmittelbar bevor. Und wer die Bibel kennt, kann sich denken, dass dem die Vertreibung aus meinem mentalen Garten Eden auf dem Fuße folgen würde.

Doch der Reihe nach. Im Garten hetzt man nicht.

2

Am nächsten Morgen, einem Samstag, lernte ich Senta und Adi kennen, deren Garten an den von Jo grenzte. Jos Grün lag direkt dort, wo der Veilchenweg auf den Primelpfad stieß. Die beiden waren quasi meine Übereck-Nachbarn. Senta saß auf einem Gartenstuhl, eine Decke über den Knien, und schaute zu, wie ihr Mann das Hochbeet mit Erde befüllte. Adi wuchtete die Vierzig-Liter-Säcke mit geübtem Schwung über den Rand einer Einfassung, die gut und gerne auch Platz für einen Strömungspool geboten hätte. Ich sah die Myriaden von leeren Plastiksäcken, die sich neben ihm aufhäuften. Meine Güte, wie viel Erde fraß so ein Ungetüm?

»Guten Morgen und herzlich willkommen!«, rief Senta, sprang auf und kam mit ausgebreiteten Armen auf mich zu. Ein bisschen theatralisch vielleicht. Ich wappnete mich für die Bussi-Bussi-Begrüßung, die prompt erfolgte: Küsschen links und rechts neben meinen Ohren in die Luft geschmatzt, ergänzt um ein gehauchtes »Ich bin die Senta«.

Meine neue Nachbarin war eine zierliche und aparte Erscheinung, deren kupferrote Haare in leichten Wellen kokett auf ihre Schultern fielen. Aber ich ließ mir nichts vormachen. So ein lässiger Eben-aufgestanden-Look kostete Zeit und Mühe. Wenn meine Friseurin sich der Herkulesaufgabe stellte, mich zu einer speziellen Gelegenheit entsprechend zu stylen, konnte ich locker in dieser Zeit die erste Hälfte von »Krieg und Frieden« lesen.

Ich schätzte Senta auf Anfang bis Mitte sechzig. Ihr Teint war passend zur Haarfarbe keltisch blass, obwohl ich für die Echtheit dieser Farbe keinen Finger ins Feuer gelegt hätte. Auffallendes Make-up für einen Gartentag, stellte ich fest, und für eine echte Gärtnerin erstaunlich gepflegte Hände. Ihre langen Gelnägel und die orientalisch anmutenden Ringe jagten mir eine gewisse Scheu ein.

»Komm rein und trink einen Kaffee mit«, flötete sie.

Obwohl ich wenig später mit der Lerche verabredet war, konnte ich schlecht ablehnen. Der erste Eindruck ist schließlich der, den man hinterher auf Jahre hinaus zu revidieren versucht. Wir setzten uns, während Adi in vorauseilendem Gehorsam in die Laube lief, über deren Tür eine ovale Holztafel hing. Sie schmückte der Schriftzug »Gärtner's Ranch«, komplett mit Brandmalerei und dem, was die Lerche einen »Deppenapostroph« nannte. Adi balancierte Kanne, Tassen, Zuckerdose, Milchkännchen und Keksteller auf einem Tablett zu uns an den Tisch, und seine Gattin strahlte ihn an. »Danke, Hase!« Erst dann stellte sie ihn mir vor: »Das ist Adi.«

Der als Nager Titulierte war ein behäbig wirkender Mann mit solidem Bauch und hellem schütteren Haar, der mir folgsam die Hand schüttelte und mit tiefem Bass dröhnte: »Valentina heißt du? Bist du eine Russlanddeutsche?«

Mein Name hatte also schon die Runde gemacht und wurde jetzt mit freien Assoziationen und Vermutungen, wenn nicht gar haltlosen Gerüchten ein wenig aufpoliert. Ich wollte eben erklären, dass meine Eltern große Verehrer von Karl Valentin waren und »Karla« für zu altbacken befunden hatten, doch Senta unterbrach mich.

»Hast du schon die anderen kennengelernt?«

»Den Jo hab ich gestern getroffen …«

»Ach, den Sepp!«, lachte Adi. »Denk dir nichts dabei!«

»Ich hab mir eigentlich nichts dabei …«

»Kennst du schon Friedl?«, fiel mir Senta erneut ins Wort. »Die müsste heute oder morgen auch wieder zurückkommen. Gerade treibt sie sich in Schottland rum.«

»Ist ständig auf Achse, die Gute«, ergänzte Adi. »Die wird bei dir sicher nicht gießen, wenn du mal weg bist. Wozu die überhaupt einen Garten hat, frag ich mich.«

»Um die anderen im Auge zu behalten, darum. Könnte ja sein, dass irgendetwas passiert, ohne dass sie es mitbekommt«, meinte seine Frau.

Das widersprach inhaltlich der Aussage von Adi, fand ich.

Wenn die Dame Angst hätte, etwas zu versäumen, wäre sie ja wohl nicht ständig unterwegs.

Aber Senta schien das nicht aufzufallen, denn sie fuhr fort: »Die wird sich ärgern, wenn sie mitkriegt, was sie hier verpasst!«

»Die meint ja, ohne sie könnten wir nicht bis drei zählen.« Ich unterbrach das eheliche Geplänkel. »Ich kenne nur die Frau Huber, die Vorsitzende.«

Senta verzog das Gesicht. »Na, da hast du mit dem Sepp und der Oberhuberin ja gleich den richtigen Eindruck von uns bekommen. Denk dir nichts dabei, wir sind nicht alle so.«

Ich dachte mir längst nicht so viel, wie mir hier unterstellt wurde. Zudem bildete ich mir nicht ein, die Menschen auf den ersten Blick einschätzen zu können. Ein ordentlicher erster Eindruck brauchte durchaus ein wenig Zeit bei mir, und selbst dann irrte ich mich gern mal.

Zeit schien aber ein knappes Gut in Gartengesprächen, denn Senta feuerte die nächste Frage ab: »Und die Nachbarn auf der anderen Seite von dir, das Maultäschle und das Meerschweinle, hast du die schon getroffen?«

»Schwäbischer Migrationshintergrund«, grinste Adi und ertränkte das zweite Stück Würfelzucker in seiner Tasse. Senta warf ihm einen scharfen Blick zu, und er zog die Hand zurück, mit der er nach einem dritten greifen wollte.

»Ich war gestern zum ersten Mal hier«, versuchte ich meine augenscheinliche Ignoranz zu relativieren. Was eindeutig niemanden interessierte.

»Das Maultäschle, das ist der Konrad, der erklärt dir die Welt«, fuhr Senta fort. »Ein echter Schwabe. Na ja …«

»Ich denk mir nichts dabei«, bestätigte ich unaufgefordert.

»Und seine Frau, die Lisa, die isst kein Fleisch!«, entrüstete sich Adi mit einem leichten Schaudern.

Ich fand, dass dies nicht der rechte Zeitpunkt war, meine eigene vegetarische Ernährung anzusprechen. Das würde er schnell genug mitkriegen.

»Hast du Gartenerfahrung?«, fragte Senta fast zeitgleich mit Adi, der wissen wollte: »Und was arbeitest du?«

»Ich bin Illustratorin«, antwortete ich.

»Ach, da gab es doch vor einigen Jahren diesen Film«, rief Adi begeistert. »Und zu denen gehörst du? Ich wusste gar nicht, dass man damit Geld verdienen kann.«

»Du verwechselst das mit den Illuminati, Hase«, klärte seine Frau ihn auf. »Valentina macht Zeichnungen.«

»Für Kinderbücher«, ergänzte ich.

»Ach? Ich wusste auch nicht, dass man *damit* Geld verdienen kann!« Adi lachte schallend.

»Dann hast du also gar keine Gartenerfahrung?«, kam Senta auf ihre eigene Frage zurück. »Da steht dir ja noch einiges bevor. Es ist nicht damit getan, das Zeug in die Erde zu setzen und ihm beim Wachsen zuzuschauen.«

»Das habe ich auch gar nicht …«

»Da lauern Überraschungen an jeder Ecke!«, fiel mir Adi ins Wort. »Der letzte Sommer war beispielsweise komplett verregnet, da war nichts zu wollen. Sämtliche Tomaten in der Anlage haben Braunfäule gekriegt.«

»Bis auf die von Herrn Walter, unserem Nachbar zur anderen Seite hin«, ergänzte Senta.

»Was der alles an chemischen Keulen einsetzt, will ich gar nicht wissen«, bemerkte Adi und hantierte mit einem Döschen Süßstoff. Er kam mit dem kleinen Kippverschluss nicht zurecht.

Senta nahm ihm das Ding aus der Hand und klickte versiert zwei Tablettchen in seinen Kaffee. Wahrscheinlich, damit der Würfelzucker sich nicht so allein fühlte. Währenddessen erläuterte sie: »Er war ja Apotheker, da kennt er sich aus.«

»Eine Tomate hat nicht viel mit einem Menschen zu tun«, warf Adi ein. »Trotzdem ist das nicht fair. Der kauft fertige Pflanzen und behauptet, er hätte sie selber auf der Fensterbank vorgezogen.«

»Komm lieber gleich zu uns, wenn du Fragen hast«, bot Senta an.

Ich war erleichtert, als ich das dunkle Haupt der Lerche auf dem Gartenweg erspähte, und verabschiedete mich so zügig es ging, ohne unhöflich zu wirken. Immerhin hatte ich hier noch einen Ruf zu verlieren. Ungeachtet dessen, dass ich mit meinem ersten Eindruck oft genug danebenlag, war ich mir ziemlich sicher, dass dies nicht der Beginn einer wunderbaren Gartenfreundschaft war.

3

»Was ist dadrin?« Ich beäugte die Lebkuchendose, die mir meine beste Freundin entgegenstreckte. Dass die Versiegelung bereits aufgebrochen und folglich kaum mit der Originalbefüllung zu rechnen war, hatte mein geübtes Auge sofort registriert.

»Gärtners Gold«, strahlte die Lerche und fügte als Reaktion auf meinen leeren Blick hinzu: »Küchenabfälle für den Kompost, du Dödel!«

Eine nähere Inspektion ergab, dass wenig davon brauchbar war.

»Brot!«, schrie ich. »Das hat da ja wohl nichts verloren.«

»Es ist Biobrot«, beharrte sie. Ihre dunklen Augen nahmen einen entrückten Ausdruck an. »Wusstest du, dass die Gefangenen auf Sarah Island vor Tasmanien vor mehr als zweihundert Jahren, als die Engländer den neuen Kontinent als Strafkolonie benutzt haben, ihr Brot absichtlich verschimmeln ließen? Weil sie dann auf einen Trip gekommen sind, wenn sie es gegessen haben?«

Die Lerche war eine wahre Fundgrube unnützer Informationen. Keine Quelle für guten Kompost allerdings, wie die weiteren Funde in der Lebkuchendose bewiesen.

»Du hast Mixed Pickles in die Bioabfälle gegeben? Dein Ernst?«

»Gemüse ist Gemüse«, stellte sie fest. »Was essbar ist, kann man auch kompostieren.«

»Diese Pyramidenteebeutel sind nicht essbar!«

»Die bestehen aus Maisstärke, du Kompostmeisterin.«

Die Lerche hatte keine Gelegenheit gehabt, ein Geschenk zum Garteneinstand zu besorgen, und weil sie es nicht übers Herz brachte, mit leeren Händen aufzutauchen, hatte sie zu dieser Notlösung gegriffen. Dass ihre Gabe nicht gut ankam, setzte ihr merklich zu. Meine liebe Barbara Nachtigall. Ihre fast schwarzen Haare waren neuerdings zu einem Pixie geschnitten, der ihre großen dunklen Augen und hohen Wangenknochen vorteilhaft betonte. Sie trug eine helle Reithose mit einer weiten Tunika aus Kaschmir darüber und bewies wieder einmal, dass sie die einzige Frau der Welt war, die Taupe tragen konnte, ohne damit wie eine Schüssel Haferflocken auszusehen. Man könnte annehmen, sie sei für Gartenarbeit – und im Grunde jede Art von ehrlicher Arbeit – overdressed, doch ich wusste, dass diese elegante Kluft in Wirklichkeit legere Freizeitkleidung für sie darstellte.

Ich reichte ihr eine Schaufel, griff mir einen Spaten und lockte sie zu dem Stück Rasen vor der Heckenrose. »Wie schaut's aus? Wollen wir einen Teich ausheben?«

Das waren die letzten klaren Worte dieses Tages, an die ich mich später noch erinnern konnte. Von dem Moment an, als mein Spaten gegen einen seltsamen Widerstand stieß, der sich wenig später als Wiggerl Wetzstein entpuppen sollte, Vorbesitzer meines Gartens, brachte ich keinen zusammenhängenden Satz mehr heraus.

Es war Senta, die einen Arzt rief. Immerhin musste der Tod zuallererst von einem Arzt festgestellt werden, wie sie immer wieder betonte. Dass jemand, der schon eifrig zu der Erde wurde, aus der wir alle entstanden sind, auch ohne medizinische Expertise getrost als mausetot gelten durfte, schien sie nicht einzusehen. Kleingärtnerinnen und Regeln halt.

Dr. Mittermaier kam angetattert, ihr alter Hausarzt, der so gebrechlich wirkte, als könnte er sich geradewegs mit in die Grube legen. Dann tauchten zwei Menschen von der Polizei auf, teils mit Schnurrbart und teils mit blondem Pferdeschwanz. Beide trugen Uniform und entsprachen so sehr den gängigen Klischees, als wären sie einem Vorabendkrimi entsprungen. Aber vielleicht trug ja der Mann den Pferdeschwanz und die Frau den Schnurrbart, und beide waren im Team darum bemüht, Geschlechterstereotype zu unterwandern? Ich hätte es im Nachhinein nicht mehr sagen können.

Später verlor ich vollends den Überblick. Ich erinnere mich an Frau Huber, unsere Gartenchefin, die, obwohl selbst erschüttert, zur Ansprechpartnerin für die vielen Leute wurde, die blaue oder silberne Sterne auf den Schultern durch meinen Garten trugen. Gefühlt war das gesamte Kommissariat 11 auf dem Plan.

Einer mit Silbersternchen sprach mit der Lerche und mir. Er versuchte jedenfalls, mit mir zu sprechen, doch ich starrte mit offenem Mund vor mich hin, bis Adi mir den einen oder anderen Obstler einschenkte. Davon wurde ich im Handumdrehen so müde, dass ich den gesamten Einsatz verdämmerte, der sich vor uns entfaltete: Mediziner und Ärztinnen, Forensiker, Gesprächstherapeutinnen, Barista, Tatortreinigung, das Fernsehballett und diverse Kreuzfahrtkapitäne, wenn ich mich recht erinnere. Eine Frau in Grellweiß gab mir etwas, wodurch alles besser wurde: einen Klaps auf den Hintern, eine Spritze in den Arm oder eine Tablette.

Als ich am nächsten Morgen in meinem Bett aufwachte und die Lerche, die das Ganze unbeschadet überstanden hatte, mir den ersten Darjeeling des Tages kredenzte, umspannte bereits ein Absperrband in Weiß und Rot mein urbanes Arkadien. Das war's dann gewesen mit der kleinen heilen Welt.

4

Damals sprach ich noch nicht so fließend Botanisch wie heute. Wörter wie Grünschnitt und Karbidstein waren böhmische Dörfer für mich, und Unkraut nannte ich Unkraut, statt den politisch korrekten Begriff »Beikraut« zu verwenden. Beikräuter baute ich am Anfang viele an, weil ich sie nicht von den Hauptkräutern unterscheiden konnte. Ich hatte keine andere Wahl, als das Zeug wachsen zu lassen, bis es groß genug war, damit ich es erkennen konnte – und selbst dann gab es noch Überraschungen. Doch im Garten ersetzt Enthusiasmus glücklicherweise konkretes Fachwissen, anders als etwa in Medizin oder Politik, wie ich hoffte. Außerdem finden sich auf YouTube Anleitungen für schlichtweg alles: eine Wunde mit einfachem Küchengerät verarzten, Hochbeete aus Sperrmüll gestalten oder Wärmekissen aus Nachbars Katzen nähen.

»Hauptsache, es macht dir Freude«, sagte Konrad zu mir, mein Nachbar zur Rechten.

Er war sehr groß und sehr bebrillt und hatte den Kopf voller dichter ergrauender Locken. »Rollehaar«, wie es auf Schwäbisch heißt. Seinen Dialekt pflegte er – wie auch seinen Garten – voller Stolz und Hingabe.

Großzügig bot er mir Zugriff auf seinen reichen Wissensschatz an. »Den Rescht kriegschd schnell mit. Frog oifach mi.«

Ich versprach es. Aber im Moment plagten mich keine botanischen Fragen. »Was war denn los? Wer war das in meinem Garten?«

Der Kommissar, der mich am Vortag zu Hause besucht und auffallend oft die Lerche angeschaut hatte, während er mir Fragen stellte, hatte nur einen Namen genannt: Wiggerl Wetzstein. Von der Eckbank der Nachbarn schaute ich zu meiner abgesperrten Scholle hinüber. Die Leute von der Spurensicherung, die am Vormittag hier gearbeitet hatten, waren inzwischen weg. Ein, zwei Tage, hatte die Lerche gesagt, dann dürfe ich bestimmt wieder hinein. Wenn ich dann überhaupt noch wollte. Ich seufzte.

»Wiggerl hatte den Garten vor dir, und zwar scho immer«, sagte Konrad und seufzte ebenfalls. »A feiner Kerle Mitte siebzig. Tierlieb, freundlich und hilfsbereit. Und überall sein Riassl drin.«

»Vielseitig interessiert, meint mein Mann«, erklärte Lisa, stellte einen Becher Kaffee vor mir ab und setzte sich mit auf die Bank.

»A Grillmoischter wie koi zwoiter. Mir hen immer Grillator zu ihm gsagt.«

Ich setzte diesen Begriff im Geiste auf meine Liste der böhmischen Dörfer.

»Dann hat man ihn irgendwann gar nicht mehr gesehen«, erzählte Lisa weiter. Die Brille war das Einzige, was sie – zumindest rein äußerlich – mit ihrem Mann gemeinsam hatte. Die und der beklagenswerte Hang zu Funktionskleidung – auch wenn ich zugeben musste, dass ihre Outfits wesentlich kompetenter wirkten als die alte Jogginghose, die ich trug. So groß ihr Mann war, so klein war Lisa, und seinen Lockenkopf kontrastierte sie mit einem glatten aschblonden Bob. Darüber hinaus wirkte sie eher zurückhaltend und überließ das Reden ihrem Mann. Doch ich war mit dem spröden Charme schwäbischer Frauen durch eine ehemalige Kollegin und deren Freundinnen vertraut. Erst hatte man das Gefühl, man würde von oben bis unten abgeschätzt und eher kühl empfangen. Doch wenn sie dann zu der Meinung kamen, man sei schon recht, tauten sie auf und wurden herzlich.

»Mir hen ihn vermisst. Ihn und des Schleifgerät, des mir ihm glieha hen, bevor er sich verabschiedet hot. Und jetzt so was«, sinnierte Konrad.

»Stimmt nicht!«, warf Lisa ein. »Verabschiedet hat er sich ja nicht. Das war saudumm von ihm, haben wir alle gedacht. Aber im Nachhinein …«

Sie schaute jetzt ebenfalls wehmütig zu meinem Garten hinüber. Im Nachhinein betrachtet hatte Wiggerl gar keine

Gelegenheit mehr gehabt, die Nachbarn zu einem soliden Ausstand einzuladen.

»Wenn das die Friedl erfährt«, bemerkte Konrad und lachte kurz auf. »Menschenskind! Höchste Zeit, dass die wieder zurückkommt.«

Die Geschichte, die mir die beiden erzählten, war folgende: Sie selbst hatten Wiggerl zuletzt eineinhalb Jahre zuvor gesehen, Anfang Oktober, zum Erntedankfest. Wobei: Es war nicht das offizielle Erntedankfest der Gartenanlage, sondern eine Art alternative Veranstaltung gewesen, privat und zum Trotz. Weil sich meine gesamte Gartennachbarschaft zuvor mit der Oberhuberin zerstritten hatte, es war um Ratten oder um Laufenten gegangen, vielleicht auch um Hühner oder Kaninchen. Jedenfalls hatten Konrad und Lisa, Jo aka Sepp, Senta und Adi, Herr Walter und Wiggerl angekündigt, dass sie das Erntedankfest boykottieren und zeitgleich eine eigene Party im Garten von Senta und Adi feiern würden.

»Die Friedl war nicht dabei, die hätte das vielleicht hinbiegen können«, sagte Lisa. »Aber die musste sich ja wieder bei den Schotten rumtreiben. Mensch, war die Oberhuberin sauer! Wie hat sie das genannt? Eine Trotzaktion wie im Kindergarten, glaube ich.«

»Ned des erschte Mol, dass die mit ons eigschnappt war«, seufzte Konrad

Seine Frau nickte begeistert. »Wenn irgendwo in der Anlage eine Extrawurst gegrillt wird, dann mit Sicherheit hier in unserer Ecke.« Das schien Lisa zu amüsieren – trotz oder wegen ihrer augenscheinlichen Korrektheit.

Dann war ohnehin die Winterpause gekommen, eine Zeitspanne, in der die Gartenleute traditionell kaum Kontakt zueinander hielten.

»Mir sehet die andere nur in der Gardasaison. Vielleicht treffa sich die, die besser miteinander befreundet sind, ja au im Winter«, erklärte das Maultäschle. Es klang, als wäre ihm die zeitweise Distanz zur subversiven Nachbarschaft gar nicht mal unrecht.

Anfang des Frühlings hatte sich Wiggerl dann nur noch wenige Male sehen lassen, bevor er ganz von der Bildfläche verschwunden war. Er sei zu seiner Schwester in den Norden gefahren, hatte es an den Zäunen und Hecken geheißen. Die Gartenpacht, die im März in Rechnung gestellt wurde, hatte er jedenfalls nicht bezahlt und auch auf Mahnungen nicht reagiert. Was völlig untypisch für ihn war.

»Da hat unsere Ecke zusammengelegt und das Geld vorgestreckt«, erzählte Lisa.

Konrad nickte leicht gequält. Dass sie ihre Einlage nicht mehr wiedersehen würden, war durch meinen Fund leider offensichtlich geworden. Die Nachbarschaft habe sich obendrein um den Garten des Abwesenden gekümmert, damit die Natur ihn nicht zurückeroberte. So wie Konrad es beschrieb, klang es, als wäre die Laube auf meiner Parzelle in Gefahr gewesen, vom bayerischen Dschungel der gemäßigten Zonen völlig verschluckt zu werden, Angkor Wat statt Arkadien.

»Aber der Oberhuberin isch es zu dumm gworda, dass der Wiggerl sich aus dem Staub gmacht hot, und den Garda hot er liega lassa«, sagte Konrad. »I woiß gar nedda, wie oft die versucht hot, ihn anzurufa, und wie viele Briefe sie gschickt hot. Dann hot se ihm kündigt. Und als er dodrauf immer no nedda reagiert hat, hosch halt du den Garda gkriegt.«

Zwei Augenpaare sahen mich mit leichtem Vorwurf an. Ich würde meinen Vorgänger nicht adäquat ersetzen können, da ich weder handwerklich begabt noch versiert an der Grillzange war. Immerhin hatte meine Nachbarschaft beim Vorstand durchgesetzt, dass mir der Garten mitsamt der kompletten Ausstattung übergeben wurde.

»Der Wiggerl hätte sein Zeug eh nicht mehr abgeholt, haben wir uns gedacht«, sagte Lisa. »Wenn er schon den ganzen Garten im Stich lässt. Und du kannst das behalten, was du brauchst, und den restlichen Kruscht entsorgen. Werkzeuge, Mobiliar und der ganze Krempel, das kostet eine Stange Geld, wenn man sich alles neu anschaffen muss.«

»Bis auf des Schleifgerät«, sagte Konrad. »Des hättat mir scho gern wieder.«

Und doch glaubte ich, dass die Tränen, die in seinen Augen schimmerten, nicht nur seinem Werkzeug galten, sondern vor allem dem verlorenen Gartenfreund.

5

Zwei Tage später war es dann so weit: Ich durfte wieder in meinen Garten. Sein Image als Insel der Glückseligen war mittlerweile natürlich nachhaltig geschreddert.

Dies war in jeder Hinsicht ein Ausnahmejahr für mich, das mit gleich mehreren Premieren Herausforderungen an allen Ecken bot. Zum einen war ich frisch geschieden. Tatsächlich hatte ich mich auf die Warteliste für eine urbane Oase setzen lassen, als es anfing, in meiner Ehe zu kriseln. Oder besser: als uns beiden langsam dämmerte, dass unsere Lebensentwürfe doch nicht so gut miteinander harmonierten, wie wir immer gedacht hatten, und wir noch hofften, es irgendwie einrenken oder wenigstens ignorieren zu können. Zum anderen war es mein erster Garten; dies allein schon ein massives Projekt, das mir auch in schlichteren Jahren einiges abverlangt hätte. Doch in diesem hatte ich darüber hinaus endlich den Sprung in die Freiberuflichkeit gewagt und mich als Kinderbuchillustratorin selbstständig gemacht. Eine Handvoll solider Anfragen, die einträgliche Folgeaufträge versprachen, hatten mir den Einstieg nahegelegt – und natürlich auch mein früherer Chef, der mit seiner Hektik jede Kreativität im Keim erstickt hatte.

Nun kam zu alldem noch ein Mordopfer, das in unmittelbarer Nähe aufgetaucht war. So abgebrüht wir auch zu sein glauben bei all den Nachrichten und Krimis, die wir tagtäglich konsumieren: Eine unmittelbare, echte Begegnung, noch dazu aus heiterem Himmel und offener Erde, macht was mit einem. Die Redewendung »Dem Tod von der Schippe springen« hatte sich für mich umgekehrt: Ich hatte den Tod buchstäblich auf die Schippe respektive den Spaten genommen. Das machte noch mehr mit mir.

»Kneifen gilt nicht, Liebchen«, hatte mir die Lerche zugeflüstert und ein wenig vom Kreislauf der Biologie erzählt.

Wir gärtnern, um zu leben, und leben, um auf dem Kompost der Ewigkeit zu landen … irgendwas in der Art. Leider musste sie arbeiten, weshalb ich mich dem Tatort allein stellte.

Irgendeine gute Seele hatte den Aushub wieder in das Loch zurückgeschaufelt, den Teil, den Wiggerl eingenommen hatte, mit Gartenerde aufgefüllt und das Ganze platt gedrückt. Das sah proper aus, und die Lust auf einen Teich war mir ohnehin vergangen. Erdbeeren würden sich hier auch gut machen, überlegte ich. Doch obwohl die Leiche, die guten Dünger abgegeben hätte, nicht mehr da war, hatte ich Skrupel, Erdbeeren zu essen, die möglicherweise noch ein paar Moleküle meines Vorgängers enthielten.

Ein schriller Pfiff von nebenan, begleitet von einem heiseren Bellen, holte mich aus meinen Gedanken. Mein Nachbar stand am Zaun. »Furchtbar, Valentina. Was für ein Einstand. Wie geht es dir?«

Flokati streckte sich am Zaun hoch und leckte meine Hand. Die Anteilnahme, ich gebe es zu, tat gut. Dieses Gefühl wurde nur leicht geschmälert durch die unverhohlene Neugier, die aus Jos Augen stach.

»Ach, ich stehe noch richtig unter Schock«, wollte ich ihm mein Leid klagen, als er mich unterbrach.

»Was sagt die Polizei? Weiß man schon was?«

Die Grenzen von Jos Mitgefühl waren eng gesteckt. Um ihm einen leichten Dämpfer zu versetzen, erzählte ich eine wilde Geschichte: »Sie haben schon einige Spuren, Sepp. Und etliche davon führen in den Garten. Vielmehr bleiben sie im Garten, um genau zu sein.«

Jo schüttelte sich, als hätte er in eine Zitrone gebissen. »Meine Freunde nennen mich Jo, das weißt du doch.« Er rümpfte seine Nase in Richtung von Sentas und Adis Garten. »Solche Leute, klar, die sagen Sepp, aus reiner Bosheit. Auf die musst du nicht hören. Weißt du, wofür Adi die Abkürzung ist?«

»Adalbert?«

»Denk noch mal nach. Ist ein bekannter Name, Teil unserer

Geschichte. Und dann überleg dir, wie ein Mensch gestrickt sein muss, wenn er diesen Namen nicht ändert.«

Ich überlegte. Was sagte es aus, wenn man den Geburtsnamen behielt, selbst wenn er durch Namensvettern und -basen eine schale Assoziation bekommen hatte? Hatte mein Nachbar übersehen, dass er sich den Vornamen mit Stalin teilte, der selbst nicht gerade als Gutmensch in die Geschichte eingegangen war? Jo hielt mein grüblerisches Schweigen nicht lange aus und schlug vor, bald mal an einem Wochenende meinen Einstand mit einem zünftigen Umtrunk zu feiern. Damit ich alle kennenlernen und den Schock überwinden könne.

»Das ist aber nett von dir, danke.«

»Ja, nicht bei mir! Bei dir im Garten, ist ja dein Einstand. Ein kleines Grillfest bricht das Eis. Musst halt warten, bis Friedl wieder zurück ist.«

Da war sie wieder, die mysteriöse Friedl. So langsam wurde ich wirklich neugierig. Aber ich hielt mich bedeckt und fragte stattdessen: »Standet ihr euch nahe, der Wiggerl und du?«

Jos leicht gerötete Augen wurden feucht, wie die von Konrad ein paar Tage zuvor. Er zwinkerte ein paarmal und antwortete dann: »So nah sich Nachbarn nur stehen können. Wiggerl und ich waren die einzigen Junggesellen hier, das verbindet. Nur dass er nie verheiratet war und ich geschieden bin. Aber mein Sohn besucht mich nur ab und zu mal, im Grunde flogen wir alten Herren beide solo. Und Wiggerl war ein guter Mensch, geradeheraus und hilfsbereit. Da könnten sich andere eine Scheibe von abschneiden.«

Er schaute wieder zu seinen direkten Nachbarn hinüber. Dann machte er auf dem Absatz kehrt und eilte davon. Flokati hechelte ihm hektisch hinterher.

Ich nahm den Spaten in die Hand, brachte es aber nicht über mich, ihn in die Erde zu stoßen. Das Gefühl, wie er den fremden Körper berührt hatte, seltsam nachgiebig und doch fest, juckte immer noch in meinen Handflächen. Unmotiviert zog ich mit der langstieligen Gartenkralle ein wenig Grünzeug aus dem verwahrlosten Gemüsebeet. »Verwahrlost« war nicht meine eigene Wertung. Ich sah da nichts anderes als bunt zusammengewürfelte Blümchen, die hier ein erfülltes Pflanzendasein führten. Aber ein gediegenes Schrebergartenbeet sah eben doch anders aus. Da wurden der kurvenreichen Natur, die sich hierhin und dorthin wölbte, wenn man sie nicht mit Gartenschere und Drähten daran hinderte, klare Linien entgegengesetzt: Radieschen in Reih und Glied, dahinter Möhren, Lauch, Bohnen oder Grünkohl. Ich fragte mich, wo die Bezeichnung »Kraut und Rüben« für ein wildes Durcheinander eigentlich herkam. Sicher nicht aus einer Kleingartenanlage. Krautiges und Rübenartiges wuchs hier sortiert und strukturiert, wie mir bereits aufgefallen war, als ich auf der Warteliste für mein Parzellenparadies gestanden hatte. In diesen fast vier Jahren war ich oft durch die Anlage geschlendert und hatte die Gärten in Augenschein genommen, als Inspiration für meine Arbeit und Ausdruck meiner Hoffnung, bald dazuzugehören. Meine eigenen Beete würden dieses starre Muster durchbrechen, hatte ich mir gedacht. Lockere Grüppchen statt langer Reihen, bunte Mischungen in launigen Formen angeordnet, vielleicht in konzentrischen Ringen oder als Spirale. Damals hatte ich große Pläne gehabt und wenig Ahnung. Die Pläne sollten in den folgenden Gartenjahren kleiner werden, doch meine Ahnung ihren Umfang weitgehend beibehalten.

Irgendwann gab ich die halb gare Arbeit auf und ging in den kleinen Verschlag hinter der Laube, in dessen einer Hälfte eine Komposttoilette untergebracht war. In der anderen, die ich mit einem bunten Tuch optisch abtrennen wollte, befand sich eine Falltür, die eine recht große, sauber gefliste Grube im Boden abdeckte – ein Erdkeller oder auch Kühlloch, in dem sich Getränke und Gemüse sicher gut lagern ließen. Dahinter waren sämtliche Werkzeuge von Wiggerl griffbereit in Regale sortiert oder säuberlich an der Wand aufgehängt. Keine Schleifmaschine, soweit ich sehen konnte, dafür alles potenzielle Tatwaffen: Schlauch, Gartenschere, Mistgabel, die Säge für den Astschnitt, dazwischen Schneckenkorn und Teichfolie … Mir kam der Gedanke, dass ich mit Leichtigkeit vier oder fünf Menschen nicht nur auf unterschiedlichste Weise umbringen, sondern ihre Überreste gleich im eigenen Garten entsorgen könnte. Im Komposthaufen. Im Kühlloch. Im Hochbeet, sofern ich eines bauen würde. Vielleicht sogar im Spitzboden, den ich logischerweise haben musste, weil der Dachgiebel emporragte, das Laubeninnere aber eine flache Decke aufwies. Ein weiteres Geheimnis, das nur darauf wartete, von mir gelüftet zu werden. Vom Münchner Heckenscherenmassaker trennte mich im Grunde nur eine dumme Bemerkung über meine gärtnerische Inkompetenz.

Bevor meine dunklen Gedanken überhandnehmen konnten, streifte ich mir die Blümchenhandschuhe über. Die hatte ich besorgt, bevor ich wusste, dass die Optik nicht das entscheidende Kriterium für Gartenhandschuhe war. Dann schnappte ich mir Gartenschere und Eimer. Es war nicht warm, dafür aber sonnig. Ein schöner Tag für ein bisschen Therapie: Runter von der Psychocouch und rein in den Garten!

Ob es zu früh war, die kreuz und quer austreibenden Rosenstöcke ein wenig auf Vordermann zu bringen? Oder sollte ich lieber auf die Eisheiligen warten, falls doch noch ein Frost kam? Nur mit Mühe unterdrückte ich das mentale Bild, dass jener, der diese Rosen gepflanzt hatte, sie eine ganze Weile lang von unten betrachtet hatte, quasi wortwörtlich. Wie sahen die Wurzeln einer alten Rose eigentlich aus? Ob sie stark genug waren, um …?

»Die Rosen kannst jetzt schneiden, das passt, die Forsythien blühen ja schon. Und beißen tun sie auch nicht«, durchschnitt da eine klare Stimme ein wenig schroff mein Zögern.

Wie ich bald feststellen würde, schwang bei ihr immer diese gewisse Note mit, die klang, als würde sie sich insgeheim köstlich amüsieren. Meist über die anderen und in diesem konkreten Fall über mich. Ich drehte mich um und sah die oft beschworene Friedl vor mir: Elfriede Frühauf, die Besitzerin des Gartens genau meinem gegenüber. Den hatte ich zuvor schon ausgiebig bewundert, und jetzt bewunderte ich die bunt gekleidete Dame jenseits der siebzig mit kurzem weißem Haar und einer drahtigen, leicht nach vorn gebogenen Figur, die mich mit ihren grünen Augen ungeniert von oben bis unten abscannte. Auf dem Rollator, den sie schob, stand ein Vogelkäfig, in dem sich zwei Wellensittiche in Grün und Blau auf der Stange festkrallten.

»Grüß Gott, Frau Frühauf«, sagte ich. Der Ansage von Jo, dass sich in einer Gartenanlage alle ungehindert duzten, ungeachtet von Alter, Bekanntschaftsstatus und Ernteerfolg, traute ich nicht. »Ich bin Valentina, die neue Nachbarin.«

Friedl lachte herzhaft, möglicherweise über meine guten Manieren. »Komm halt mit rüber, kriegst einen Kaffee. Und dann erzählst du mir alles, was hier passiert ist, während ich weg war. Vor dir muss man sich ja in Acht nehmen, hab ich gehört! Wäre besser, du gräbst erst mal nichts mehr um.«

6

Die Tulpen und Narzissen in Friedls Garten konnten sich sehen lassen. Über ihrer Parzelle schien offensichtlich eine eigene Sonne. Noch wusste ich nicht, dass meine Nachbarin mit Doping arbeitete: Sie löste alte Medikamente, für die sie keine Verwendung mehr hatte, im Gießwasser auf und trank garantiert nur deshalb Kaffee, damit sie mit dem Kaffeesatz ausgewählte Lieblinge verwöhnen konnte. In ihrem Reich sprangen kleine Elfen von Blüte zu Blüte und spielten Kobolde unter den Büschen Verstecken. Eine ideale Quelle für Motive! Doch so poetisch sich der Zaubergarten präsentierte, so wenig sentimental war seine Herrin. Ich würde sie nicht direkt als pietätlos bezeichnen, doch sie war nah dran.

»Nun ist er für immer steif. Was Besseres kann diesen Machos doch gar nicht passieren«, sagte sie und holperte mit ihrem Rollator über die Steinplatten zur Terrasse.

Ich schluckte. »Das muss furchtbar für Sie sein, Frau Frühauf. Standen Sie sich nahe?«

»Traurig ist das, sicher. Der Wiggerl war ein lieber Mensch, der nicht verdient hat, dass man ihn kommentarlos verbuddelt. Aber wenn man eines im Garten lernt, dann, dass der Tod Teil des Lebens ist.«

»Das hat meine Lerche auch gesagt.«

Meine Nachbarin drehte sich um und sah mich fragend an, schien aber zu akzeptieren, dass auch ich einen Vogel hatte, und zwar einen sprechenden.

»Magst ein Wasser zum Kaffee, Mädel?« Sie stellte den Vogelkäfig auf einen Hocker, der unter einem Granatapfelbaum bereitstand, und schob sich zur Laube weiter.

»Gern.«

Friedl öffnete die Laube und verzog sich samt Rollator nach drinnen, wo sie laut hantierte.

Nach ihrer Rückkehr griff sie in die Tasche ihres Rentnerporsches und brachte ein volles Glas mit Wasser zum Vorschein, ohne einen Tropfen zu verschütten. Ich vergaß vor Erstaunen, mich zu bedanken.

Wir setzten uns an einen kleinen, mit einem bunten Mosaik versehenen Tisch, der unter dem Holzvordach der Laube stand. Diese Terrasse erlaubte den Blick in ihren Garten, der ums Eck ging und von zwei Seiten her einsichtig war, ohne dass man sich hier exponiert gefühlt hätte.

»Wenigstens hat er's jetzt hinter sich«, sinnierte Friedl. »Kann ja nicht jeder sanft beim Fernsehen entschlafen oder sich von einer Tram überfahren lassen. Wie kam es denn zu deiner posthumen Bekanntschaft mit Herrn Wetzstein?«

Ohne mich zu unterbrechen, hörte sie sich aufmerksam an, wie ich von meinem Grabeplan erzählte, dem Schock und dem Drama, das sich daraufhin entfaltet hatte.

»So unvermittelt, wie er abgetaucht ist, ist er wieder aufgetaucht«, kommentierte sie dann. »Tut mir leid für dich, Valentina. Wenn du mit dem Tod und seinen hässlichen Fratzen nicht vertraut bist, macht das was mit dir, da beißt die Maus keinen Faden ab.«

Sie rollte wieder in die Laube und kam mit einer großen Espressokanne Kaffee, Milch und Zucker zurück. Aus ihrer Rollatortasche kramte sie Tassen und Tupperdosen hervor.

Ich berichtete: »Nach dem Winter hat sich der Wiggerl nur kurz sehen lassen und ist gleich wieder verschwunden, hab ich gehört.«

»Bei der Schwester sei er, haben sie behauptet«, bestätigte Friedl. »Das hab ich damals schon nicht geglaubt. Der war doch ein klassisches Einzelkind.«

»Ich dachte, er war hilfsbereit und nett?«

»Und Einzelkinder sind das nicht?« Sie lachte wieder herzhaft.

Langsam gewöhnte ich mich daran, sie mit meinen Äußerungen zu erheitern. Sie schob mir einen Teller mit Käsekuchen hin.

»Nein, danke. Ich muss aufpassen, ich setz immer gleich

am Bauch an. Erst neulich hat mich jemand gefragt, ob ich schwanger bin.«

»Das hab ich mich auch schon gefragt. Aber dann dachte ich mir: in deinem Alter?«

»Ich bin einundvierzig!«

Friedl grinste mich an, und ich gab mich geschlagen und nahm den Kuchen dankend entgegen. Irgendwo summten Bienen. Die ersten Bienen, die ich dieses Jahr zu Gehör bekam.

»Genieße die kurze Zeit, wenn es schon schön ist und die ganze Arbeit noch nicht angefangen hat«, riet meine Gastgeberin und blinzelte in die Frühlingssonne. Ihr Feengarten war also selbstzauberd.

»Konrad sagt, ich soll jetzt schon umgraben, das Unkraut rausziehen und dann aussäen. Ich soll ein Pflanzenvlies drüberlegen, sagt er, dann wächst das jetzt schon.« Ich dachte an Fleecestoff und grinste beim Gedanken daran, wie die zarten Sprösslinge allesamt fesche Outdoorjäckchen tragen würden.

»Wenn das Maultäschle nichts Besseres zu tun hat, soll er das tun. Aber das ist Schmarrn.«

»Ich hatte nicht den Eindruck, dass er mich anlügt.«

»Die Leute lügen dich nicht unbedingt an, Mädel. Aber sie erzählen immer nur die Hälfte. Die andere vergessen sie. Oder verschweigen sie. Wenn du die Eisheiligen abwartest und dann säst, wächst das Zeug genauso schnell. ›Säst mi im April, dann komm i, wann i will, säst mi im Mai, dann komm i glei‹, wie die alte Bauernregel sagt. Und die alten Bauern wussten Bescheid.«

»Jaja, ich weiß schon. Die dicksten Bauern haben die dümmsten Kartoffeln.«

Friedl sah mich nachdenklich an, wie ich mit vollen Backen kaute, und sagte dann: »Der Wiggerl war ein Guter. Ich kann mir nicht erklären, welchen Grund einer haben sollte, ihn ums Eck zu bringen. Aber die Leute finden immer irgendwelche Gründe, um ihre Bosheit auszuleben. Und manchmal brauchen sie gar keinen. So sind die Menschen.«

Wie es aussah, war Friedl kein Fan von ihnen.

»Die Polizei meint, es könnte ein Unfall gewesen sein. Der Winkel der Wunde am Kopf lässt nicht zwingend auf einen Schlag schließen«, klaubte ich in meiner Erinnerung zusammen, was mir die Lerche erzählt hatte. »Er könnte gestürzt sein und sich den Kopf unglücklich angehauen haben.«

»Aha«, machte Friedl und hängte ihren gefiederten Freunden, die vergnügt vor sich hin zwitscherten, eine Hirsestange zwischen die Stäbe. »Er ist also gestolpert und dumm gefallen. Kommt schon mal vor. Und dann hat er sich eingegraben, um niemanden mit seinem Anblick zu erschrecken?«

»Na ja …« Ich würde das noch mal mit der Lerche durchsprechen. »Wie heißen denn Ihre Sittiche?«, wechselte ich das Thema.

»Hinz und Kunz. Josef hat mir bei der Namenssuche geholfen.« Auf meinen fragenden Blick hin fügte Friedl hinzu: »Josef Krüger? Dein direkter Nachbar?«

Der Mann mit den vielen Namen. Auch mit vielen Gesichtern?

Und dann erzählte mir Friedl einen Witz: »Der kleine Kurt kommt in die Schule, und alle Buben sollen ihren Namen sagen. Der erste sagt: ›Ich heiße Hans.‹ Da sagt der Lehrer: ›Nein, Bub, du heißt doch bestimmt Johann.‹ Der zweite: ›Ich bin der Sepp.‹ Der Lehrer: ›Ich glaube, du bist in Wirklichkeit der Josef.‹ Und wie der kleine Kurt an die Reihe kommt, sagt der prompt: ›Und ich heiße Joghurt!‹«

Weil ihr Witz nicht recht zünden wollte, schnappte sie sich den Rollator und schob sich erneut in Richtung Laube. Mir war schon aufgefallen, dass sie kurze Strecken mit einem Stock ging und nur, wenn es etwas zu transportieren gab, das Wägelchen nahm. Sie rollte zurück und brachte eine Flasche Schnaps zum Vorschein, den sie Garten-Gin nannte. Versiert schenkte sie daraus zwei Stamperl voll, die sie ebenfalls aus der Rollatortasche gezogen hatte. »Sagen wir doch Du und sind wir wieder gut«, bot sie als Trinkspruch an.

Wir stießen an, dann fragte ich: »Wieso wieder gut? Hatten wir denn Krach?«

Statt zu antworten, lachte Friedl nur. Ich nahm einen Schluck. Dieser Gin war wirklich lecker.

»Die Nachbarn ratschen gern und lieben es, Gerüchte zu verbreiten«, erläuterte meine Nachbarin. »Den Josef nennen die einen Jo, weil ihm das gefällt, und die anderen Sepp, weil sie ihn ärgern wollen. Ich bin in der Hinsicht die Schweiz. Wir sind halt vor allem alte Leute hier, wir haben Zeit und schwatzen deshalb gern und viel. Aber im Grunde sind wir meistens hilfsbereit und größtenteils harmlos.«

Letzteres sollte sich als Fehleinschätzung des Jahres herausstellen.

7

Samstagfrüh fuhr ich mit der Lerche und ihrem alten Kombi einkaufen. Der Morgen versprach schönstes Frühlingswetter, und ich wollte den Kamingrill, den ich von Wiggerl geerbt hatte, zum geselligen Kennenlernen am Nachmittag einheizen. Holzkohle und Anzünder hatte ich in einem Spind hinter der Laube gefunden; jetzt fehlten uns noch Getränke, Grillgut, ein paar Beilagen und Knabberzeug.

»Doch nicht den teuren!«, ermahnte mich die Lerche bei meinem Griff zum Rotwein. »Das wird ein Grillfest, keine Verkostung. Nach ein, zwei Stunden kriegen doch eh alle nicht mehr mit, was sie da zur Bratwurst schlucken.«

Sie hatte eben wesentlich mehr Partyerfahrung als ich.

Dann dozierte sie über einer Flasche Merlot: »Wusstest du, dass es früher Sitte war, dass die Dame des Hauses zu Beginn eines Essens, zu dem Gäste geladen waren, demonstrativ ein bisschen Wein auf dem Tischtuch verschüttete, Rotwein natürlich, damit es den Gästen nicht peinlich sein musste, wenn sie hinterher kleckerten, weil das Tischtuch eh schon hinüber war? Und überhaupt: Sollten nicht deine Gäste für die Getränke aufkommen? Immerhin stellst du das ganze andere Zeug und musst hinterher aufräumen.«

»Ich weiß gar nicht, wie da die Etikette ist«, gab ich zu. »Vielleicht muss ich die Feier ja irgendwo anmelden? Hat die Grillsaison schon offiziell begonnen? Ist die Anzahl der Gäste begrenzt? Oder das Gewicht des Grillguts pro Gast?«

Die Lerche lachte schallend, und ich griff zum Handy und rief Friedl an. Sie war die Einzige, die mir nicht angeboten hatte, sie zu fragen.

»Ein Kasten Bier, Punktum! Nimm nicht das fade Augustiner, das trinken die Leute doch nur aus Gewohnheit«, sagte die und empfahl mir eine Alternative. »Wer sonst was will, kümmert sich selbst drum. Ich bring eine Flasche Garten-Gin mit und vielleicht eine Apfeltarte, wenn ich einen guten Tag hab. Rechne pro Person mit zwei Brezen, das Zeug für auf den Grill besorgen alle selbst. Zwei Becher Kartoffelsalat, den kannst fertig kaufen, ein paar Radieserl, Ketchup, Senf, Grillsoße und aus die Maus. Gemüsebeilagen oder Salate brauchst nicht, außer dir und dem Meerschweinle rührt das eh keiner an.«

Das machte die Sache schon übersichtlicher. Freilich würde ich für Lisa und mich leckere vegetarische Spezialitäten besorgen, jetzt erst recht.

Während ich mich durch das Überangebot an Soßen quälte, sprach die Lerche den Elefanten im Gewächshaus an: »Dir ist schon klar, wie hoch die Chancen sind, dass einer deiner Gäste deinen Vorgänger auf dem Gewissen hat?«

Ich verschloss meine Ohren und studierte hingebungsvoll die Regale. Mango? Worcestersoße? Remoulade? Chili? Barbecuesoße? Curry-Mayonnaise? Cocktailsoße? Hummus? Die Auswahl war riesig.

»Überleg doch mal: Rein statistisch kommen Mörder fast immer aus dem persönlichen Umfeld. Wiggerl war alleinstehend, da scheidet ein Beziehungsdrama schon mal aus. Er war in Rente, also niemand aus der Arbeit. Bei ihm gab's nichts zu holen, also weder ungeduldige Erben noch ein Raubmord.« Die Lerche gab nicht nach.

»Vielleicht war er ja zur falschen Zeit am falschen Ort? Und hat was gesehen, das er nicht sehen sollte?«

»Wenn er im Garten verscharrt wurde, war dein Garten zu irgendeinem Zeitpunkt der falsche Ort. Macht es nicht besser. Und was hätte er beobachten sollen? Internationalen Weißwurstschmuggel? Geheime Versuchslabore für genetisch optimierte Superrettiche? Oder wie deine Gartennachbarn ein Komplott schmieden, um die Weltherrschaft zu übernehmen? Eher unwahrscheinlich. Und falls doch: Dann wären wieder die Gärtner dran. Wer treibt sich denn sonst bei euch im Garten rum?«

Ich warf eine Großfamilienpackung Papierservietten in den

Einkaufswagen. »Es könnte irgendjemand anders aus der Anlage gewesen sein. Oder jemand, der zu Besuch war. Warum ausgerechnet meine direkten Nachbarn?«

»Interessiert dich das gar nicht?«, bohrte die Lerche weiter. »Das ist der Umgang, den du jetzt pflegst.«

»Natürlich! Aber was soll ich denn machen? Die Polizei wird das schon rausfinden.«

»Oder auch nicht.« Die Lerche klimperte mit ihren beneidenswerten Wimpern.

Ich warf ihr einen scharfen Blick zu. »Wenn sie niemand von der Arbeit abhält.«

Sie grinste nur.

»Ernsthaft! Was soll ich denn machen, Barbara?«

»Vielleicht ein bisschen die Augen aufhalten, Liebchen.«

8

Der Nachmittag startete unter den besten Vorzeichen. Herr Walter war ein zurückhaltender Glatzkopf, der sich ausdauernd und aufmerksam dem Bierkonsum widmete. Es war mir ein Rätsel, wo er Alkohol und Kalorien hinsteckte, dünn und nüchtern, wie er war. Konrad, das Maultäschle, forschte in meiner Laube und dem Verschlag nach seinem Schleifgerät und war dabei so unauffällig, als würde er Ohrenschmuck aus brennenden Wunderkerzen tragen. Zu seiner Enttäuschung fand er nichts. Dann stellte er sich neben mich an den Kamingrill und erklärte, dass ich auf gar keinen Fall Anzünder zum Feuermachen verwenden solle, weil dessen Aroma dem Grillgut nicht zuträglich sei. Er holte seinen Anzündkamin, in dem er mit »nur a wengele Zeitungspapier« und einer Handvoll Holzkohle im Handumdrehen das schönste Grillfeuer entfachen wollte. Die folgende Stunde warteten wir auf besagtes Feuer, damit wir endlich auflegen konnten, und vertrieben uns die Zeit mit den Getränken. Das Wort »Gerstenkaltschale«, weder neu noch originell, fiel gleich ein paarmal und wurde zuverlässig mit unverdientem Gelächter bedacht. Lisa sprach mich darauf an, ob ich alkoholfreies Bier für Konrad hätte.

»Darf er kein normales trinken?«

»Er darf schon, aber er kann nicht«, erklärte sie. »Bier macht ihn müde, und wenn er hier einschläft, muss er hier übernachten. Zum Heimschleppen ist er ein zu großes Trumm.«

Ich sah skeptisch zu, wie Konrad einen Schluck Wildbräu nahm. Senta war mit der ersten der beiden Flaschen Prosecco beschäftigt, die sie mitgebracht hatte, und knabberte an einer Breze. Adi hatte in einer sogenannten Männerhandtasche, einer kleinen Holzbox mit Tragegriff, sechs Weißbier am Start und verleibte sich die vegetarischen Spezialitäten ein. Dabei lästerte er über Tofuwürste. Lisa trank nur Rotwein, die

Lerche – perfekte Co-Gastgeberin, die sie war – nur Wasser und Friedl nur wenig, weshalb sich Jo, Konrad, Herr Walter und ich meinen Kasten Wildbräu teilten. Bei den frühlingshaft frischen Temperaturen brauchten wir ihn nicht einmal zu kühlen. Das Thema der Stunde, sollte man meinen, wäre Wiggerl, doch alle vermieden es, ihn zur Sprache zu bringen. Bis dann Adi plump das Eis brach, als die Rede auf die Rosen der Oberhuberin kam, die jedes Jahr so üppig blühten.

»Da ist wahrscheinlich auch einer drunter verbuddelt!«

Niemand lachte, und ausgerechnet der stille Herr Walter knurrte: »Red doch keinen solchen Scheiß.«

»Lass meinen Adi in Ruhe, Walter«, fauchte Senta. »Der Wiggerl war sein bester Freund.«

»Na, wer solche Freunde hat, der braucht …«, setzte Jo an.

Adi unterbrach ihn. »Was redest ausgerechnet du von Freundschaft, du Depp!«

Beide hoben drohend die Flaschen, die sie in der Hand hielten. Es wurde brenzlig.

»Mal langsam, Loidla«, beschwichtigte Lisa. »Ich versteh ja, dass die Nerven blank liegen. Das mit dem Wiggerl hat uns alle geschockt. Aber können wir nicht zivilisiert bleiben?«

»Du hast es nötig!«, plärrte Adi. »Hältst dich wohl für was Besseres als wie wir primitiven Bayern. Dabei frisst du den Karnickeln das Futter weg, du Sellerie-Madam!«

»Gib halt a Ruh, du Babbelmaul«, mahnte Konrad und legte ihm ein Würstchen vor, das Adi in Senf ertränkte und dann in zwei, drei gierigen Happen verschlang.

»Des isch fei aus Seitan«, bemerkte das Maultäschle, zwar Fleischfresser, doch durch und durch loyaler Ehemann.

Die eine Hälfte meiner Gäste fing an zu feixen, die andere damit, die erste anzuklagen.

»War das wieder einer von deinen tollen Witzen?«, dröhnte Adi.

Jo setzte einen drauf: »An den werden wir uns aber noch erinnern.«

Was er damit meinte, würde ich erst später erfahren.

»So witzig seid ihr fei selbst nicht, ihr Allmachdsbachl«, verteidigte Lisa ihren Mann.

Bis Friedl ein Machtwort sprach: »Eine Ruh ist, zefix! Was sollen die neuen Mädels denn von uns denken? Warum sitzt ihr überhaupt hier beieinander, wenn ihr euch nicht leiden könnt, ihr Streithammel?« Mit einem Blick auf Senta ergänzte sie: »Und Krampfhennen.«

»Wer sagt denn, dass wir uns nicht leiden können, du alte Britschn«, schnappte Senta, wozu Adi energisch wie ein Wackeldackel nickte.

»Wir halten zusammen. Das macht man so im Garten«, fügte Jo hinzu.

Lisa hieb in dieselbe Kerbe. »Man muss ja miteinander auskommen.«

Konrad und die Lerche holten beide gleichzeitig Luft, um zu einer sicherlich sehr elaborierten Erklärung anzusetzen. Glücklicherweise bemerkte ich in diesem Moment, dass Herr Walter den Garten verließ, nutzte die Gelegenheit und folgte ihm. Ich war ja schon lange keinem Mann mehr nachgelaufen, fiel mir ein. Und dies war auch noch ein Exemplar, von dem ich gar nichts wollte. Ich rief: »Willst du schon heim? Gefällt's dir nicht bei mir?«

Herr Walter blieb stehen und wartete auf mich. Dann deutete er ein kleines Lächeln an und sagte: »Alles in Ordnung, Valentina. Manchmal können sie einem schon zu viel werden. Ich will nur einen Kasten Bier aus der Kühlung holen, zur Reserve.«

Ich bot an, beim Tragen zu helfen, und ging mit ihm in seinen Garten, der neben dem von Senta und Adi lag, schräg gegenüber von dem der Oberhuberin. Die hatte meine Einladung zum Grillen abgelehnt, was mich doch etwas brüskiert hatte.

Ich erzählte es Herrn Walter, der mich beruhigte. »Das brauchst du nicht persönlich zu nehmen, die hält sich einfach aus unserer Ecke heraus.«

Ich erinnerte mich an das, was Konrad und Lisa berichtet hatten, und fragte: »Wegen der Kaninchen?«

Herr Walter sah mich erstaunt an.

»Weil ihr doch damals das Erntedankfest wegen der Kaninchen boykottiert habt. Oder der Laufenten.«

Er schüttelte den Kopf. »Ach, deswegen doch nicht. Die hat sich geärgert, dass der Wiggerl nicht gezahlt hat und dass wir dann seine Rechnung übernommen haben, bis auf den letzten Cent. Da konnte sie ihm ja erst mal nichts. Hat gejammert, dass so viele Leute händeringend einen Garten suchen, während die, die einen haben, sich gar nicht drum kümmern und wie ungerecht das ist.«

»Hat die den Wiggerl nicht gemocht? Der war doch so nett.«

Herrn Walters Mundwinkel zuckten. Er hievte den Kasten aus seinem Kühlloch. »Eher im Gegenteil. Ich meine, die hatte ein Auge auf ihn geworfen. Deshalb war sie sauer, als er sich unversehens verzupft hat. Sie wusste ja nicht, dass …«

Er verstummte. Ich verstand auch so, was er meinte. Dass Wiggerl ihr die ganze Zeit über näher gewesen war, als sie geahnt hatte. Und trotzdem für immer außer Reichweite.

Ich dachte an das, was die Lerche gesagt hatte, und fragte: »Wann hast du ihn denn das letzte Mal gesehen?«

Herr Walter ließ sich auf seine Bank sinken und machte ein Bier auf, das er mir reichte. Dann nahm er sich selbst eins.

Ich nutzte die Gelegenheit, mich bei ihm im Garten umzusehen. Der war sorgfältig und mit liebevollen Details angelegt, und ich entdeckte, dass an vielen Stellen flache helle Steine auf dem Boden lagen, auf die der Name des Krautes gepinselt war, das dort wuchs oder wachsen würde. Später in der Saison würde ich sehen, dass jede Stelle, wo keine Kräuter wuchsen, samt und sonders von Zwiebeln oder Kartoffeln belegt wurde. Hinter seinen hohen Hecken war Walter-Land vor Einblicken vom Weg aus verborgen.

»Bist du auch ein FKK-Fan?«, fragte ich, bevor er meine Frage beantwortet hatte. Jos Garten war ähnlich uneinsehbar, und er hatte erklärt, das sei deshalb so, weil er gern nackig an der frischen Luft herumhüpfe.

Herr Walter lachte. Es war das erste Mal, dass ich ihn lachen sah, und es erhellte seine düstere Miene, als wäre er ein völlig anderer Mensch. Freier, unbeschwerter.

»Braucht nicht jeder gleich alles zu sehen und zu wissen«, sagte er dann. »Die Leute sind naseweis genug. Aber den Wiggerl, den hab ich noch vor einem Jahr getroffen, hier im Garten. Im Frühling.«

»Und was hat er gesagt?«

»Nichts Besonderes«, antwortete er. »Hat nur gegrüßt, alles wie immer. Sah aus wie immer, redete wie immer.«

»Und danach ist er zu seiner Schwester gefahren?«

»Weiß ich nicht, ich war ja nicht dabei.«

Da war was dran. »Hat er denn überhaupt eine Schwester gehabt?«

»Wenn er keine gehabt hätte, hätt er ja nicht zu ihr fahren können«, argumentierte er scharfsinnig.

»Aber er ist ja nicht zu seiner Schwester gefahren. Sonst hätte ich ihn nicht hier ausgegraben.«

»Richtig. Wenn er keine Schwester hatte, warum hätte er sie auch besuchen sollen?«

»Aber hatte er denn eine Schwester?«

Herr Walter sah mich an und seufzte. »Komm, gehen wir zu den anderen zurück.«

Es kränkte mich schon ein wenig, dass er lieber zu den anderen Zankzwiebeln und Stinkstiefeln gehen wollte, statt sich mit mir nett zu unterhalten.

Schweigend liefen wir den Weg zurück, zwischen uns den Zweitkasten. Am Ziel hatte Friedl inzwischen eine Flasche Garten-Gin aus ihrem Rollator gezogen und damit für Frieden und Eintracht gesorgt. Adi reichte uns mit großer Geste das volle Stamperl, das vor ihm stand. Herr Walter lehnte ab, doch ich griff dankend zu. Senta war bei der zweiten Flasche Prosecco angekommen, und Konrad hatte es sich unter ein paar Decken auf meinem Liegestuhl gemütlich gemacht, von wo ein zartes Schnarchen zu hören war. Lisa bemerkte meinen Blick und kicherte in ihren Rotwein.

Ich fasste mir ein Herz und warf eine Frage in die Runde:

»Wer von euch hat den Wiggerl denn zuletzt gesehen? Der Herr Walter vor einem Jahr.«

»Wir auch!«, rief Adi. »Vor genau einem Jahr im Frühling. Ein paarmal hier im Garten.« Vor Gschaftigkeit bekam er einen Schluckauf, was alle erheiterte.

»Ich auch«, murmelte Jo.

Er hatte eine dicke Selbstgedrehte im Mund, deren Asche er ungeniert auf den Teller vor sich schnippte. Nach jedem Zug nahm er einen Bissen von dem Stück Apfeltarte, das auf demselben Teller lag.

»Bei unserem Erntedankfest war er noch dabei«, sagte Lisa. »Danach haben wir beide ihn jedenfalls nicht mehr gesehen, glaube ich. Konrad hat ihn kurz danach nachts in seiner Laube rumoren gehört, aber das war's dann schon.«

»Im Frühling – war das, bevor das Wasser wieder angestellt wurde? Oder danach?«, wandte sich Friedl an Adi und Senta. »Dann hätten wir einen zeitlichen Anhaltspunkt.«

Daran konnten sich die beiden nicht mehr erinnern.

»Vorher und nachher«, vermutete Senta.

»Er hat uns angerufen und gesagt, dass er zur Schwester will, in den Norden«, hickste Adi.

Seine Frau korrigierte ihn. »Er hat eine Postkarte geschrieben, Hase, weißt du nicht mehr?«

»Mir hat er nie etwas von einer Schwester erzählt«, sagte Friedl.

»Mir auch nicht«, sagte Lisa.

»Doch, ich wusste das«, sagte Jo. »Ihr Verhältnis war halt nicht eng.«

»Warum wollte er dann zu ihr fahren?«

»Was weiß denn ich? Irgendeinen Grund wird er schon gehabt haben.«

»Und wo genau im Norden?«, bohrte Friedl weiter.

»Das hat er am Telefon nicht gesagt«, mischte sich Adi hicksend ein.

»Auf der Postkarte, du Brezensalzer!«, korrigierte Senta wieder. »Er hat doch gar nicht angerufen.«

»Hat die Polizei eigentlich schon festgestellt, wie lange er vergraben war?«, wandte sich Friedl an die Lerche.

Die erzählte etwas davon, dass der vorletzte Winter ja ordentlich kalt gewesen sei, was die Verwesungsprozesse ausgebremst hätte, und der Sommer darauf dann relativ nass, was sie wieder befeuert hätte … unterm Strich könne man das also nicht genau sagen. Mit anderen Worten: Sie wusste es nicht, brachte es aber nicht über sich, das zuzugeben.

»Der Winter 2020 auf 2021 war im Schnitt fascht zwoi Grad zu warm«, dozierte nun Konrad aus dem Liegestuhl heraus. »Obwohl es oft gschneit hot. Und Ende Februar gab es fei no a paar brudal warme Tag, gell?«

»Stimmt, da saß ich mit meiner Süßen im T-Shirt im Garten«, bestätigte Jo.

»Mit deiner Süßen«, wiederholte Senta. Das klang irgendwie abfällig, sogar gehässig.

»Und da war der Wiggerl nicht vor Ort?«, wollte Friedl wissen. »Der hätte sich die schönen Tage doch nicht entgehen lassen.«

Jo überlegte kurz, dann sagte er: »Doch, ich hab ihn gesehen, wie er in seinem Garten stand. Aber weil meine Süße dabei war, hab ich mich nicht um ihn gekümmert.«

Adi verdrückte einen Hickser und rief: »Du hast doch gar keine Süße, du gamsiger Uhu!«

»Damals schon«, widersprach der Uhu.

»Da war mal eine Karin im Spiel«, erklärte Friedl der Lerche und mir. »Die hatte ein Techtelmechtel mit dem Josef. Aber dann ist sie doch noch zur Vernunft gekommen und hat ihn sitzen lassen.«

Wenn Blicke töten könnten, hätte Jo jetzt mit seinem gleich sieben auf einen Streich erlegt.

Friedl lachte. »Nimm's dir nicht zu Herzen, Joghurt, die Richtige kommt schon noch.«

»Das wird sie, mach dir da keine falschen Hoffnungen!«

»Hoffnungen oder Befürchtungen, das ist hier die Frage«, feixte Friedl.

»Bevor der sich mit einer Spinatwachtel wie dir einlassen tät, tät er dir Gift geben«, mischte sich Adi ein.

Wenigstens hielten die beiden Männer zusammen, wenn's gegen die Frauen ging.

Friedl lachte nur. »Bevor ich mich mit einem wie euch einlassen würde, tät ich es sogar nehmen, ihr Zipfelklatscher!«

»Gift ist für Frauen oft die Waffe der Wahl«, erzählte die Lerche und bediente sich an Lisas Rotwein. »Es fällt zwar nicht auf, weil man meistens gar nicht merkt, dass es sich um Mord handelt, aber die Geschichte der Giftmischerinnen hat eine lange Tradition, was darauf zurückzuführen ist, dass Frauen so einerseits ihre körperliche Unterlegenheit ausgleichen können und andererseits ja von jeher mit der Zubereitung des Essens betraut waren. Was im Grunde auch eine Art von Alchemie ist.«

Wir schwiegen, erschlagen von ihrem Input. Das waren zu viele Wörter auf einmal nach einem langen Grillfest voller Bier und Garten-Gin.

Doch ein paar Dinge wollte ich so nicht stehen lassen. »Aber Wiggerl ist doch nicht vergiftet worden, oder, Barbara?«

Die Lerche wiederholte, was ich schon wusste: »Er ist an einem Schädel-Hirn-Trauma gestorben. Ausgelöst durch einen Sturz oder Schlag.«

»Mich überzeugt das nicht«, sagte Friedl.

Dann herrschte wieder betretenes Schweigen, nur durchbrochen von Adis Schluckauf und dem erneuten Schnarchen des Maultäschles.

Der Abend endete friedlich. Sobald der Prosecco leer war, zog Senta samt Adi ab. Jo drehte sich breit grinsend einen weiteren Joint und blieb sitzen, während Herr Walter mir dabei half, Konrad vom Liegestuhl auf das Schlafsofa in meiner Laube zu befördern. Er bediente sich dabei einer gekonnten Kombination aus Schieben und Stemmen, Treten und Ziehen. Danach sammelte er mit mir Flaschen und Geschirr ein, das die vergnügte Lisa zusammen mit der Lerche abspülte.

Allerdings nicht, ohne mir zuvor wie nebenbei eine süffisante Bemerkung bezüglich der Qualität meines Rotweins hinzuwerfen: »Nächstes Mal darf der aber mehr als drei Euro die Flasche kosten, gell?«

Friedl packte die Reste zusammen. Es waren ein paar Brezen übrig geblieben, etwas Kartoffelsalat und reichlich Gemüsegarnitur, doch kein Stück ihrer phantastischen Tarte.

Die Lerche erklärte sich bereit, Lisa und mich nach Hause zu bringen. Elfriede Frühauf konnte noch ohne Weiteres selbst fahren. Jo blieb derweil rauchend in meinem Garten und bewachte Konrads Schlaf.

Ich drehte mich noch einmal um, nachdem ich das Gartentürchen hinter mir geschlossen hatte. Eigentlich ein friedliches Bild. Doch vor dem Hintergrund von Wiggerls Tod hatte es durchaus eine unheimliche Komponente, wie das Ende von Jos Joint im Dunkeln glühte.

9

Ein Garten ist ein Mikrokosmos, in dem wir Gott spielen – vor allem an den Tagen, an denen wir gießen müssen. Das macht den Unterschied zur freien Natur aus, in der sich Flora und Fauna ungestört selbst überlassen bleiben. Doch in dieser Version der Natur, die wir auf handhabbare Miniaturgröße gestutzt haben, entscheiden wir, was stehen bleiben darf und was geschreddert wird, was wir düngen und was wir verhungern lassen, wo wir Grassamen über alte Wunden säen oder mit Marmorkies alles ins Unbewusste verdrängen. Willst du den Planeten ändern, dann fange beim Garten an – so ähnlich hat sich garantiert irgendein fernöstlicher Weiser schon einmal geäußert, Jahrtausende bevor Martin Luther im Glauben, dass morgen die Welt untergehe, ein Apfelbäumchen gepflanzt hat.

Und dann ging die Welt doch nicht unter, und er bekam Probleme mit dem Kleingartenvorstand, weil er den Sprössling zu nahe an die Grenze zum Nachbargarten gesetzt hat. Neuesten Erkenntnissen zufolge stammt der Spruch mit dem Apfelbaum gar nicht von Luther, hab ich gelesen. Anderen Gerüchten zufolge war der alte Untergangsparanoiker für achtzig Prozent aller Obstbäume in und um Wittenberg verantwortlich.

Und irgendjemand hatte bei Wiggerl Gott gespielt. Hatte gemeint, er sei dazu berufen, zu entscheiden, wann es für den guten Herrn Wetzstein an der Zeit sei, das Zeitliche zu segnen.

In der Woche nach unserem Grillfest wurde es noch einmal zapfig kalt, und es gab sogar Schnee, gefolgt von Regen. Der ja durchaus gelegen kam, weil es zu trocken gewesen war und meine beiden Regentonnen sich über eine Ladung frisches Wasser freuten. Doch die hinreißenden Magnolienblüten auf den Bäumen verwandelten sich über Nacht in faulende braune Klumpen, dass einem das Herz blutete. »Ich freue mich, wenn es regnet, denn wenn ich mich nicht freue, regnet es auch«, hatte mein Namensvetter Karl Valentin gesagt, und das war als Motto nicht schlechter als andere.

Ich nutzte die unfreiwillige Gartenpause, um Wiggerls Laube auszuräumen. Das schmucke Holzhäuschen hatte ich bei meinem Einzug nur flüchtig inspiziert; da hatte meine ganze Aufmerksamkeit dem Garten gegolten. Jetzt war mein Fokus ein anderer. Was für ein Mensch war mein Vorgänger gewesen? Durch die vielen Erzählungen hatte ich eine Art von Beziehung zu ihm entwickelt, nicht zuletzt deshalb, weil ich seine sterblichen Reste mit meinem Spaten berührt und seine ewige Ruhe gestört hatte. Eben noch ein Mensch, lachend und liebend, grillend und gärtnernd, fluchend und furzend, hoffend und hassend – und im nächsten Moment Wurmfutter.

Ein wenig ratlos schaute ich mich um. Er war kein Freund gehobener Innendekoration gewesen, was mir ein Blick auf die blau-weiß karierten Vorhänge verriet, die vergilbte Gardinen einrahmten. Ein gerahmter Stich vom Münchner Viktualienmarkt hing an der Wand, ansonsten eine Fülle von Fotos, die ihn im Kreis der Gartenfreunde zeigten: beim Grillen, beim Kaffeetrinken, beim Zimmern eines Anbaus und beim Aufstellen des Fahnenmasts im Garten der Oberhuberin. Auf den Bildern von den offiziellen Gartenfesten saß die First Lady der Anlage auffallend oft in seiner Nähe. Andere private Aufnahmen gab es nicht. Seine Gartenfreunde waren ihm wichtig gewesen. Mehr noch: Sie schienen seine Familie gewesen zu sein.

Eine Wand wurde vollständig von einer wuchtigen Anrichte eingenommen, die sich nicht schämte für das, was sie war: ein enormer Staubfänger und Raumfresser, der sich unzählige kleinere Staubfängerlein und Raumfresserchen einverleibt hatte. Bierkrüge aus Glas und Stein, Stamperl mit und ohne Aufdruck, diese wiederum mit und ohne Witz, daneben Wimpel, Nippes, noch mehr Nippes und dazu ein paar Töpfe mit künstlichen Blumen, die nicht einmal auf den ersten Blick täuschen konnten.

Handelte es sich bei dem ganzen Krimskrams um Familienerbstücke, die Wiggerl pflichtbewusst in Ehren gehalten hatte? Waren es Mementos seiner eigenen Geschichte? Dazwischen stapelten sich Ladungen von Büchern. Die meisten davon Fachliteratur, darunter »Das kleine Gärtner-Einmaleins«, »Mit Kraut und Rüben auf Du und Du« oder »Hohe Erträge im Hochbeet«. Einiges drehte sich um die gehobene Grillküche, anderes um Archäologie und die Geschichte Münchens, wieder anderes um Destillieren, Winzerei, Gartenteiche und Kleintierhaltung. Ein Buch handelte sogar von Pyrotechnik.

Die Weinbücher schaute ich mir genauer an. Immerhin hatte mein Ex-Mann nicht nur unsere Ehe, sondern gleich die ganze alte Heimat hinter sich gelassen, um im Burgenland Wein anzubauen. Sollte ich ihn einmal besuchen, konnte ein wenig Hintergrundwissen nicht schaden.

Bis auf die Wein-, München- und Gartenliteratur schichtete ich alle Bände in einen Bananenkarton. Damit wollte ich die nächste öffentliche Büchervitrine füttern. Die künstlichen Blumen stopfte ich in eine Mülltüte, die meisten Gläser und sämtlichen Nippes würde ich bei der Diakonie vorbeibringen. Die Anrichte musste raus, das Schlafsofa konnte bleiben und die Eckbank, die hinter einem Tisch aus Massivholz eingekeilt war, vorerst ebenfalls. Wiggerl sollte nicht völlig aus seiner alten Laube verschwinden, wenn er sich schon vor der Zeit aus seinem Leben hatte verabschieden müssen.

Ich spürte auf einmal, dass mir Tränen übers Gesicht liefen. Wiggerl war tot. Ich hatte ihn nie gekannt, und doch setzte mir sein gewaltsames Ableben zu. Stellvertretend für die Kinder, die er nicht zurückließ, erlebte ich den Schmerz, den ein jeder Tod fordert. Mein Garten sollte ein Ort der Ruhe sein, aber doch nicht des ewigen Friedens. Und das wäre er erst, wenn man den Menschen, der bei Wiggerl Gottvater gespielt hatte, gefunden hatte.

10

Im Mai strahlte die Sonne über Friedls Garten schöner als anderswo. Ich saß mit der Lerche beim Kaffee und genoss mit allen Sinnen die Blütenexplosion um mich herum. Friedl hatte magentafarbene Pfingstrosen, die das gesamte Umfeld einzufärben schienen. Sie hatte Ranunkeln, Elfenblumen und Tränende Herzen. Am meisten beneidete ich sie aber um ihren riesigen blutroten Klatschmohn, in dessen kindskopfgroßen Blüten Bienen und Hummeln wie trunken taumelten, zehn, fünfzehn Insekten auf einmal. Ihr Garten gehörte den Blumen und Obstbäumen, derweil das Gemüse mit einem Hochbeet vorliebnehmen musste.

In meinem Garten blühten aktuell ein paar Hornveilchen, die von irgendwoher angeweht worden waren, und eine Handvoll Stiefmütterchen, die ich im Supermarkt zu deren Verstärkung besorgt hatte. Die sahen niedlich aus und waren unglaublich zäh. Wenn das so weiterging, würde die Saison vorübergehen, ohne dass ich auf meiner Scholle tätig geworden war. Ich tröstete mich mit dem Gedanken, dass ich dafür gleich nach den Eisheiligen mit voller Kraft loslegen würde.

Mit halbem Ohr hörte ich zu, wie Friedl und die Lerche miteinander plauderten. Bis die Gespräche Fahrt und Fokus aufnahmen. Meine Nachbarin wunderte sich laut darüber, dass sie seit ihrer ersten Vernehmung nach ihrer Rückkehr aus Schottland nichts mehr von der Polizei gehört hatte.

»Wieso wundert dich das?«, wollte meine Freundin wissen. »Du warst doch beim Erntedankfest damals gar nicht dabei. Und den Wiggerl hast du letztes Jahr auch nicht mehr gesehen.«

Hinz und Kunz tschilpten im Hintergrund, und der Blick meiner halb geöffneten Augen fiel auf Friedls Käsekuchen. Im Grunde könnte diese Welt so friedlich sein.

»Na ja«, knurrte Friedl. »Wissen die denn schon, was passiert ist?«

Die Lerche wand sich ein wenig. Auf der einen Seite drängte es sie, alles zu erzählen, was sie wusste, und auf der anderen Seite war sie nicht sicher, ob das richtig wäre. Schließlich konnte sie nicht länger an sich halten. »Sie wissen noch nichts Rechtes. Tathergang und Tatzeit liegen im Dunkeln, und es gibt keinen Hinweis auf ein Motiv.«

Ich bewunderte, wie beiläufig sie diese Terminologie einfließen ließ.

»Irgendjemand hatte schon eins«, bemerkte Friedl trocken. »Woher weißt du überhaupt, wie die Ermittlungen laufen?«

»Oh, da gibt es diesen namenlosen Kommissar, dem die Lerche den Kopf verdreht hat«, feixte ich.

»Von wegen namenlos, du Miststück!«, wehrte sie sich. »Du weißt genau, wie er heißt, ich hab es dir schon gesagt.«

»Sag es halt noch mal, Liebchen.«

»Warum? Du vergisst es hinterher doch eh wieder. Liebchen!« Das Kosewort klang nicht sonderlich liebevoll.

»Was? Ich soll vergesslich sein?«

»Ja. Erinnerst du dich nicht daran?«

»Ihr seid beide nicht die Hellsten«, gelang es Friedl, zu schlichten und uns gleichzeitig auf die Füße zu treten. Sie deutete mit der Kuchengabel auf mich. »Und du, Mädel, du bist so gutgläubig, dass es wehtut. Glaubst wortwörtlich alles, was dir jemand sagt.«

Ich hatte keine Ahnung, dass Friedl mich in der kurzen Zeit unserer Bekanntschaft so genau ins Visier genommen hatte. Schon gar nicht, dass sie zu diesem Ergebnis gekommen war. Obwohl es, wenn ich es recht bedachte, doch zwei-, dreimal vorgekommen war, dass ich etwas für bare Münze genommen hatte, was im Nachhinein ein rechter Schmarrn gewesen war. Etwa, dass die Gartennachbarn in meiner Ecke darauf Einfluss genommen hätten, dass ich Wiggerls Gartennachfolge angetreten war. Friedl hatte nur herzhaft gelacht, als sie davon gehört hatte. Den Tag wolle sie erleben, hatte sie gesagt, an dem sich die Oberhuberin in ihre Arbeit dreinreden lasse. Ein anderes Gerücht wollte wissen, dass Senta zu ihrer Zeit unter anderem

Namen und mit anderer Haarfarbe in einem der Schulmädchen-Report-Filme mitgespielt habe. Lisas Kommentar dazu: »Wenn mein Mann das behauptet, dann hat er sich den Film zu oft angeschaut.« Oder dass der paranoide Vorgänger von Herrn Walter in seinem Garten ein halbes Vermögen vergraben habe, sich der Herr Walter aber weigere, danach zu suchen oder andere danach suchen zu lassen. Darauf angesprochen, erklärte mir Herr Walter, wie sein Garten zum Kartoffelacker geworden war: Er habe den Tratsch damals ebenfalls geglaubt und alles tief umgegraben. Und dann gleich Kartoffeln gesetzt, das habe sich angeboten.

Jetzt richtete Frau Frühauf ihre Kuchengabel auf meine Freundin. »Reinen Wein, Frau Nachtigall. Woher weißt du, was der Stand der Dinge ist? Hast du mit dem namenlosen Kommissar angebändelt, um hier Detektivin zu spielen?«

»Hör nicht auf die Friedl, die meint das nicht so!«, beschwichtigte ich schnell, denn ich sah, wie meine beste Freundin unter ihrem mediterranen Teint blass wurde.

»Natürlich mein ich das so. Warum rede ich mir hier sonst den Mund fusselig?«

»Ich hab nicht deswegen mit ihm angebandelt«, stammelte die Lerche. »Und er heißt Klaus.«

»Klaus«, frotzelte ich. »Das ist doch kein Name für einen Mann.«

»Ich finde ihn nett, und er ist von mir völlig hingerissen, wie es halt so ist. Ab und zu schnappe ich etwas auf, wenn er mit seinen Kollegen telefoniert. Er verrät nichts, aber er lässt manches durchblicken. Ist ja kein Staatsgeheimnis.«

»Aber eine laufende Ermittlung«, warf Friedl ein. »Und du liest keine Notizbücher von ihm? Schaust nicht in seinen Computer?«

»Wofür hältst du mich? Ich bin Anwältin.«

»Medienanwältin, Liebchen«, erinnerte ich sie. »Völlig andere Nummer. Wenn wir wegen deiner Eskapaden verdächtigt werden, kannst du uns da nicht mal raushauen.«

»Aber eine Pressemitteilung dazu schreiben«, unkte Friedl.

»Mach dich doch nicht lächerlich. Warum sollte irgendjemand ausgerechnet uns beide verdächtigen?«

»Eben«, warf meine Gartennachbarin ein. »Zu unbedarft und zu ungeschickt.«

Erst waren wir beleidigt, doch dann steckten wir die Köpfe zusammen. Meine brandheiße Info, dass die Oberhuberin sich Hoffnungen auf den Wiggerl gemacht habe, stellte sich als kalter Kaffee heraus. Darüber hätten die Nachbarn in meiner Ecke schon ausgiebig debattiert und die Pros und Kontras abgewogen, ließ mich Friedl wissen. Bemerkenswerter sei doch, dass Senta, die seit jeher mit Josef Süßholz geraspelt hatte, ihm jetzt die kalte Schulter zeige. Früher, meinte Friedl, sei man in der Nachbarschaft ständig zusammengehockt, zum Ratschen und Trinken, nach getaner Arbeit oder anstelle von. Und alle naselang habe irgendeiner die anderen zum Grillen eingeladen. Das habe sich im vergangenen Jahr allerdings völlig verändert. Da habe es zwar eine Handvoll Grillabende gegeben, aber die Stimmung sei eine andere gewesen. Jetzt setze man sich nur noch gelegentlich spontan zusammen, das sei zuvor auch anders gewesen.

»Ich hab geglaubt, das wäre so, weil Wiggerl samt seiner guten Laune fehlt«, erzählte Friedl. »Er konnte doch mit jedem. Wenn einmal dicke Luft war, hat er mit einer humorigen Bemerkung alle wieder versöhnt.« Sie lehnte sich zurück, grübelte und fügte hinzu: »Wenn ich es recht bedenke, hat es mich gewundert, warum niemand über ihn herzog, als er weg war. Wenn die Schwaben im Urlaub sind, nimmt es gar kein Ende, sie ausgiebig durchzuhecheln. Sind Josef oder Herr Walter nicht da, zerfransen sich die Leute das Maul vor lauter Lästerei. Und fragt mich nicht, was los ist, wenn Adi und Senta fehlen. Die werden regelrecht seziert! Ich will gar nicht wissen, was über mich getratscht wird, wenn ich unterwegs bin.«

Unterwegs war sie auch Anfang Oktober 2020 gewesen, wieder mal in Schottland, als die Ecke ihr eigenes Erntedankfest gefeiert hatte. Und wie es aussah, war das das letzte Mal gewesen, dass Wiggerl »vom Kollektiv« gesehen wurde. »Konrad und Lisa haben ihn danach nur einmal nachts gehört. Adi und Senta sind ihm im Frühling noch ein paarmal begegnet und auch Herr Walter.«

Stolz trug ich mein Wissen bei: »Der Wiggerl hat ihn bei dieser Gelegenheit nur kurz gegrüßt, sagt er.«

»Glaube ich nie«, sagte Friedl. »Herr Walter war der beste Freund von Wiggerl, mit Abstand, weder Josef noch Adi kamen da dran, gleichgültig, was die beiden Gschaftler behaupten. Es kann gar nicht sein, dass sich die beiden nach der langen Winterpause nur begrüßt haben, ohne ausführlicher miteinander zu ratschen.«

»Und was ist mit Jo?«, wollte ich wissen. »Der hat auf meinem Einstand gesagt, dass er Wiggerl an den sonnigen Tagen im Februar gesehen hat. Aber er hat wohl nicht mit ihm gesprochen.«

»Wie will der denn durch seine Hecke aus immergrünem Kirschlorbeer den Wiggerl überhaupt erkannt haben? Sein Garten ist ein undurchdringliches botanisches Bermudadreieck. Hat er den Laserblick?«

Und noch eines war der Friedl aufgefallen: »Adi hat gesagt, dass Wiggerl angerufen hat, und Senta hat behauptet, er hat eine Postkarte geschrieben. Zweimal sogar!«

Dabei wusste Friedl, dass Wiggerl nicht gern schrieb. Er hatte eine Rechtschreibschwäche, und seine Fehler waren ihm peinlich. Um diese Schwäche anzugehen, habe er ständig gelesen und sei ganz nebenbei zum belesensten Gärtner der Anlage geworden. Ich erzählte, dass ich die meisten seiner Bücher aussortiert hätte, und sie kündigte an, dass sie einen Blick darauf werfen wolle.

Und dann ließ Friedl eine Bombe platzen. Dass es eine solche werden würde, erkannten wir daran, dass sie zuvor drei Stamperl mit Garten-Gin vor uns hinstellte.

»Der Spaten, mit dem du Wiggerl ausgegraben hast, wo hattest du den her?«, wollte sie wissen.

»Aus dem Verschlag hinter der Laube, zusammen mit der Schaufel.«

»Und wie sah er aus?«

»Meine Güte, wie so ein Ding eben aussieht. Holzgriff, Blatt aus Metall, ein Spaten halt.«

»Und am Griff ist dir nichts aufgefallen?«

»Doch!«, rief die Lerche. »Da war irgendwas eingebrannt, etwas Gehörntes.« Sie drehte ihr Stamperl in der Hand. Es schmeckte ihr, aber sie war daran gewöhnt, einen Gin nicht als Shot, sondern als Longdrink zu genießen. An die rauen Sitten im Garten musste sie sich noch gewöhnen.

»Ein schwarzer Büffelkopf«, nickte Friedl. »Das hab ich mir gedacht. Adi war früher mal in den USA, damit gibt er bei jeder Gelegenheit an wie Graf Rotz. Und da hat er diesen Spaten mitgebracht, den er seitdem in Ehren hält und nicht benutzt, damit er ja nicht dreckig wird. Der Spaten von Wiggerl, der konnte gar nicht bei dir im Schuppen stehen, den hab ich mir nämlich im September vor eineinhalb Jahren von ihm ausgeliehen, um die Rasenkante zu begradigen. Und weil ich Wiggerl seitdem nicht mehr gesehen habe, steht er immer noch bei mir.«

Mir fiel die Kinnlade herunter.

Die Lerche rief gleich, man müsse die Polizei davon in Kenntnis setzen, doch Friedl winkte ab. »Mit denen ist nichts anzufangen.«

»Na komm«, sagte meine Freundin. »Die klären gerade den Mord auf.«

»Und sorgen für Recht und Ordnung«, ergänzte ich.

Die alte Dame schüttelte energisch den Kopf. »Nur für Recht und Ordnung der Großkopferten. Für Unschuldige oder Gerechtigkeit sind da gar keine Kapazitäten mehr frei. Gehts mir weg mit denen, ich hab meine Lektion gelernt! Da müssen die schon von selbst drauf kommen. Und wenn nicht, dann sollten sie sich nicht zu schade sein, zu fragen.« Sie beugte sich vor und flüsterte verschwörerisch: »Das Schleifgerät, das Wiggerl sich bei Konrad ausgeliehen hat, das hat er mir im September übrigens auch gegeben. Aber nix verraten. Das brauch ich noch, ich will eine Kommode neu lackieren.«

11

Joachim Ringelnatz, hab ich gelesen, habe einst Lobeshymnen auf die Kartoffel geschrieben und Wilhelm Busch ein Gedicht für die eigenwillige Bohne. Daher rührt sicher auch der Name »Buschbohne«. Goethe, der alte Angeber, hatte sich auf die Artischocke eingeschossen, obwohl er sie anfangs für eine hässliche Distel hielt.

Artischocken hatte auch Frau Huber im Garten, wie ich an den großen, eigentümlich zerfransten Blättern erkannte. Mir war gar nicht bewusst gewesen, dass die in unserem Klima gedeihen. Die Herrin von Garten und Anlage kniete vor dem Beet und setzte winzige grüne Dingerchen ein, die vielleicht einmal Kohl werden würden, vielleicht auch was anderes.

Bei unserer letzten Zusammenkunft hatte Friedl Aufgaben verteilt. Mir war zugefallen, mit der Oberhuberin zu reden und in Erfahrung zu bringen, wann sie zuletzt mit dem Wiggerl zu tun gehabt hatte und wie das mit der Begleichung der Pacht vor sich gegangen war. Außerdem sollte ich noch mal bei Senta und Adi nachfragen und auch bei Konrad und Lisa. Ich fand es ungerecht, dass mir so viel aufgeladen wurde, doch Friedl beharrte darauf, weil ihr Senta auf die Nerven gehe und Konrad und Lisa doch eh direkt den Garten neben meinem hätten. Sie würde dafür die Bücher von Wiggerl in Augenschein nehmen, die aussortierten und die verbliebenen, damit sei sie ausreichend beschäftigt. Die Lerche bekam ebenfalls etwas zu tun: Sie sollte mit Jo reden, der weiblichen Reizen gegenüber aufgeschlossen war, und bei ihrem »Kontaktbereichsbeamten«, wie Friedl ihn mit anzüglichem Unterton nannte, in Erfahrung bringen, wie lange Wiggerl in seinem erdigen Grab gelegen hatte.

»Wir machen es besser als die Gschaftlhuber bei der Polizei«, verkündete sie. »Wir fragen so lange, bis wir gescheite

Antworten kriegen. Fragt noch mal und noch mal nach, bis ihr wisst, was ihr wissen wollt.«

»Und was genau wollen wir wissen?«, erwiderte ich lahm. »Wer den Wiggerl auf dem Gewissen hat?«

Friedl rollte mit ihren grasgrünen Augen. »Wir wollen wissen, wie das beim Erntedankfest in unserer Ecke gewesen ist. Wer mit Wiggerl den Winter über telefoniert hat, das ist auch wichtig. Und woher die Nachbarn wissen, wie hoch die Rechnung für seine Pacht war, die fällt je nach Wasserverbrauch ja jedes Jahr anders aus. Wir wollen wissen, warum Adis Spaten in Wiggerls Verschlag stand und woran Jo erkannt haben will, dass es Wiggerl war, den er im Februar durch seinen Kirschlorbeer gesehen hat. Und es würde mich interessieren, warum Senta den Jo jetzt ignoriert.«

Wie sollte ich mir das jemals alles merken? Ich stand unbeholfen bei Susanne Huber aka der Oberhuberin und probierte einen unverfänglichen Gesprächseinstieg aus. »Servus, Frau Huber, wie sprießt das Kraut?«

Die Oberhuberin warf mir einen so scharfen Blick zu, dass ich mich sofort entschuldigte. »Das war nur ein kleiner Scherz.«

»Das findest du witzig?«

»Ich hab nicht gesagt, dass es witzig ist, sondern nur, dass es ein Scherz war.«

Sie rappelte sich mühsam vom Boden auf, rieb sich stöhnend das Kreuz und kam auf mich zu. Unwillkürlich machte ich einen Schritt zurück. Mit ihrem armdicken blonden Zopf, den sie über der Schulter nach vorn trug, sah Susanne Huber wie einer Wagneroper entstiegen aus. Obwohl nicht groß und angenehm rundlich geformt, gebot sie allein durch ihre Präsenz Respekt. Das Amt hatte sie von ihrem seligen Gatten übernommen, denn niemand hatte bei der Jahreshauptversammlung gewagt, gegen sie anzutreten. Sie war eine jener Frauen, die sich als gesellig und umgänglich bezeichnen würden – wenn sich jemals jemand getraut hätte, sie um eine Selbsteinschätzung zu bitten. »Der brauchst du gar nicht erst dumm zu kommen«, hatte Friedl gewarnt. »Überleg dir lieber zweimal, was du sagst, bevor du deinen Mund aufmachst.«

Von meiner Mission fühlte ich mich jetzt schon überfordert. Ich hatte mir etwas Raffiniertes einfallen lassen, mit dem ich unser Gespräch in die richtigen Bahnen lenken würde. Doch aktuell gelang es mir kaum, es auch nur in Gang zu bringen. Die Oberhuberin nahm mir die Arbeit ab.

»Ganz schön hart, dein Einstieg bei uns, was?«

Und ehe ich mich's versah, saß ich bei ihr am Gartentisch, über den ein Wachstuch mit Erdbeermuster gebreitet war, kaute an einem Cantuccino und bekam keinen schnöden Kaffee serviert, sondern einen astreinen Cappuccino mit perfekter Milchschaumhaube und sogar Zimt obendrauf.

»Der Wiggerl muss ein besonderer Mensch gewesen sein«, sagte ich zwischen zwei Bissen. »Alle im Garten mochten ihn.« Das war etwas hoch gegriffen, weil ich im Grunde nur die Leute in meiner Ecke kannte und kaum eine Handvoll mehr in der Anlage vom Sehen oder Grüßen. Doch sie biss an.

»Er war der Beste. Liebenswürdig, sachkundig und kultiviert. Und bestens in Schuss für sein Alter.«

Oha. Die Oberhuberin spielte mit offenen Karten.

»Was meinen Sie, wer hätte ihm so etwas antun können?«

Sie schnaubte inbrünstig. »Da kenn ich schon den einen oder anderen, dem's zuzutrauen wäre. Neidische Nachbarn, nur auf ihren eigenen Vorteil bedacht, die buchstäblich über Leichen gehen.«

»Wer denn?«

Die Oberhuberin schwieg, Namen wollte sie offenbar keine nennen.

»Wann haben Sie den Wiggerl denn zuletzt gesehen?«, hakte ich nach.

»Das war an dem Tag, an dem die ganze sture Sippschaft bei dir im Eck unser Erntedankfest lächerlich gemacht hat. Vorher sind sie überall rumgelaufen und haben erzählt, dass sie nicht kommen werden, sondern ihr eigenes Fest feiern. Trotzig wie die kleinen Kinder. Da hab ich den Wiggerl tagsüber getroffen, wie er mit seiner Indiana-Jones-Ausrüstung durch die Gegend gezogen ist.«

»Seiner was?«

»Pinselchen, Bürsten, Spitzkelle, Lupe, so was halt. Er hatte meistens was dabei. Männer und ihre Spielsachen. Teichzubehör zum Beispiel, Solarpumpen und Folie. Feuerwerkskörper. Einmal hatte er sogar einen Weinballon, Trichter und Kolben bei sich, aber da hab ich ihm gleich Bescheid gegeben. Und ein anderes Mal einen Zaun, weil er ein Gehege für Laufenten anlegen wollte. Laufenten! Nicht in meiner Anlage, hab ich gesagt. Tiere zu halten ist ja nicht erlaubt, und da hat es dann den Riesenzoff gegeben.«

»Der Wiggerl hat Zoff gemacht?«

»Der doch nicht! Aber die ganze faltige Bagage rund um deinen Garten. Ich sei ein Blockwart, eine Tierfeindin, was weiß ich. Das war der Grund, dass sie nicht zum Erntedank gekommen sind in diesem Jahr.« Sie holte empört Luft und fuhr dann ein wenig weicher fort: »Irgendwie war er ja wie ein Lausbub, der auf Abenteuerjagd ging.«

Die Oberhuberin schnäuzte sich die Nase. »Heuschnupfen«, erklärte sie, aber ich glaubte ihr nicht. Dann sagte sie: »Ich hab ihm geradeheraus gesagt, was ich von dieser saudämlichen Aktion zum Erntedank halte. Er hat sich bei mir entschuldigt, das sei nicht böse gemeint, seine Nachbarn wären halt ein wenig eigen. Und dass er hinterher bei uns auf dem richtigen Erntedank vorbeischauen würde.«

»Er kam aber nicht«, vermutete ich.

Sie nickte betrübt. »Hernach hat er sich gar nicht mehr blicken lassen, und erst hab ich gedacht, dass er sich schämt. Dann war ja eh die Winterpause. Aber wie er im Frühjahr nicht auftauchte und auch die Pacht nicht gezahlt hat, war das schon arg. Ich hab ja nie geglaubt, dass ausgerechnet er einen französischen Abgang hinlegt. Aber lieber wär's mir gewesen.«

»Meine Nachbarn haben mir gesagt, dass er zu seiner Schwester gefahren ist.«

»Das haben sie überall rumerzählt. Aber die erzählen viel,

wenn der Tag lang ist. Ich für meinen Teil weiß nichts von einer Schwester.«

»Sie haben mir auch erzählt, dass sie die Pacht für ihn gezahlt haben.«

Susanne Huber hieb mit der Faust auf den Tisch. Mein mittlerweile zweiter Cappuccino schwappte über, und ich fuhr zusammen. »Dreihundertsechsundzwanzig Euro und zweiundzwanzig Cent, ganz exakt. Ich hab für die Polizei nachgeschaut, wann das Geld eingegangen ist. Der Konrad hat's überwiesen, im Mai. Und da dachte ich dann, dass der Wiggerl ihnen den Auftrag dazu gegeben hat. Woher hätte die Sippschaft sonst so genau wissen können, wie hoch seine Rechnung ausfiel? Vom Kassenwart sicher nicht, der hätte denen was gehustet.«

Das hörte sich nach einer wichtigen Information an. Ich hoffte nur, dass ich sie mir merken würde.

12

»Frisch geschieden ist halb gewonnen!«, hatte die Lerche verkündet, als wir mit Champagner – und meinem Ex – auf die Scheidung angestoßen hatten. Woher ausgerechnet sie das wissen wollte, war uns ein Rätsel. Immerhin waren mein Ex und ich trotz allem Freunde geblieben. Doch egal, wie freundschaftlich das Ganze über die Bühne gegangen war, das Ergebnis war doch dasselbe: Ich war allein.

Wenn ich abends aus dem Garten kam, betrat ich eine leere Wohnung. Es war dieselbe Wohnung, die ich durch ein unglaubliches Glück gefunden hatte, als ich seinerzeit, blauäugig und -strümpfig, nach München gekommen war. Um die für meine damaligen Verhältnisse exorbitante Miete bezahlen zu können, hatte ich ein Zimmer untervermietet und anfangs zusätzlich zu meinem Job jeden Sonntagvormittag in einem beliebten Brunchlokal hinter der Theke gestanden, Kaffee gebrüht, Milch geschäumt und Bellinis gemischt. Es war dieselbe Wohnung, in die mein Liebster mit eingezogen war. Dieselbe Wohnung, vor deren Tür ich ihn setzte, nachdem ich den Mann meines Lebens kennengelernt hatte. Dieselbe Wohnung, in der wir die ersten Jahre unserer Ehe verbracht hatten, während wir nach etwas Passenderem suchten. Dieselbe Wohnung, in der wir die letzten Jahre unserer Ehe verbracht hatten, weil wir nicht zugeben wollten, dass es mit uns nichts mehr werden würde. Aber wir waren auch nicht bereit gewesen, Mühe und Kosten für einen Umzug aufzuwenden, der doch im zwischenmenschlichen Nirgendwo geendet hätte.

Und jetzt war es eine Wohnung, in der nur noch meine Sachen in der Gegend herumlagen, was sich seltsam anfühlte. Fernsehen machte keinen Spaß, wenn er mir nicht die Fernbedienung aus der Hand nahm, um genervt leiser zu schalten. Wenn er keine absurden Fragen zu den Personenkonstellationen einer Serie stellte oder fragte, ob ich Lust auf einen Snack hätte. Dann war er immer mit etwas Ausgefallenem dahergekommen: einem bunten Käseigel, einer Platte Sushi, frischen Chapatis vom Inder am Eck mit selbst gemachten Dips, hauchzarten Kanapees oder dramatisch dekorierten Eisbechern, etwas in der Art. Ordentlich zu Abend gegessen hatten wir im Grunde nur auswärts. Als das wegen des Lockdowns nicht möglich war, war es eng geworden – in jeder Hinsicht: die Wohnung, unsere individuellen Freiräume, der Hosenbund. Am Ende war die Erkenntnis gestanden, dass gewisse Erscheinungen keine Symptome einer vorübergehenden Krise waren, sondern die nicht länger zu leugnende Entwicklung unserer Beziehung abbildeten.

Tagsüber war ich aktuell gut beschäftigt, obwohl ich im Moment eine etwas ruhigere Kugel schieben konnte. Das letzte Buch, das ich illustriert hatte, fand reißenden Absatz, und dank der guten Beratung der Lerche hatte ich eine Umsatzbeteiligung anstatt einer Pauschale vereinbart. Da flossen Tantiemen, sodass ich keine Aufträge nur des schnöden Mammons wegen annehmen musste. Doch abends vermisste ich Käseigel und Eisbecher. Um meiner stillen Wohnung zu entgehen, blieb ich deshalb mit zunehmender Wärme gern länger im Garten. Ratschte mit den Nachbarn, saß bei Friedl oder las ein gutes Buch auf meiner Terrasse.

So wollte ich es auch an diesem Nachmittag halten. Auf dem Rückweg von der Oberhuberin quälte ich mich, bis zum Anschlag voll mit Cappuccino und Cantuccini, in den Laden der Berufsschule für Gartenbau, wo Setzlinge einzeln und zu fairen Preisen gehandelt wurden. Dort nahm ich einen Topf mit rot-grünem Blattwerk in die Hand und fragte, ob es sich dabei um Pflücksalat handle.

Der Verkäufer lachte beleidigend lang und erklärte dann: »Das ist Mangold, junge Frau!«

»Ich bin noch nicht lange dabei«, entschuldigte ich mich.

»Das wäre mir jetzt gar nicht aufgefallen.«

Einzig die Tatsache, dass er meiner – gefühlten – Jugendlichkeit geschmeichelt hatte, rettete ihm das Leben. Ich wählte auf gut Glück die Jungpflanzen aus den Gestellen, die am vielversprechendsten aussahen: Gurke, Zucchini, Buschbohne, Koriander, Tomate, Kohlrabi, Salat und eine Handvoll Erdbeerpflanzen. Dann bemerkte ich, dass ich die Kapazitäten meines Fahrradkorbes massiv überschätzt hatte. Nach einer Viertelstunde war es mir gelungen, die Hälfte der Töpfchen im Korb zu verkeilen und die andere, auf zwei Tüten verteilt, am Lenker zu balancieren. Ein wenig unbeholfen radelte ich mit meiner Beute zurück auf meine Scholle. Dort streckte ich mich, erschöpft von der ganzen Arbeit, auf dem Schlafsofa aus. Irgendwann schreckte ich auf und durchlebte Momente banger Orientierungslosigkeit, bis ich wieder einsortieren konnte, wo ich war. Ich erschrak nochmals beim Blick auf die Handyuhr: Mein Mann wartete doch auf mich, ich sollte ihn schleunigst anrufen. Bis mir einfiel, dass er nicht auf mich wartete, weil er nicht mehr mein Mann war und nicht einmal mehr in München wohnte.

Reflexhaft rief ich die Lerche an, deren Nummer »vorübergehend nicht erreichbar« war. Ich schlurfte zu Friedl hinüber, um ihr von meinem Besuch bei Frau Huber zu erzählen, doch die war bereits gegangen. Verdächtige Geräusche aus dem Garten schräg gegenüber verrieten allerdings, dass Walter-Land bewohnt war.

»Hallo, störe ich?«

Ich rief ein zweites Mal, denn durch die Hecke war nichts zu erkennen. Noch zögerte ich, ungeniert durch die Türen der Nachbarschaft ein und aus zu gehen, wie es die anderen taten.

Herr Walter rief zurück: »Immer rein, wenn's nicht der Gerichtsvollzieher ist.«

Obwohl das wirklich nicht witzig war, lachte ich ausgiebig. Immerhin hatte er überhaupt einen Witz gemacht, und das wollte ich honorieren. Außerdem war ich nach wie vor bestrebt, mich überall nett und freundlich zu präsentieren. Das war der Lerche ebenfalls aufgefallen.

»Spar dir die Mühe«, hatte sie gesagt. »Wer von Haus aus

tratscht, findet immer was zum Tratschen, da kannst du machen, was du willst. Und du, mein Liebchen, bist eine fleischgewordene Steilvorlage: alleinstehende Frau, noch dazu geschieden, noch dazu eine Freiberuflerin, noch dazu ohne gärtnerische Kompetenz, noch dazu eine Leichenfinderin ...«

Barbara Nachtigall ist meine beste Freundin, Barbara Nachtigall ist meine beste Freundin ... hatte ich innerlich wie ein Mantra heruntergeleiert. Aber jetzt war sie nicht da, Herr Walter dagegen schon.

»Junggesellen unter sich!«, rief ich fröhlich und gesellte mich zu ihm. »Es hat schon seine Vorteile, wenn man geschieden ist. Keiner wartet, keiner drängt, keiner mault.«

Herr Walter sagte nur: »Ich bin verheiratet.«

Jetzt war ich aber platt. Davon hatte niemand im Garten etwas gesagt – oder etwa doch? Mein Gedächtnis war nicht das beste, und ich erinnerte mich nicht daran, ob es früher einmal besser gewesen war. Es arbeitete eher selektiv: merkte sich die seltsamsten Dinge, beispielsweise, dass die letzte Pachtrechnung von Wiggerl, die die Nachbarn beglichen hatten, dreihundertsechsundzwanzig Euro und zweiundzwanzig Cent betragen hatte; vergaß aber wichtige Sachen, etwa, wann ich an der Reihe war, die Mülltonnen vor die Tür zu stellen, wie die Lektorin des Kinderbuchverlages mit Namen hieß oder – erst neulich – wo ich den Schlüssel für meine Laube versteckt hatte. Ich griff schnell in meine Tasche, um mich zu vergewissern, dass ich ihn dieses Mal dabeihatte. Hatte ich die Laubentür überhaupt abgesperrt?

»Ach, das wusste ich ja gar nicht«, plauderte ich betont munter.

Herr Walter hielt mir wortlos eine Flasche Helles entgegen, doch ich musste passen. Um diese Zeit vertrug ich leider kein Bier mehr. Nach der Grillparty war ich nachts kaum vom Klo runtergekommen und hatte deshalb der »Gerstenkaltschale« am Abend abgeschworen. Dann fiel mir wieder ein, dass Jo erwähnt hatte, er und Wiggerl seien die einzigen Junggesellen in der Ecke gewesen.

Ich nahm das Fläschchen Apfelschorle dankend entgegen, das Herr Walter mir nun reichte, und setzte mich neben ihn. Mein Nachbar strahlte eine massive Aura des Alleinseins aus, die man auf dem Brotzeitbrett in Scheiben hätte schneiden können. Er redete nicht darüber. Er redete überhaupt nicht viel über sich. Er trank lieber. Doch niemand hatte ihn je betrunken erlebt.

»Der behält seinen Rausch für sich, statt ihn in die Welt zu posaunen«, hatte Lisa gesagt. »Er hält seinen Alkoholpegel konstant, und damit schadet er ja niemandem außer seiner Leber.« Auch Friedl schien ihm mit Respekt zu begegnen. In diesen Genuss kamen wir anderen im Garten leider nicht.

»Und sonst?«, fragte ich.

Er zuckte nur mit den Schultern. Nach gefühlten Minuten deutete er zu den Beeten. »Ich hab den Boden für die Kartoffeln vorbereitet. Werde ich nach den Eisheiligen stupfen.«

»Kartoffeln baue ich nicht an. Die gekauften tun's doch auch, finde ich, da schmeckt man keinen Unterschied.«

Er gab ein trockenes Lachen von sich. »Wenn du dich da mal nicht irrst. Es gibt nicht nur die Sieglinde und die Linda, die sie im Supermarkt anbieten. Es gibt Dutzende von Sorten, alle Formen, alle Farben: schwarz, rot, gold und lila, groß und klein, rund, oval oder zapfenförmig, mehlig, würzig, nussig, süß …«

Und dann dozierte er ein wenig über die alten und die neuen Sorten, über Kartoffelfäule und die große Hungersnot in Irland Mitte des 19. Jahrhunderts, über Angeliter Tannenzapfen und Purple Rain, über Bamberger Hörnchen und die Rote Emmalie. »Der Adi liebt die Vitelotte«, holte er seinen Erdäpfel-Exkurs wieder zurück in den Garten. »Die sind blauviolett und bringen nur einen kleinen Ertrag. Deshalb gibt's die nirgends zu kaufen. Aber wenn er die nicht kriegt, dann jammert er den ganzen Winter über, sagt Senta.«

»Ich will junge Erbsen, die gibt es auch nirgends zu kaufen. Im Handel sind die immer schon groß und hart, nicht zart und süß. Bohnen hätte ich auch gern und Artischocken, wie die

Frau Huber. Und dann das Übliche: Radi, Radieserl, Gurken und Tomaten … Brotzeitgemüse halt.«

Ich redete gern von den geplanten Gartenarbeiten. Nicht von denen, vor denen ich mich drückte.

»Ich mag Kräuter«, erklärte er. »Artemisia annua und Wermut, Engelwurz und Baldrian, Johanniskraut und Spitzwegerich. Die hab ich am liebsten, und alle wachsen hier bei mir im Garten. Die beiden besten Heilpflanzen hierzulande wuchern eh überall.«

»Welche denn?«

Herr Walter erzählte mir nun von Löwenzahn und Brennnessel, die allein deshalb verkannt würden, weil sie allgegenwärtig seien. Dabei seien ihre Heilwirkungen und ihr Gehalt an Vitaminen und Mineralien wirklich erstaunlich. Er erzählte mir von Mädesüß, dem Aspirin der Natur, und der beruhigenden Wirkung von Zitronenmelisse. Er erzählte mir, wie und wann man Kräuter für einen Tee erntete, trocknete und dann zu einem wirkungs- und geschmackvollen Gebräu zusammenstellte. Ich war erstaunt über die schiere Menge an Wörtern, die er von sich gab – und auch ein wenig dankbar, dass die Lerche nicht mit dabei war. Die hätte sich das Wesentliche gemerkt und ihrem Repertoire bodenlosen Wissens hinzugefügt.

Ich hörte gern zu. Noch lieber hätte ich mit ihm über Wiggerl geredet. Hätte ihn gefragt, wie es ihm damit ging, dass die Leute mit ihrem Leben weitermachten, obwohl es für seinen besten Gartenfreund vorüber war. Wie er sich dabei fühlte, dass auf einmal ich in Wiggerls Garten arbeitete – oder besser: ihn vernachlässigte. Doch ich wagte es nicht. Etwas an Herrn Walter legte auch mir eine gewisse respektvolle Distanz nahe.

13

Das Schlafsofa in Wiggerls Laube war gar nicht mal so unbequem, stellte ich am nächsten Morgen fest. Bis ich dann aufstand und mein Kreuz spürte. Ich hatte mich von Herrn Walter doch noch zum Genuss einer Flasche Bier anregen lassen. Gefühlte vier, fünf Mal war ich nachts auf die Komposttoilette gewankt. Zum Glück fand ich meinen Weg um die Laube herum problemlos ohne Taschenlampe, da die Anlage durch die Solarlichter der Nachbarschaft fast taghell erleuchtet wurde: Fackeln, Lichterketten, Lampions, Leuchtkugeln, Feenlichter, frei stehende Lichtersäulen, dezente Weg-Erheller, penetrante Dinge-Anstrahler in Grellweiß, Warmweiß oder Bunt.

»Irgendwann wird hier mal ein Flugzeug landen«, hatte die Lerche neulich gelacht und dann doziert: »Lichtverschmutzung ist ein echtes Problem, denn nachtaktive Insekten, die sich am Licht der Himmelskörper orientieren, bringen diese zusätzlichen Lichtquellen völlig durcheinander, weil sie entweder angelockt und dadurch leichte Beute für Fressfeinde werden, wenn sie nicht gleich verbrennen, oder weil sie sich gar nicht mehr die Mühe machen, einen Partner zur Vermehrung zu suchen, weil die Solarlampe attraktiver leuchtet. Auch die Flora leidet darunter, weil viele Pflanzen dann unbestäubt bleiben oder sogar die Photosynthese nicht mehr ordentlich geregelt kriegen.«

Aber jetzt war es längst hell, es war Samstag, und ich war so frei wie ein Vogel. Die Gunst der Stunde nutzend, verteilte ich meine neu erworbenen Setzlinge malerisch auf meinen Beeten. Trotz der Pflänzchen sahen diese nicht überzeugend aus, sondern wirkten fast obszön nackt im Vergleich zu denen meiner schwäbischen Nachbarn, die mit Pflanzenvlies und kleinen Plastiktunneln, Schneckenzäunen aus verzinktem Stahlblech und Holzbrettern als Beet-Infrastruktur ausgestattet waren.

Beherzt griff ich zu den Samentütchen, die ich in der Drogerie besorgt hatte, um hier ein wenig Abhilfe zu schaffen. Wenigstens wuchsen bei mir in einer Ecke eine Menge grüner Stauden, und zwar so schnell, dass man ihnen dabei zuschauen konnte.

Ich inspizierte sie gerade, da rief Konrad über den Zaun: »Vorsicht, Mädle, die breiten sich fei blitzschnell im ganza Garda aus! Und dann wirsch du die Mischtdinger nie wieder los, gell?«

»Du bist ja nur neidisch, weil's bei mir wächst und gedeiht.« Ich nutzte die Gelegenheit, meine zweite von Friedl aufgetragene Mission zu erfüllen, und trat zu ihm an den Zaun. »Was sind das überhaupt für Pflanzen?«

»Topinambur«, antwortete das Maultäschle und holte aus. Das sei im Grunde eine Art von Sonnenblume, und ihre Wurzelknolle sei als sogenannte Diabetikerkartoffel bekannt, gesund und voller Ballaststoffe. Deshalb erlebten die Dinger aktuell ein Comeback in der Szene der Ernährungsbewussten.

Lisa schlich sich von hinten an und rief vergnügt: »Ich nenne sie Pupsknollen!«

»Ja, man muss se verdaua könna. Aber hoch wered die, und schöne gelbe Blüten hen se«, ergänzte der Schwabe.

An meine Aufgabe denkend, lud ich mich elegant bei meinen frühvergnügten Nachbarn ein. »Habt ihr einen Kaffee für eine durstige Nachbarin?«

»Freilich!«

Ich stieg über den Maschendrahtzaun und fläzte mich auf einen Gartenstuhl. Insgeheim fühlte ich mich wie Mata Harke. Miss Mangold. Hercule Porree. Bis mir einfiel, dass ich das Notizbüchlein, in dem ich die wesentlichsten Ermittlungsergebnisse aufschreiben wollte, in meiner Laube liegen lassen hatte. Es würde hoffentlich nicht auffallen, wenn ich alle paar Minuten zum Pinkeln, wegen eines Anrufs oder unter einem anderen Vorwand in meinen Garten zurückgehen würde.

»War schön, dein Fest«, lächelte mich Lisa an.

Doch bevor ich mir mehr dazu anhören konnte, ging Konrad dazwischen, nahm mir die Samentütchen aus der Hand und schüttelte unwillig den Lockenkopf.

»Was willsch du denn mit dem Glomp? Des erntesch du ab, und des war's dann. Die Samen der Früchte sind zu nichts zu gebraucha, do wächst im Jahr drauf fei nichts Gscheites draus. Und nächstes Jahr musch du dann neue Tütla kaufa. Hol dir lieber glei was Gscheits, samafeschtes Saatgut. Des isch erst mal teurer, aber do hosch mehr davo.«

Wenn ein Schwabe zu etwas Teurerem rät, ist das eine Empfehlung, die man nicht ignorieren sollte. Mir war aufgefallen, dass Konrad der Gartenwusler war, Lisa dagegen alles souverän und ohne jede Hektik anging. Sie half mit, wo es nottat, ansonsten ließ sie ihren Mann machen und stand ihm dabei nicht im Weg. Das war nicht zu vergleichen mit dem Drill, den Senta ihrem Hasen auferlegte. Da ging es nicht ums huldvolle Gewährenlassen, sondern ums Anschaffen, Herumkommandieren und Bekritteln. Hätte ich noch meinen Mann an der Seite gehabt, hätte die Arbeitsteilung der Schwaben genau meinem Ideal entsprochen. Nur dass er dann im ganzen Garten seinen Wein angebaut hätte.

Schnell holte ich meine Gedanken in die Gegenwart zurück. »Was geht da mit Senta und Jo?«, fragte ich, weil ich mich an Friedls Bemerkung über das Verhalten der beiden erinnerte, obwohl ich selbst nichts davon mitbekommen hatte. Dass Lisa sofort eifrig nickte, zeigte mir, dass meine scharfsinnige Nachbarin mit ihrer Beobachtung den Nagel auf den Kopf getroffen hatte.

»Irgendetwas ist komisch mit den beiden, das ist mir auch aufgefallen. Der Jo hat die Senta ja nicht mit dem Arsch angeschaut. Das war früher anders, wenn die beiden beisammensaßen.«

»Der Jo, des isch ja eher ein Althippie«, erklärte mir das Maultäschle. »Man sieht es ihm nedda o, aber er war seinerzeit a rechter Stenz.« Hier legte er eine Kunstpause ein, damit ich seine Beherrschung der bayerischen Wortkultur bewundern konnte. »Und Senta isch au ned von schlechten Eltern, die hod hier in der Anlag jede Menge Verehrer von früher. In ihrer Jugend war sie die Uschi Obermaier im Garda.«

Das interessierte mich. Nicht wegen des Mordfalls, aber gegen die Faszination von Klatsch und Tratsch war ich keineswegs immun.

Konrad fuhr fort: »Des hot die boide verbunda. Des war lang vor unserer Zeit. Früher isch angeblich mal was gloffa oder hätt loffa könna, wenn halt der Jo nedda so a Hallodri gwäsa wär. Senta braucht an Mo, der ihr was bietet, ned an Loser, der in den Tag neilebt, und da war der Adi die bessere Wahl.«

»Aber der ist leider nicht gut gealtert«, urteilte Lisa. »Erst wird er herzkrank, ist laufend auf Kur und muss sich schonen, dann werden die Haare weniger und der Bauch wird dafür mehr.« Mit einem Seitenblick auf ihren Gatten grinste sie. »Du wirst schon sehen, was hier im Sommer geboten wird, wenn die Herren oben ohne unterwegs sind … Das ist nur was für starke Nerven!«

Konrad versuchte, seinen Bauch unauffällig einzuziehen. Doch im Vergleich zu dem, was manch andere zu bieten hatten, erschien mir sein dezentes Bäuchlein als der reinste Sixpack.

Lisa erzählte weiter: »Jetzt auf deinem Einstand, da waren Senta und Jo ja regelrecht Luft füreinander. Sie hat ihn nur einmal angefaucht, um ihren Hasen zu verteidigen.«

»Da war doch was im Sommer vor zwoi Johr«, warf Konrad ein. »Genau. Da hat der Jo a noia Flamme am Start ghabt, Katharina oder Katrin …«

»Karin«, half ihm Lisa auf die Sprünge.

»Des hot die Senta gar ned gern gseha. Auf unserem Erntedankfescht hat se ihn deswegen ständig aufzoga. Die Karin war ned mitkomma, und Senta hot koi Ruh geba, hot ihn piesackt, was er an dera fändat und dass er sei Ansprüch ja ganz schee runtergschraubt hot.«

Lisa übernahm. »Da hat der Jo sie komisch angeguckt und was gesagt von wegen: ›Dir kann es doch egal sein, wen ich nehme!‹ Darauf folgte eine Runde betretenes Schweigen, keiner hat was dazu gesagt. Zum Glück kam da gerade der Wiggerl rein und hat die dicke Luft mit irgendeiner Bombennachricht gesprengt.«

»Ha noi!«, schrie Konrad, wie von der Wespe gestochen. »I han do an Witz gmacht, den besta Witz, den i jemals gmacht han! Mir hen uns älle vor Lacha gkrümmt. Und hinterher hat sich niemand mehr dro erinnert.«

»Was für ein Witz?« Ich stand völlig auf dem Schlauch.

Lisa füllte Kaffee nach und sagte: »Stimmt. Konrad hat den besten Witz seines Lebens erzählt. Böse Zungen behaupten, den einzig guten Witz, der ihm je gelungen ist.«

Er schnaufte entrüstet.

»Da saßen wir schon in der Laube, weil's frisch geworden war. Alle erinnern sich daran, dass mein Mann einen super Witz gemacht hat. Aber niemand weiß mehr, wie der ging«, führte Lisa weiter aus.

Das Maultäschle nickte.

Das war die Sache, auf die Jo und Adi bei meinem Grillfest angespielt hatten. Ich konnte mir vorstellen, wie frustrierend das sein musste, aber es gab jetzt Wichtigeres. »Was für eine Bombennachricht war das denn vom Wiggerl?«

»Nach dem Witz vom Konrad musste ich dringend aufs Klo«, sagte Lisa. »Ich hab mir vor Lachen fast ins Höschen gemacht. Ich hab grade noch mitgekriegt, dass Wiggerl zur Tür reinkam und aufgeregt war. Den Rest dann schon nicht mehr.«

»I erinner mi au ned mehr«, ergänzte Konrad.

Ich hegte den Verdacht, dass er zu diesem Zeitpunkt bereits spontan entschlummert war.

Seine Frau übernahm wieder. »Wie ich dann zurückkam, waren alle in heller Aufregung. ›Das kannst du nicht machen‹ und ›Schlaf noch mal drüber‹ haben sie herumkrakeelt, solche Sachen. Ich hab gefragt, was los ist, aber keiner hat mir eine gescheite Antwort gegeben. Mir war das zu hektisch, da bin ich in unsere Laube zurück. Der Abend war eh gelaufen.«

Ich überlegte. Ein Witz, an den sich niemand mehr erinnerte, obwohl alle über ihn gelacht hatten. Und eine Bombennachricht, die ein ähnliches Schicksal erlitten hatte. Konnte das sein? Bestimmt erinnerten sich die anderen noch an irgendetwas. Jetzt hakte ich nach: »Und wie war das mit dieser Karin?«

»Ach, des ging ned lang«, antwortete das Maultäschle. »A guats halbs Johr? Im Frühjahr drauf, als die Gardasaison ofing, war er scho wieder solo.«

Lisa nickte. »Die schönen Tage im Februar waren der Schwanengesang für die beiden.«

So spannend das auch war, ich hatte keine Ahnung, ob es irgendetwas mit Wiggerls Ableben zu tun haben konnte. Vielleicht würde ja der Friedl etwas dazu einfallen. Schnell verabschiedete ich mich auf die Komposttoilette, kletterte in meinen Garten zurück und notierte in der Laube ein paar Erinnerungshilfen in mein Heft: »Bombennachricht Wiggerl, Witz Konrad, Karin«. Dann kletterte ich retour, wo sich meine Gastgeber darüber austauschten, wann sie dem Wiggerl nach dem Erntedankfest noch mal begegnet waren.

»In seiner Laube hab i ihn ghört, und zwar in der Woch nach der Feier«, sagte Konrad. »Mir hen hier übernachtet, des war des letschte Mol in dem Johr. Und ich konnt nedda schlofa, weil Lisa so laut gschnarcht hot.«

»Was verzapfst du für einen …?«

Das war mir neu. »Ich wusste ja gar nicht, dass man hier übernachten darf.«

»Des hängt vom Vorstand ab«, erklärte Konrad. »Die Oberhuberin hot nichts dagega, des hält des Gsindel fern, sagt se.«

Lisa lachte. »Da stellt sich die Frage, auf welcher Seite vom Zaun das Gsindel …«

»A halbe Stund lang hot er drüba gkruschtelt und gschoba«, unterbrach Konrad, »und i wollt schon rüber und ihn froga, was er mitta in der Nacht randaliert. Aber mir war's zu kalt, um aufzusteha, und dann bin i wieder eigschlofa.«

»Habt ihr hinterher noch mal mit ihm telefoniert?«

»Ich hab im Januar versucht, ihn anzurufen«, überlegte Lisa

laut, »aber da ging keiner ran. Warum interessiert dich das alles?«

Offenbar war mein Vorgehen nicht so unverdächtig, wie ich mir eingebildet hatte. Ich erzählte, dass ich dem Ableben meines Vorgängers auf den Grund gehen wolle und dass mich die Friedl dabei unterstütze. Es war besser, mit offenen Karten zu spielen.

»Die Friedl soll dir zuarbeita?«, staunte Konrad. »Mädle, die spielt fei in einer andera Liga.«

Lisa lachte nur herzlich.

Nach dem Besuch verteilte ich den Inhalt der von Konrad geschmähten Samentütchen zwischen den frisch gesetzten Pflanzen und wässerte reichlich. Wenn ich jetzt nicht vergaß, regelmäßig zu gießen, würde mein Beet hoffentlich bald überzeugend und kompetent wirken. Dann riss ich den Efeu aus, der heimlich, still und leise aus den Ecken kroch und den gesamten Garten in seine Gewalt zu bringen drohte. Weitere Projekte musste ich wegen lauten Magenknurrens verschieben. Das Wirtshaus der Anlage bot sich für ein Mittagessen an, obwohl der Name »Höllenwirt« nicht allzu verlockend klang. Weil es noch früh war, bekam ich einen Platz in der Sonne, und Anni, die blonde Bedienung, erklärte mir, dass das Lokal nach dem Wirt benannt sei, der Achim Höll heiße.

Die Speisekarte war eine Enttäuschung. Herr Höll war wohl von der alten Garde, vermutete ich, ein Grantler fernab der Trends der Neuzeit, der nicht einsah, weshalb er sich wegen irgendwelcher Fleischalternativen einen Kopf machen sollte.

Auf das mangelnde vegetarische Angebot angesprochen, verdrehte die freundliche Bedienung die Augen. »Ich soll vom Wirt ausrichten: Wer nicht wie die normalen Leute essen möchte, für den gibt's Kasspatzen oder Semmelknödel mit Schwammerlsoße. Keine Extrawürste für Leute, die keine Wurst mögen.«

Die vegetarischen Klassiker der bayerischen Küche. Kasspatzen liegen in der Regel wie ein Ziegelstein im Magen, und die Semmelknödel können meist ohne Nährstoff- oder Geschmacksverlust durch Spülschwämme ersetzt werden. Manchmal bekommt man dazu einen Salat, der mit nur wenigen Streifen Hähnchenbrust oder einigen Würfelchen Speck als so gut wie vegetarisch gilt. Weil ich hier ebenfalls einen angenehmen Eindruck hinterlassen wollte, verkniff ich mir jeden weiteren Kommentar und bestellte einen Fitnesssalat ohne Pute.

Anni beugte sich vor und flüsterte: »Den kann ich leider nicht ohne die Pute servieren, die Stückchen müssten Sie schon selbst rausklauben.«

»Und der Laden kann sich halten?«

Sie lächelte breit und deutete eine Handbewegung an, mit der sie die Fülle von Gästen umfasste, die eintrudelten.

Ich bestellte ein Radler und fischte später dann, wie empfohlen, die Putenstücke aus dem Salat. Der abgesehen davon gar nicht mal übel war.

Frisch gestärkt, kombinierte ich einen Verdauungsspaziergang mit Eigeninitiative und erweiterte meine Erkundungsrunden um ein paar Gartenwege. Dabei bot sich mir der glaubwürdige Vorwand, mich überall als die Neue in der Anlage vorzustellen.

Nachdem ich inzwischen selbst Teil dieser ausgewählten Gemeinschaft geworden war, schaute ich mit anderen Augen in die Gärten. Genau genommen sogar mit zwei Augenpaaren: Das eine wollte mit detektivischem Blick Verborgenes aufspüren, das andere war dabei, sich aufgrund des Gesehenen Gedanken über die Persönlichkeiten der Leute zu machen. Denn dass der Garten seine Menschen offenbart, ist offensichtlich. Er zeigt, wer Geld hat, aber im Grunde kein Interesse an Gartenarbeit; wer ihm liebevoll viel Zeit widmet und wer lieber effizient vorgeht; wer Wasser wertschätzt; wer gern grillt und weniger gern jätet; wer Selbstversorgung anstrebt und wer ein Fan exotischer Flora ist; wem Form über Inhalt geht und wem alles egal ist. Er bildet ab, ob sich seine Menschen etwas aus Grünzeug machen oder, der Auflage folgend, ihr Gemüsesoll mit einfachsten Mitteln erfüllen; ob sie experimentierfreudig sind oder lieber auf Nummer sicher gehen; ob sie den Garten als Rückzugsort vor der Welt oder als Spielplatz nutzen; ob sie unerhörte Dinge hinter Hecken verbergen oder sich freimütig dem Außen präsentieren; ob ihnen Gartenarbeit oder Geselligkeit wichtiger ist.

Was mein eigener Garten im aktuellen Zustand über mich aussagte, wollte ich gar nicht wissen. Ich tröstete mich damit, dass das schon noch werden würde. So äußerten sich nämlich die anderen. »Der wird schon«, sagten die meisten, wenn ich erzählte, dass ich den Garten von Wiggerl übernommen hatte.

Und ich fragte mich, was er denn werden würde. Ein Garten war er ja bereits. Ein Supergarten? Ein Übergarten? Ein echter Strebergarten?

Mein Vorgänger war jedenfalls allseits recht beliebt gewesen, und niemand verlor ein schlechtes Wort über ihn. Selbst nach meiner erst kurzen Zeit in der Anlage erschien mir das durchaus bemerkenswert. Alle beklagten sein vorzeitiges Ableben. Einige hatten mitbekommen, dass er in seinem letzten Herbst eine Grube für einen Teich ausgehoben hatte und dass er ein Gehege für Laufenten geplant hatte. Immer voller Ideen und Pläne, der Gute.

Über das »alternative Erntedankfest« in meiner Ecke herrschte dagegen geteilte Meinung: Etliche empörten sich darüber, dass meine Nachbarn da ihr eigenes Süppchen gekocht hatten, statt mit allen gemeinsam zu feiern. Das sei doch eher Kindergarten, nicht Kleingarten, hier gebe es klare Regeln, gegen die man auch mit kollektivem Schmollen nicht ankönne.

Ein paar andere wiederum fanden es konsequent, dass man wegen eines Festes nicht die eigenen Interessen aufgab, sondern hartnäckig Stellung bezog. Doch die meisten schüttelten nur lachend den Kopf. Ihnen war's egal, es sei so oder so ein fröhliches Fest gewesen, und die Lisa habe später eh noch vorbeigeschaut, also könne das alles ja gar nicht so wild gewesen sein.

Davon hatte Lisa nichts erzählt, da war ich mir fast sicher. Ein bisschen kam ich mir ja schon vor wie in einem Krimi. Ich überlegte mir Titel. »Nur die Wühlmaus war Zeuge« vielleicht. Oder »Der Rettich der Baskervilles«. Wie wäre es mit »Der Name der Stockrose« oder »Das Böse unter der Hecke«? »Das Fenster zum Garten«? »Der Kürbis, der aus der Kälte kam«? Oder »Wenn der Gartenerdelieferant zweimal klingelt«?

Ich sah auf die Uhr. Am Abend wollte die Lerche zum Essen bei mir vorbeikommen. Ich ergänzte meine Liste um den Klassiker »Wer die Nachtigall stört«, für den ich nicht einmal den Titel ändern musste.

14

Punkt achtzehn Uhr erschien die Lerche mit einem vollgepackten Korb an meiner Gartentür. Sie hatte eine Auswahl feinster griechischer Leckereien dabei, dazu einen kühlen Retsina, und sie trug das edle schwarze Hemd aus unserem gemeinsamen Urlaub auf Kreta im Jahr zuvor. Frau Barbara Nachtigall und ihre Themenabende. Ich richtete die Mezedes – Oktopussalat, Tarama, Gigantes, Dolmades und Zucchinibällchen – auf dem Gartentisch an, und sie erzählte mir halblaut von ihren Recherchen. Obwohl ich bisher weder Jo gesehen noch Flokatis heiseres Bellen gehört hatte, konnte mein rauchfreudiger Nachbar hinter dem Kirschlorbeer lauern und jederzeit auf der Suche nach Schokolade hervorhüpfen. Da war es nicht verkehrt, ein wenig diskreter aufzutreten.

Während ich am Vortag mit der Oberhuberin geplaudert hatte, war die Lerche mit dem Althippie von nebenan beschäftigt gewesen. Doch obwohl Jo von ihrem Charme angetan schien, hatte sie nicht einmal seinen Gartenzaun passieren dürfen.

»Stell dir vor«, entrüstete sie sich. »Ich steh da wie eine Schnürsenkelverkäuferin, und er plaudert mit mir am Gartentürchen. Ich habe gefragt, ob er mir nicht einen Schluck zu trinken anbieten möchte, und er hat zwei Flaschen Bier gebracht. Ans Gartentürchen!« Sie schluckte ihr Entsetzen mit einem Stück Fladenbrot hinunter, das sie zuvor hingebungsvoll in die Tarama getunkt hatte.

Dabei hatte es vielversprechend angefangen. Jo hatte sie mit den Worten »Aha, die Lärche – eine Frau wie ein Baum!« begrüßt und sein blau-weißes Käppi vor ihr gezogen.

»Aha, ein 1860er-Fan«, hatte die Lerche gekontert und auf sein Käppi gedeutet.

Bei Männern brauchte es ja wenig, um sie aus der Reserve zu locken. Hatte sie gedacht. Aber Jo war eisern geblieben. Er hatte gefragt, ob sie ebenfalls eine Löwenfreundin sei, wie es ihr denn generell gehe und ob sie aktuell »in festen Händen« sei. Sie grunzte verächtlich: »Er könnte mein Großvater sein.« »Vater, Liebchen«, korrigierte ich sanft. Und bestätigte, dass ich auch nicht wisse, ob dieses unerschütterliche Selbstbewusstsein älterer Männer beneidenswert oder bedenklich sei.

Am Gartentürchen war es meiner Lerche nicht gelungen, unverfänglich das Gespräch in Richtung Senta zu lenken, die ja im Garten nebenan zugange gewesen war und unter Umständen alles mitgekriegt hätte.

»Die hätte mit Sicherheit alles gehört.« Langsam kannte ich meine Pappenheimer mit ihren Ohren so groß wie Obstschalen.

Meine Lerche hatte sich also vorsichtig erkundigt, wie Jo durch seine üppige immergrüne Bepflanzung denn im Jahr zuvor habe erkennen können, dass es wirklich Wiggerl gewesen war, der da im Februar in seinem Garten gestanden sei. Jo hatte behauptet, ihn an seinem FC-Bayern-München-Käppi erkannt zu haben. Die taugten mit ihrem grellen Rotton nicht zur Camouflage.

»Könnte das ein Mordmotiv sein? Ein Streit biblischen Ausmaßes zwischen einem Löwen- und einem Bayern-München-Fan?«, rätselte ich.

Die Lerche schüttelte den Kopf. »Dann schon eher Gemüseneid. Aus Jos Garten hat es richtig fies gestunken. Da wächst garantiert nix Gutes.«

»Na und ob! Das ist Brennnesseljauche, was da so stinkt. Jo schwört darauf, er sagt, das wäre der beste Pflanzendünger und gut gegen Schädlinge. Riecht halt etwas streng.«

Die Lerche rümpfte die Nase. »Dann wünsch ich dir immer günstigen Wind, Liebchen.«

Wir beendeten unsere mediterrane Brotzeit und beschlossen, gemeinsam bei Senta und Adi irgendetwas Brauchbares in Erfahrung zu bringen. Das wäre ein krönender Abschluss für unseren Ermittlungstag. Als Vorwand nahmen wir den

Nachtisch der Lerche mit, ein kretisches Dessert aus Sahnejoghurt, Butterkeksen und Kondensmilch, und behaupteten, das sei übrig geblieben und solle nicht verderben. Obwohl mir das Herz dabei blutete, diese Leckerei aus der Hand zu geben.

Senta nahm unsere Gabe huldvoll entgegen, gab Adi drei Löffelchen davon und nahm sich selbst nur eines. Sie bot auch uns davon an, was wir dummerweise ablehnen mussten, um unseren Besuchsvorwand aufrechtzuerhalten.

»Wir sind bis oben voll, da geht kein Bissen mehr«, knirschte ich durch aufeinandergepresste Zähne. Wehe, wenn sich dieses Opfer nicht bezahlt machte! Aber auf einen Prosecco ließen wir uns gern einladen.

Adi liebäugelte mit dem Rest des Desserts, doch Senta ermahnte ihn: »Tierisches Fett ist nicht gut fürs Herz, mein Hase.«

Und kaum dass er aufgestanden war, sagte sie halblaut zu uns: »Warum mach ich mir die Mühe überhaupt? Soll er sich doch zu Tode fressen, dann bekomm ich wenigstens eine schöne Witwenrente.« Sie nippte an ihrem Prosecco. »Aber nachher überlebt er den Herzkasper, und ich darf ihn dann pflegen.«

Vor Grauen schüttelte sie die rote Mähne. Die Lerche und ich lachten ein wenig gezwungen, weil wir uns nicht sicher waren, wie ernst es der Femme fatale der Kleingartenanlage mit ihren Worten war.

Als Adi aus seinem Geräteschuppen kam, konnte ich durch die geöffnete Tür erkennen, wie gestopft voll der war. Berge von Garten-Equipment, das weit über den Rahmen dessen hinausging, was der emsigste Gärtner sinnvoll einsetzen konnte. Adi schien jedes Gerät mehrfach zu besitzen. Er kaufte vermutlich ständig nach, ohne die alten Sachen auszumustern. Natürlich war dem nicht aufgefallen, dass sein Spaten nicht mehr im Schuppen hing.

Erst später sollte ich erfahren, dass Schrebermenschen gern alles doppelt oder gar dreifach haben. Das liegt offensichtlich in der Natur der Sache: Wer einen Garten hat, glaubt, alles brauchen zu können. Noch dazu wird geschenkt, geborgt oder das Gute, noch Brauchbare laufend durch das Bessere ersetzt.

Ich betrachtete mit neidischem Blick, wie ausgiebig Adi schon im Garten gewerkelt hatte. Das Hochbeet war mit Setzlingen bepflanzt, daneben stand ein hohes Gestell, bei dem je zwei scherenartig gegeneinander gebundene, gut zwei Meter hohe Stangen die Stützen für ein quer darübergelegtes Rundholz bildeten. Von diesem hingen in regelmäßigen Abständen dünne Seile auf den Boden hinunter.

»Stangenbohnen«, sagte Adi, der meinem Blick gefolgt war. »Die wachsen dann an den Schnüren nach oben.«

Die Tomaten hatte er ebenfalls ins Freiland gesetzt statt in ein klassisches Tomatenhaus. Dessen Dach aus gewelltem Plastik schützte, wie mir das Maultäschle bereits erklärt hatte, die zickigen Nachtschattengewächse vor Nässe von oben.

»Warum soll ich mir die Mühe machen?«, fragte Senta, nachdem ich das angesprochen hatte. »Letzten Sommer haben auch die Pflanzen unter dem Dach die Braunfäule bekommen.«

Sie meinte damit sicher: dem Adi die Mühe machen. Warum selbst Hand anlegen, wenn sich Frei- und sonstige Willige fanden? Wie aufs Stichwort kam just in diesem Moment ein anderer Kleingärtner mit einer Schubkarre vorbei und hievte zwei Säcke mit Rindenmulch für Senta auf den Weg. »Wie bestellt, meine Liebe!«

Die Bezahlung wollte er nicht entgegennehmen, sondern winkte kulant ab. »Die paar Euro, lass stecken. Ich war ja eh einkaufen, das war kein Umweg.«

So konnte frau also auch garteln. Gar nicht ungeschickt, das musste der Neid ihr lassen. Senta schaute wie eine Katze, die eben eine Schüssel mit Sahne aufgeschleckt hatte. Obwohl der opulente Sahnejoghurt des griechischen Nachtischs ja von ihr verschmäht worden war.

»Der gute Bernhard«, schwärmte sie, nachdem er gegangen war. »Immer hilfsbereit und aufmerksam.«

Adi, der sich eben erst wieder zu uns gesetzt hatte, stand unaufgefordert auf, um die Säcke zu verräumen. Für einen, der sich schonen musste, war er eifrig am Werkeln.

»Sag mal«, ging die Lerche in medias res. »Der Spaten, mit dem Valentina den Wiggerl ausgegraben hat, der war doch von dir?«

Adi erstarrte mitten in der Bewegung und schaute schnell zu Senta hin, die ihre Beine anmutig auf seinem frei gewordenen Platz auf der Bank ausstreckte.

»Wie kommst du denn darauf?«, wollte sie wissen.

»Wegen der gehörnten Kuh«, antwortete ich.

»Des Büffelkopfs am Griff«, spezifizierte die Lerche.

»Ach, das alte Ding!« Adi lachte. »Das hab ich nicht mehr gebraucht und dem Wiggerl geschenkt.«

»Hast du den Spaten nicht dem Sepp geliehen, Hase?«

»Das ist der Jo«, erklärte ich der Lerche halblaut.

Adi stutzte, runzelte die Stirn und sagte: »Ich weiß es gar nicht mehr. Dem Wiggerl oder dem Sepp, einem von beiden. Kann ich ihn wieder zurückhaben?«

Die Lerche, unsere routinierte Insiderin, zuckte mit den Schultern. »Wenn die Polizei mit der Spurensicherung fertig ist.«

»Wieso Spurensicherung?«, wollte Adi wissen. »Da sind doch inzwischen die Fingerabdrücke von allen drauf, von Valentina, von mir, vom Sepp, vom Wiggerl und von Senta.«

»Meine sicher nicht«, bemerkte seine Gattin nonchalant.

»Oder von gar keinem, wenn derjenige, der den Wiggerl eingegraben hat, schlau genug war, den Griff abzuwischen«, wandte ich clever ein.

»Dann wären aber doch immer noch deine drauf«, dämpfte die Lerche meinen Eifer.

Barbara Nachtigall ist meine beste Freundin …

»Die haben uns ja ein zweites Mal befragt, die von der Polizei«, erzählte Senta. Sie legte die Nagelfeile aus der Hand, mit der sie ihre vollendet manikürten Hände noch ein wenig perfekter gestaltet hatte.

»Ach, tatsächlich?« Ich war enttäuscht. Von mir hatten sie nur einmal ein Statement eingeholt.

»Ja, sie wollten mehr über Wiggerls familiäre Verhältnisse erfahren«, verriet sie. »Da wird wohl gerade eifrig nach möglichen Erben gesucht.«

Adi ergänzte: »Der hatte doch mehr Geld auf dem Konto, als irgendeiner von uns gedacht hat. So viel, dass es sich für die Erben gelohnt hätte ...« Er legte eine bedeutsame Pause ein.

»Und? Hat er Erben?«, fragte die Lerche.

»Wir wissen von niemandem. Er hat immer gesagt, dass der Adi mal erben soll, weil der sein bester Freund ist«, behauptete Senta. »Aber ohne was Geschriebenes lässt sich da nichts machen.«

»Der Wiggerl, der war ein alter Junggeselle. Immer gewesen, bis zuletzt geblieben. Der hatte seinen Garten, seine Hobbys, seine Freunde – mehr hat er nicht gebraucht.« Adi seufzte. »Schönes Leben eigentlich.«

Senta sah ihn scharf an, und man konnte förmlich hören, dass sie eine mindestens ebenso scharfe Bemerkung herunterschluckte.

Ich betrachtete nachdenklich ihr Profil. Zweifellos eine aparte Erscheinung. Ich konnte mir gut vorstellen, dass sie früher umwerfend ausgesehen hatte.

»Wie war das bei dem Erntedankfest?«, fragte die Lerche, die sich nicht so leicht ablenken ließ. »Das war doch das letzte Mal, dass man ihn gesehen hat.«

»Ach was, wir haben ihn doch im Frühling drauf noch im Garten getroffen«, sagte Adi.

Und Senta ergänzte: »Außerdem hat er Postkarten geschrieben.«

»Habt ihr im Winter nicht miteinander telefoniert?«, eröffnete die Lerche ihr Duell mit Senta. Um von der Brisanz der Frage abzulenken, klaubte sie ihr bei der Gelegenheit betont unauffällig ein paar rote Haare vom Sonnentop. »Du erlaubst doch?«

Der Rotschopf wehrte ihre Hand unwirsch ab und schnaubte: »Nein, haben wir nicht!«

»Und was hat er im Frühling gesagt?«

»Dass er vorhat, zu seiner Schwester zu fahren. Irgendwohin in den Norden, Kiel oder Hamburg.«

»Aber dann hat er ja Erben! Wenn er doch eine Schwester hat.«

»Ja sicher. Aber ihr Verhältnis war nicht eng.«

»Aber der Polizei habt ihr doch gesagt, ihr wüsstet von niemandem.«

»Von niemandem außer der Schwester, haben wir gesagt.« Wir schwiegen.

Dann bohrte ich noch mal nach. »Und wie war das beim Erntedank?«

Jetzt sprang Adi in die Bresche. »War alles wie immer, eine lustige Feier. Hat der grantigen Oberhuberin gar nicht gepasst, dass wir mehr Spaß hatten als sie auf der offiziellen Veranstaltung.«

»Da waren alle aus der Ecke dabei, oder?«

Die beiden nickten.

»Der Sepp, der Walter, das Maultäschle und das Meerschweinle«, zählte Adi auf. »Und der Wiggerl.«

»Nur Friedl nicht, die Wichtigtuerin. Die war mal wieder weg«, sagte Senta.

»Das Maultäschle ist wieder mittendrin eingeschlafen«, erinnerte sich Adi.

»Aber vorher hat er einen Hammerwitz erzählt«, warf ich ein.

Senta nickte. »Stimmt, wir haben uns ausgeschüttet vor Lachen. Hätte man ihm gar nicht zugetraut.«

»Und was war das für ein Witz?«

Meine Nachbarn schauten sich an.

»Keine Ahnung«, sagte Senta dann.

»Ich hab ihn auch vergessen.« Der ratlose Blick von Adi glitt an mir vorbei in die Ferne und blieb dort hängen. Der arme Konrad.

»Und Lisa?«, hakte ich nach.

»Die hat ihn auch vergessen, stell dir vor! Da haben wir hinterher noch darüber geredet, weil der Konrad überall nachgefragt hat. Aber denk dir nichts dabei, so ist das halt, wenn bei uns gefeiert wird.«

»Ist sie auch eingeschlafen?«

»Nein, die steckt mehr weg«, lachte Adi. »Sollte man gar nicht glauben bei so einer kleinen Person. Noch dazu einer, die kein Fleisch isst.«

Ich ließ nicht locker. »Sie hat erzählt, dass der Wiggerl mit einer Bombennachricht angekommen ist. Was war das denn für eine Neuigkeit?«

Senta verzog den Mund und schenkte uns Prosecco nach. »Das weiß ich jetzt nicht mehr. Irgendein Schmarrn wird's schon gewesen sein. Wahrscheinlich was mit seinen albernen Gänsen. Wir sind nicht drauf eingestiegen, da war er beleidigt und ist schnell wieder abgezogen.«

»Was soll die ganze Fragerei?«, stöhnte ihr Mann.

»Ich fand es anständig von euch, dass ihr die Pacht für ihn übernommen habt«, sagte ich, um sie nicht völlig zu vergrätzen.

»Dafür sind Nachbarn doch da«, sagte Adi fast reflexhaft. »Wir halten zusammen in unserem Eck. Daran könnten sich viele andere hier ein Beispiel nehmen.«

Er schaute sich herausfordernd um, aber keiner blickte über die Hecken und Maschendrahtzäune zurück.

»War das viel?«

»Um die dreihundert.«

»Dreihundertsechsundzwanzig Euro. Der Sommer im Jahr davor war trocken, da hat er ziemlich gegossen«, verbesserte Senta.

Und zweiundzwanzig Cent, ergänzte ich in Gedanken. »Woher wusstet ihr denn, wie hoch seine Rechnung war?«

»Das wird er auf seiner Postkarte geschrieben haben«, sagte Senta und zückte erneut die Nagelfeile.

»Aber woher hat er es denn gewusst?«

»Woher sollen wir das wissen?«, entgegnete sie und rollte mit den Augen. »Vielleicht hat er die Post nachgeschickt bekommen, oder sein Nachbar hat es ihm erzählt.«

Ich schluckte. Die Stimmung war endgültig im Eimer.

Schnell wechselte die Lerche das Thema. »Der Jo ist ja ein Netter. Ist der eigentlich liiert?«

Woraufhin Senta sie von oben bis unten mit diesem speziellen Blick taxierte, den eine attraktive Frau für eine andere attraktive Frau in petto hat. Nicht zu vergessen, dass diese keine Freundin und dazu ein Vierteljahrhundert jünger war.

Adi lachte. »Was hätte der damische Uhu schon zu bieten?«

»Volles Haupthaar«, versetzte Senta. Und zu uns gewandt: »Er bringt immer mal wieder ein Flitscherl an, aber das ist alles nichts Rechtes.«

»Es geht ja das Gerücht um …«, ich lehnte mich ein wenig nach vorn, um die Spannung zu steigern, »… dass er seiner großen Liebe nachtrauert und deshalb nichts Festes anfängt.«

»Na, da wünsch ich ihm viel Spaß dabei«, sagte Senta.

Adi legte seine Hand auf die ihre. Seine Gärtnerhand mit den schmutzigen Nägeln auf ihrer manikürten Luxushand. Das hatte schon was.

15

Am Sonntag gab ich mir wieder frei. Ein Hoch auf die Lerche und ihre Tantiemenkompetenzen. Ich erinnerte mich nur allzu gut an die Zeiten meiner Festanstellung. Da hatte ich, der schlampigen Organisation meines Chefs geschuldet, manchmal so knappe Abgabetermine, dass ich die Wochenenden durcharbeiten musste, um sie einhalten zu können. Nach dem Entschluss, in die Selbstständigkeit zu gehen, hatte ich neben meiner Arbeit noch andere Aufträge im Bereich Kinderbuch angenommen, um mir eine Klientel aufzubauen. Da wagte ich es nicht, selbst banale Aufträge abzulehnen, weil jeder Kontakt zählte. Doch diese Zeiten waren glücklicherweise vorbei, und jetzt nutzte ich den Tag, um die Laube ein bisschen mehr nach meinem Gusto zu gestalten.

Und ganz ehrlich: Was anderes konnte ich auch nicht machen, solange ich beim Anblick der blanken Erde noch massives Unbehagen verspürte. Denn sosehr der Garten ideale Inspiration für meine Arbeit bot, so erbärmlich erwies er sich als Arbeitsplatz. Das war wieder eine Illusion, die sich früh als Seifenblase entpuppte. Am Anfang hatte ich noch blauäugig gedacht: Der Garten lässt mich wie ein großer Yogalehrer tief in den Bauch atmen und die Welt draußen verstummen, er macht meinen Kopf frei. Wie eine spirituelle Meisterin zeigt mir Mutter Natur, dass meine Erwartungen keinen Bestand haben und das, was ich Zeit nenne, nur ein willkürliches Konstrukt ist. Ich verbinde mich mit der Quelle der Kreativität.

Doch wenn ich dann im Garten saß, fiel mir eine Fülle von Dingen auf, die alle um meine Aufmerksamkeit buhlten: Hier wollte ein Wassertrieb geschnitten, da Efeu gezogen, dort ein Strauch, dessen Äste in den Weg hingen, zurückgebunden werden. Der Blumenkasten schrie nach Befüllung, die Erde von der letzten Füllaktion musste noch weggeräumt, der Müll geleert, der Schnittlauch geteilt werden. Und all das, ohne dass ich irgendetwas ernsthaft angebaut hätte. Unterm Strich konnte ich mich im Garten nicht konzentrieren und brachte nichts Gescheites zustande.

Also suchte ich mein Glück bei der Innendekoration. Geduldig friemelte ich alle Fotos von Wiggerl von den Wänden und überlegte, was ich mit ihnen anfangen sollte. Sie der Oberhuberin zum liebevollen Andenken geben? Oder vorsichtshalber für die ominöse Schwester aufbewahren, falls es sie denn doch geben sollte? Fürs Erste legte ich sie in eine Plastikbox, die einmal eine Familienpackung Fürst-Pückler-Eis beherbergt hatte. Die Gläser ohne Aufdruck, die vom Gang zur Diakonie verschont geblieben waren, parkte ich in einer Holzkiste. Dann nahm ich die Gardinen samt Vorhängen ab, die einen für die Mülltüte, die anderen für die Wäsche.

Als ich die Kissen von der Eckbank aufsammelte, kam ich auf die Idee, die Sitzfläche anzuheben und nachzuschauen, was sich im Kasten darunter verbarg: Kerzen, Reservevorhänge, noch mehr Kerzen und eine Dose Hautcreme, deren Inhalt verdächtig schepperte. In ihr fand ich ein paar Nägel und Schrauben, ein Feuerzeug und einen kleinen Schlüssel an einem leuchtend blauen Band. Da lag die Vermutung nahe, dass dieser Schlüssel in irgendein Schloss passen würde. Ich gab ihn zu den Fotos.

Mit einem großen gerahmten Porträt von Karl Valentin deckte ich die ausgebleichten Stellen an der Holzwand ab, wo die Fotos geklebt hatten. Der alte Viktualienmarkt durfte bleiben. Die Anrichte wollte ich auseinanderschrauben, um sie gleich am nächsten Tag mit der Lerche zum Wertstoffhof zu bringen, aber ich sah relativ schnell ein, dass ich hier scheitern würde. Ich würde Jo oder Konrad um Hilfe bitten oder am besten gleich selbst eine Axt zur Hand nehmen müssen. Wenn ich denn eine gehabt hätte.

Als die Lerche am Nachmittag kam, hatte ich schon wieder genug vom Kruschteln, und wir zogen zu Friedl zum Rapport weiter.

Die knabberte stillvergnügt ein paar Löwenzahnstängel und erklärte: »Gut für die Blutreinigung und um die Nachbarschaft zu irritieren.«

Heute gab es grünen Tee, weil sie das Gefühl hatte, ihre Clematis könnte einen Tein-Booster vertragen. Die Krähen, die zwei Gärten weiter auf einem Baum saßen, machten einen Heidenradau, und Hinz und Kunz drängten sich eingeschüchtert in ihrem Käfig unter dem Granatapfelbaum aneinander.

»Warum krakeelen die Krähen so? Weil sie niemand füttert?«, fragte die Lerche mit Blick auf die prallen Meisenknödel, die Frau Huber im Garten nebenan immer noch hängen hatte, quasi ein ständiger Affront für die Schwarzgefiederten, die da nicht drankamen.

Friedl rollte mit den Augen. »Nein, weil niemand mit ihnen über Nietzsche diskutiert.«

Wir rissen uns zusammen und erstatteten Bericht. Ich kramte meine Notizen hervor. Nach dem Gespräch mit der Oberhuberin hatte ich mir aufgeschrieben: »Spielsachen von Wiggerl, Erntedank, keine Schwester, Wiggerl lebt wegen Rechnung?« Und bei den Schwaben stand auf der Seite: »Bombennachricht Wiggerl, Witz Konrad, Karin«. Insgesamt hatte ich meine Ausbeute ein wenig spektakulärer in Erinnerung. Ich bemühte mich, das Gespräch mit der Vorsitzenden so detailliert wie möglich zu rekonstruieren.

»Was genau hat Wiggerl denn mit sich rumgeschleppt, als die Oberhuberin ihn vor dem Erntedankfest gesehen hat?«, hakte Friedl nach.

Ich überlegte: Frau Huber hatte von Laufenten erzählt, von Bürsten und Pinseln und Weinballons und Teichfolie. Nein, ich kam nicht mehr drauf. Dafür berichtete ich von dem Loch für den Teich, das er gegraben hat.

Friedl seufzte. »Von dem Projekt hat er mir erzählt, bevor ich nach Schottland gefahren bin. Und wie ich zurückkam, war das Loch wieder zugeschüttet. Da wird er wohl schon dringelegen haben. Hat sich wortwörtlich sein eigenes Grab geschaufelt. Das dürfte sogar die Polizei inzwischen herausgefunden haben.«

Wir schwiegen einen Moment lang.

»Und was war das mit der Bombennachricht?«, führte Friedl ihre Befragung fort.

Wieder musste ich passen, aber diesmal, wie ich betonte, weil das weder die Schwaben noch Senta und Adi gewusst hätten. Meine Nachbarin zog die Augenbrauen hoch, die in dieser Form erfreulich buschig wirkten.

»Was haben sie denn genau gesagt?«

Ich erinnerte mich und berichtete, dass Lisa zum Pinkeln gegangen sei und die Knallernachricht deshalb verpasst habe. Und bei ihrer Rückkehr habe sie die anderen regelrecht um Gnade betteln hören: Wiggerl sollte irgendetwas nicht machen, was er angekündigt hatte.

Dann berichtete die Lerche von ihrem Gespräch mit Jo.

»Aha!«, rief Friedl. »Da haben wir's doch.«

Die Sache war so: Jo litt unter Rot-Grün-Blindheit. Das wusste die Friedl, seit sie einmal gesehen hatte, wie er seine Chilis erntete.

»Bei der Sorte, die er anbaut, werden sie immer milder, je reifer und röter sie werden, und Josef mag es nicht so scharf, egal, was er immer behauptet. Aber er hat nicht nur die roten, sondern auch die grünen gepflückt. Da hab ich gemerkt, dass er die Farben nicht voneinander unterscheiden kann.«

Und weil die Kappe vom FC Bayern München rot sei, habe sie der Josef folglich hinter seinem Kirschlorbeer gar nicht erkennen können.

»Nimm's übrigens nicht persönlich, Barbara«, meinte sie dann zur Lerche. »Josef hat dich nicht in seinen Garten gelassen, weil er dort Rauschgift anbaut. Das zeigt er nicht gern her. Wo du doch Anwältin bist.«

»Medienanwältin«, betonte ich.

Und die Lerche wiederholte ungläubig: »Rauschgift?«

»Na, Drogen halt. Marie-Johanna, glaube ich.«

Spaßgras also. Das erklärte die Brennnesseljauche. Mit diesem infernalischen Gestank konnte er jeden anderen Geruch überdecken, der irgendwann irgendjemandem in die Nase steigen könnte. Das war wohl außerdem die Ursache für seine permanent geröteten Augen. Die Lerche wirkte erleichtert: Es lag nicht an ihr.

Dann fassten wir gemeinsam das wenige zusammen, das wir bei Adi und Senta in Erfahrung gebracht hatten. Den Spaten hatte Adi angeblich entweder dem Wiggerl oder dem Jo geliehen, und die Polizei hatte festgestellt, dass das Opfer etwas zu vererben hatte. Friedl hörte aufmerksam zu und nickte dabei.

»Und was hast du herausbekommen?«, wagte ich zu fragen.

Friedl grübelte. »Der Herr Walter weiß mehr, verrät aber nichts, dafür würde ich meine Hand ins Feuer legen. Ich hab gestern mit ihm geredet, und er behauptet Stein und Bein, dass er im Frühling mit dem Wiggerl nicht groß was geredet hat. Aber er hat mir nicht in die Augen schauen können, als er das erzählt hat. Außerdem meint er, dass er den Wiggerl den ganzen Winter über nicht angerufen hat.«

»Genau wie Jo, Senta und Adi«, erinnerte sich die Lerche. Und mir fiel ein: »Lisa hat versucht, ihn anzurufen.«

»Ich hab auch versucht, ihn anzurufen. Und das ist seltsam, denn normalerweise rufen ihn alle im Januar an.«

Friedl erklärte, dass der Wiggerl seinen Geburtstag nie habe verraten wollen und dass die Oberhuberin, die ihn ja von Haus aus wissen musste, da eisern dichtgehalten habe. Wahrscheinlich habe er gehofft, sich damit vor peinlichen Glückwünschen und kostspieligen Feiern drücken zu können. Doch damit habe ihn die Gartengemeinschaft nicht durchkommen lassen, deshalb hätten sie sich zum Fleiß nicht nur einen, sondern gleich zwei Termine für seinen Geburtstag selbst ausgesucht. Zwei Tage, an denen Namensvettern von ihm Geburtstag hatten: zwei Könige von Bayern, Ludwig I. wie auch Ludwig II., am 25. August, und Ludwig Thoma am 21. Januar.

»Warum Ludwig?«, wollte die Lerche wissen.

Ich erinnerte mich daran, dass sie in Vietnam aufgewachsen

war, und erklärte ihr, dass Wiggerl kein Eigenname, sondern eine Koseform von Ludwig ist und dass Ludwig Thoma »Der Münchner im Himmel« und die »Lausbubengeschichten« geschrieben hat. Den durstigen Münchner kannte sie sogar.

»Am 21. Januar haben deshalb traditionell alle dem Wiggerl telefonisch gratuliert«, fuhr Friedl fort. »Und im August hat er immer eine Grillparty für uns ausgerichtet. Stellt sich die Frage, warum ihn nur die Lisa zum Januar-Geburtstag angerufen hat. Haben sich die anderen beim Erntedankfest mit ihm zerstritten? Oder …« Sie beugte sich vor, und ihre grünen Augen leuchteten wie Gartenteiche, auf die Sonnenschein fiel. »Oder wussten die da schon, dass er tot war?«

»Aber …« Ich stockte, und dann fiel mir außer einem lahmen »Das ist alles schon merkwürdig« nichts mehr ein.

»Ist dir bei den Büchern was aufgefallen?«, wollte die Lerche wissen.

Miss Mangold nickte. »Da fehlt ein Bildband über die Ausgrabungen am Marienhof. Den Band habe ich dem Wiggerl zum August-Geburtstag geschenkt. Und es müssten eine ganze Reihe mehr Teichbücher da sein.«

Ich erinnerte mich. Am Münchner Marienhof hatte man vor rund zehn Jahren beim Bau eines Tunnels für die S-Bahn Fundstücke aus dem späten Mittelalter geborgen. Erst war das eine aufregende Sache gewesen, irgendwann später nur lästig, weil es das Bauvorhaben um etliche Jahre verzögert hatte. Bestimmt hatte sich jemand den Band ausgeliehen und dann nicht zurückgegeben, so wie Friedl den Spaten. Und das Schleifgerät. Und was sonst noch alles, wovon wir nichts wussten.

Friedl fragte: »Eins lässt mir keine Ruhe. Woher wussten die Nachbarn, wie hoch Wiggerls Rechnung ausgefallen war?«

»Vom Kassenwart jedenfalls nicht und von der Oberhuberin auch nicht«, antwortete ich – erleichtert, dass ich etwas beisteuern konnte.

»Der Bernhard ist ein solider Kassenwart, der würde so was nicht erzählen«, bestätigte Friedl.

»Bernhard!«, rief die Lerche. »Ein Bernhard hat gestern der Senta Rindenmulch vorbeigebracht. Der ist Wachs in ihren Händen. Wenn das der Kassenwart ist, dann hat er geplaudert.«

»Das glaube ich nicht«, sagte Friedl. »Pacht ist Pacht und Rindenmulch ist Rindenmulch.«

»Könnte es sein«, überlegte die Lerche, »dass der Adi drauf gekommen ist, dass seine holde Senta mit dem Jo eine Affäre hatte und …?«

»Und was?«, unterbrach ich sie. »Dann hat er deswegen Wiggerl ums Eck gebracht? Das leuchtet nicht ein, Liebchen.«

»Warum sollte der Josef was mit der alten Senta anfangen, wenn er gerade eine neue Karin am Start hat?«, warf Friedl ein.

Aber die Lerche gab ihre »Verbrechen aus Leidenschaft«-Theorie nicht so schnell auf. »Vielleicht hat der Wiggerl ja was gesehen. Und Senta und Jo haben ihn dann umgebracht, damit ihre Affäre geheim bleibt.«

Friedl schaute skeptisch.

Bevor sie wieder etwas Gehässiges sagen konnte, sprang ich ein. »Erscheint euch der Adi nicht verdächtig? Da wäre die Sache mit dem Spaten, dann hat er sich mit dem Telefonieren verplappert, und Senta meinte, im Grunde hätte er den Wiggerl beerben sollen. Ich denke mir das so: Senta findet den Jo gut, hat sich aber für den Adi entschieden, weil sie halt auf das Geld nicht verzichten wollte. Und dann ist da auf einmal das neue Flitscherl, diese Karin, mit im Spiel, und Senta hat so was wie Futterneid bekommen und sich dann doch an den Jo rangemacht.«

Die Lerche führte meine Schlussfolgerungen weiter. »Und Wiggerl hat das mitgekriegt und es allen verraten, und das war die Bombe, die er am Erntedankfest platzen lassen hat.«

Ich übernahm wieder. »Vielmehr: Er wollte es verraten, und dann hat ihn Jo vom Sprechen abgehalten.«

»Genau!«, rief die Lerche. »Das würde doch alles erklären.«

Wir sahen einander begeistert an.

Friedl schüttelte nur den Kopf und murmelte etwas davon, mit was für albernen Trutschn ohne jede Spur von gesundem Menschenverstand sie doch geschlagen sei.

»Hey!«, empörte ich mich.

»Eure Theorie ist, dass Jo sich den Wiggerl geschnappt hat, bevor der was erzählen konnte. Und dann hat er ihn schnell in das Loch für den Teich geworfen.«

»Das wäre doch möglich«, entgegnete ich. »Der Jo ist womöglich dem Wiggerl nachgegangen, hat ihn niedergeschlagen und hinter einer Hecke versteckt. Und sobald dann alle weg waren, ist er mit dem toten Wiggerl huckepack zurückgekommen und hat ihn vergraben.«

Die Lerche schaute mich voll Bewunderung an. Wir waren ein Dream-Team!

Bis Friedl die Seifenblase zum Platzen brachte. »Und warum hat dann Lisa gehört, wie die anderen auf Wiggerls Bombennachricht reagiert haben, als sie vom Pinkeln zurückgekommen ist?«

Wir verstummten.

»Noch mal von vorn«, sagte Friedl und verteilte neue Aufgaben. »Valentina: Frag bitte den Josef, ob er sich erinnert, was für eine Bombennachricht der Wiggerl am Erntedank erzählt hat. Und bohre noch mal gezielt beim Herrn Walter nach, unter Umständen hast du ja mehr Glück. Und du, Barbara, fragst deinen Kommissar Klaus endlich mal, wie lange Wiggerl schon im Garten lag, bevor er ausgebuddelt wurde, ob er nun eine Schwester hatte oder nicht, wie viel es zu erben gibt und ob sie eine Liste der Telefonanrufe haben, die bei Wiggerl eingegangen sind.«

»Die Telefonliste!«, schrie ich so laut, dass die Krähen kurz verstummten. Und leiser: »Das könnte der Grund sein, weshalb die Senta immer gesagt hat, dass der Wiggerl nicht angerufen, sondern eine Postkarte geschrieben hat. Weil man im Einzelverbindungsnachweis sehen kann, ob jemand angerufen hat oder nicht. Und weil man das auf ihrer Liste nicht sehen kann, weil der Wiggerl ja gar nicht angerufen hat.«

»Ja eben, er hat doch die Postkarte geschrieben«, warf die Lerche ein, doch Friedl hatte verstanden und nickte bedächtig.

»Da ist was dran, Valentina. Respekt, das hätt ich dir nicht zugetraut. Der Wiggerl hat weder angerufen noch eine Postkarte geschickt, aber sie wollen es uns glauben machen. Warum?«

Das war die Jackpotfrage. Wenn man die Leute doch schlicht und ergreifend nach dem fragen könnte, was man wissen will, und sie einem dann eine ehrliche Antwort geben würden.

16

Am nächsten Morgen waren die beiden Korianderpflanzen, die ich vor zwei Tagen ins Beet gesetzt hatte, bis auf die nackten Stängel weggefressen. Dass europäische Nacktschnecken eine derartige Schwäche für die Aromen der südostasiatischen Küche hatten, war mir neu. Das lag definitiv nicht an meinem fehlenden grünen Daumen, gab mir aber doch zu denken.

Was tun gegen die Bedrohung durch Schneckenlegionen? Dieser zusätzlichen Herausforderung fühlte ich mich nicht gewachsen. Wenn jedoch einer wusste, welches Kraut gegen diese Plage gewachsen war, dann sicher Herr Walter.

Ich kochte Kaffee, füllte ihn in eine Thermoskanne aus Wiggerls Nachlass, packte sie mit Schokokeksen, Kaffeeweißer, Zucker und Tassen auf ein Holztablett, das ich ebenfalls von ihm geerbt hatte, und zog damit los.

Herr Walter war gerade dabei, seine Pfingstrosen zusammenzubinden, die sich quer über den Weg legen wollten. Er schien sich über meinen Besuch zu freuen, zumindest nicht zu ärgern, denn er räumte ein paar leere Bierflaschen beiseite und legte eine Zeitschrift zur Unterlage auf seinen Tisch. Die Apotheken Umschau, wie ich sah.

Ich nutzte seine Zugänglichkeit, um meine Offensive zu starten. »Früher hat mir mein Mann immer Kaffee gebracht, wenn er etwas von mir wollte. Vielmehr mein Ex-Mann. Seit einem guten halben Jahr sind wir geschieden.«

Seit einem schlechten halben Jahr. Aber das sagte ich nicht. Sollte er doch nachfragen, wenn er etwas wissen wollte. Was er nicht tat. Er biss in einen Keks und nickte zustimmend.

»Kommt deine Frau manchmal in den Garten?«

Das tat sie nicht, wie ich von der Nachbarschaft wusste. Doch dann geschah das Unerhörte: Herr Walter erzählte von sich.

»Sie kommt nicht mehr. Auch nicht die beiden Kinder. Ich kann's ihnen nicht verdenken, aber anders wär es schöner.«

Ich wartete ab. Als er nichts mehr hinzufügte, fragte ich: »Bub oder Mädel?«

»Beides.«

Herr Walter lächelte gequält. Und ich brachte es nicht über mich weiterzubohren. Der eigentliche Grund für meine Anwesenheit kam mir jetzt gerade recht.

»Konrad und Lisa haben erzählt, dass Wiggerl beim Erntedankfest in der Ecke eine Bombennachricht verkündet hat. Erinnerst du dich, um was es dabei ging?«

»Kannst du das nicht endlich mal ruhen lassen? Was soll die ganze Fragerei? Du kanntest den Mann doch überhaupt nicht!«

Ich fuhr zusammen. Für Herrn Walter war das ein massiver Gefühlsausbruch. Ich musste ihm gehörig auf die Nerven gehen. Oder aber, wie eine leise Stimme in mir anmerkte, einen Nerv getroffen haben.

»Es tut mir leid«, entschuldigte ich mich. »Das mach ich ja nicht aus purem Spaß an der Freud. Mir würde es einfach helfen zu wissen, was mit Wiggerl passiert ist. Dir etwa nicht?«

Er sah mich traurig an, stand auf und ging in seine Laube. Deutlicher musste er nicht werden. Ich packte meine Sachen zusammen und schlurfte in meinen Garten zurück.

An der Ecke fing mich Jo ab. »Hey, brauchst du die Kekse noch?«

Ich gab sie ihm, und er fragte: »Was schmeißt dich denn an den Walter ran? Der mochte andere Leute noch nie, und mit den Jahren wird er immer sonderlicher. Früher hat man mit dem was anfangen können, aber jetzt ist er ein richtiger alter Datterer geworden. Lass mal lieber die Finger von dem.«

»Ich wollte wissen, ob er sich an die Bombennachricht erinnert, mit der Wiggerl bei seinem letzten Erntedankfest angekommen ist.«

Mein Nachbar lehnte sich lässig an den Zaun, kaute an einem Keks und schien zu überlegen.

»Geh, Jo, lass mich halt in deinen Garten. Ich weiß doch, was du dadrin anbaust. Alle wissen das. Von mir hast du nichts zu befürchten.«

Er lachte, rührte sich aber nicht vom Fleck. Flokati kam zu uns an den Zaun. Ich identifizierte, wo sein Kopf war, und streichelte ihn. Das freundliche fransige Tier versuchte, mir die Finger abzuschlecken.

Dann sagte Jo: »Wiggerl hatte ja ständig was Neues am Start, womit er hausieren ging. Hat gedacht, dass sich die ganze Welt für seine seltsamen Hobbys interessiert, ob Feuerwerke oder Kleintierzucht oder was weiß ich. Da war er immer erst Feuer und Flamme, und gleich darauf hat er sich wieder für was anderes interessiert. Drum haben wir uns nicht gewundert, als das Loch, das er für den Teich gegraben hat, wieder zu war. Planänderung halt. Wir haben ihm schon gar nicht mehr zugehört.« Er lachte. »Außer die Oberhuberin. Die hat ganz genau zugehört und alles für bare Münze genommen. Dabei waren das meiste davon reine Luftschlösser. Wenn er vom Destillieren erzählte oder von Feuerwerken, hat sie eine Krise gekriegt. Und als er dann mit seinen Laufhennen ankam, war bei ihr der Ofen aus. Wenn ich's mir genau überlege, bin ich mir fast sicher, dass es beim Erntedank um die Kleintierhaltung gegangen ist. Ich glaube, Wiggerl hatte eine Lücke in der Gartenordnung entdeckt, wodurch er sie doch hätte halten können.«

»Wenn er ständig so was gemacht hat, dann war's doch keine Bombennachricht«, bemerkte ich.

»Eben. Es war ja auch keine.«

»Aber Lisa hat mir erzählt, dass alle hinterher ganz aufgeregt drüber geredet und ihn bekniet haben, das nicht zu tun.«

»Eben. Keiner außer dem Wiggerl wollte die Viecher hier. Und was das Meerschweinle angeht ...« Jo schnaufte entrüstet. »Hat sie dir auch erzählt, dass sie erst bei uns mitgefeiert hat und hernach noch beim Erntedank von der Oberhuberin war? Eine miese Verräterin. Was die erzählt, brauchst du gar nicht erst zu glauben. Gleich nachdem sie weg ist, ist der Wiggerl wieder gegangen. Wer sagt denn, dass sie ihm nicht aufgelauert hat?«

»Diese kleine Person soll Wiggerl umgehauen und eingegraben haben? Das glaubst du doch selbst nicht.«

Jo zuckte nur mit den Achseln.

»Woher habt ihr eigentlich gewusst, wie hoch die Rechnung vom Wiggerl ausgefallen ist?«

Jo zog die Augenbrauen hoch.

»Ihr habt zusammengelegt, und Konrad hat das Geld im Namen aller überwiesen«, half ich ihm auf die Sprünge. »Aber woher wusstet ihr, wie viel das war?«

»Keine Ahnung. Irgendjemand hat das halt gewusst.«

Jetzt bluffte ich. »Ach ja, jetzt fällt es mir wieder ein! Der Konrad hat erzählt, dass du ihnen das gesagt hast.«

»Der Scheißschwabe soll sich gefälligst um seinen eigenen Kram kümmern«, stieß Jo unerwartet heftig aus. »Was hat der sich überall einzumischen? Der und seine fleischlose Alte, die können mich mal.«

Ich erschrak über seine Emotionalität. »Entschuldige, das war jetzt mein Fehler. Vielleicht hat das auch der Adi gesagt. Mein Hirn ist manchmal wirklich wie ein Sieb.«

»Aber ich soll mir gemerkt haben, was dein verhuschter Vorgänger vor eineinhalb Jahren erzählt hat!«

Da war was Wahres dran. Ohne ein weiteres Wort griff sich Jo die Packung Kekse und tauchte samt Flokati in den Tiefen seines Gartens ab.

Eine Stunde später rief mich Senta, die am Gartentürchen stand. Ich ging zu ihr und sah Jo im Garten von Herrn Walter verschwinden.

Ehe ich mich darüber wundern konnte, warum er den Einzelgänger nicht selbst mied, wie er es mir ans Herz gelegt hatte, schilderte Senta ihr Anliegen. Adi sei beim Arzt, ob ich ihr nicht schnell zur Hand gehen könne.

Nach wie vor um einen guten Eindruck bemüht, sagte ich

zu, bevor ich mir erklären ließ, worum es sich handelte. Ich nahm an, dass sie schnell ein zweites Paar Hände brauchte.

Kannte ich Senta inzwischen nicht schon besser? Mein Paar linker Hände war das einzige, das zum Einsatz kam. Eine gute Stunde lang quälte ich mich auf einem leeren Blumenbeet damit, die unterirdischen Königreiche aus Wurzelwerk, die der Giersch tief in die Erde getrieben hatte, mit der Grabgabel herauszuziehen. Bis Friedl samt Rollator vorbeikam und sich ein herzhaftes Lachen nicht verkneifen konnte.

»Und ich dachte, du wärst vom Graben traumatisiert!«

»Ach, das ist doch nichts.« Ich wischte mir die Haare aus der Stirn, wobei ich sicher eine Dreckspur im Gesicht hinterließ.

»Wo brennt's denn hier?«

»Senta will die Taglilien vom anderen Beet teilen und eine Hälfte hierherversetzen.«

»Kann das nicht warten, bis ihr üblicher Lakai wieder zurück ist?«

»Warum magst du die Senta nicht, Friedl?« Ich stand auf und klopfte mir den Dreck von den Hosenbeinen.

»Weil ich sie zu gut kenne. Sie spannt laufend andere ein, ihre Drecksarbeit zu erledigen, weil sie sich selbst zu gut dafür ist. Sogar dich argloses Hascherl hat sie jetzt drangekriegt. Und hintenrum redet sie dann schlecht über die Leute.«

»Du redest jetzt auch nicht freundlich von ihr.«

»Stimmt. Aber ich sage dir nichts, was ich ihr nicht auch ins Gesicht sagen würde.« Oder schon längst gesagt hatte, wie ich meine Gartennachbarin einschätzte.

»Senta hat sich in Wiggerls Abwesenheit um seinen Garten gekümmert, da kann ich mich doch revanchieren.«

Friedl lachte wieder. »Die tut inzwischen keinen Handstreich selbst, die Madam. Vor ein paar Jahren war das noch anders. Aber wenn die jetzt in irgendeinem fremden Garten steht, dann sicher nicht, um da zu arbeiten. Alles Angabe und Neugier. Zur Not schickt sie ihren Mann und behauptet hinterher, sie hätte die Arbeit selbst erledigt. Oder sie sieht, dass sie ein anderer tut, und steckt sich dann die Federn an den eigenen Hut.«

Dessen ungeachtet brachte ich es nicht über mich, die begonnene Arbeit liegen zu lassen, und plagte mich weiter durch den Untergrund, derweil Friedl weiterzog.

17

Am Tag darauf revanchierte sich Senta so gezielt für Friedls Worte, als hätte sie sie gehört. Was sie möglicherweise auch hatte, direkt oder indirekt, denn im Garten hatte der Kirschlorbeer bekanntlich Ohren. Am Nachmittag stellte sie sich zu mir an den Zaun, während ich gerade am Werkeln war, und gab ein paar Anekdoten zum Besten: dass die gute Elfriede, wenn eine ihrer Pflanzen nicht tat, was sie sollte, diese vor Wintereinbruch auf der Terrasse »vergesse«. Ganz demonstrativ, damit die anderen Pflanzen das mitbekamen und wussten, was ihnen blühte, wenn sie nicht spurten. Die einstige Uschi Obermaier der Anlage mokierte sich darüber, dass ihre Nachbarin Schnittblumen verabscheue, weil sie es angeblich nicht ertrage, ihnen beim Verwelken zuzusehen. Und Orchideen könne Friedl nicht leiden, weil das für sie »Seniorenblumen« seien, die man ab einem gewissen Alter zu jeder Gelegenheit geschenkt bekomme. Sie sei dagegen völlig narrisch mit ihren kleinen Blumengestecken, die sie mit Hilfe von Steckigelchen zu jeder Jahreszeit improvisiere. Und wenn der eigene Garten keine Blüten hergebe, dann mit Sicherheit irgendein anderer in der Nachbarschaft. Friedl organisiere sich das unverfroren, ohne mit einer Wimper zu zucken. So nenne sie das nämlich: »organisieren«. Als ob sie aus dem Ostblock käme! Manchmal frage sie zwar vorher, ob es in Ordnung sei, wenn sie sich bediene, aber auf eine Weise, die dem Gegenüber nur eine Antwort erlaube. Im Grunde sei sie eine dreiste Alte, die sich einbilde, sie könne sich allerhand herausnehmen. Da wundere es nicht, dass sie allein lebe, denn mit so einer könne es ja niemand aushalten.

Wieder einmal rettete mich die Lerche, die nach Feierabend vorbeischaute, um Informationen aus erster Hand abzuliefern. Sowie die tratschsüchtige Rothaarige den dunklen Pixie meiner besten Freundin über einer Hecke erkannte, verabschiedete sie sich kühl und meinte, es sei höchste Zeit, nach Hause zu gehen.

Sie drehte sich nicht einmal um, als ihr die Lerche süffisant einen Gruß hinterherrief.

Genauso süffisant betrachtete sie meine Arbeit. Nicht deren Ergebnisse, sondern die Spuren derselben. Ich hatte ursprünglich damit begonnen, vier Brokkolipflanzen aufs Beet zu setzen – »ins Freiland«, wie ich gern sagte, weil es sich so kompetent anhörte. Doch zuvor musste ich die Fläche vom Unkraut – oder vielmehr ungewollten Beikraut – befreien. Dabei war mein Blick auf die Tomaten gefallen. Statt sie »eintriebig zu erziehen«, wie mir von allen Seiten zugetragen wurde, hatte ich zugelassen, dass sie zu Kraken mutierten, deren blüten- und fruchtbehangene Arme nun auf dem Boden schleiften. Ich hatte beschlossen, die am tiefsten hängenden Triebe mit Tomatenstangen zu unterstützen. Auf dem Weg zum Schuppen, wo ich die Stangen vermutete, hatte ich den Efeu gesehen, der mir ein Dorn im Auge war, wie er sich unter einem Beerenbusch hervorschlängelte. Dem musste ich Einhalt gebieten, bevor er noch den ganzen Garten überwucherte, was bei günstigem Wetter rasch vonstattenging. Also hatte ich nach der Gartenschere gesucht und sie schließlich beim Sanddorn gefunden. Dort hatte ich längst die mit langen, scharfen Dornen versehenen austreibenden Zweige abschneiden wollen, bevor sich noch jemand daran aufschlitzte. Um das eben schnell nachzuholen, hatte ich einen Eimer gebraucht, den ich zuvor noch auf dem Kompost ausleeren musste, wobei mir aufgefallen war, dass ich eine Querstange neu befestigen musste, die sich unbegreiflicherweise aus ihrer Halterung gelöst hatte, und dann war Senta gekommen ... Kurzum: Meine Werkzeuge lagen nun malerisch über den ganzen Garten verteilt. Überall dokumentierten halb volle Eimer, Bündel von Kabelbindern, Schaufeln und Scheren meine unvollendeten Arbeiten, während die vier Brokkolipflänzchen immer noch dürstend und topfnackt im Freiland lagen.

Der Lerche, bekannt für systematisches, strukturiertes Vorgehen, wollte das nicht in den Kopf. »Da wundert es dich noch, dass du überhaupt nichts fertig bekommst?«

»Das wundert mich ja gar nicht«, warf ich kleinlaut ein.

»Das ist kein Arbeiten, sondern Mäandern«, beschied sie resolut. »So kann das ja nichts werden. Nicht mit deinem Garten, nicht mit deinem Leben und auch nicht mit unseren Ermittlungen.«

Bevor das Ganze in eine Grundsatzdiskussion ausartete, zogen wir in Friedls Feengarten ab. Herrn Walters Gartentürchen war abgeschlossen, und von Jo war wie üblich nichts zu sehen. Friedl pfiff schrill auf zwei Fingern, und nachdem als Reaktion darauf kein heiseres Bellen von Flokati über die Hecken tönte, erklärte sie den Garten für sicher. Eine ideale Bühne für den Vortrag der Lerche.

Wie schnell ein Mensch unter der Erde kompostiere, dozierte sie, das hänge von mehreren Faktoren ab. Zum einen davon, ob der Körper nackig sei, bekleidet oder in irgendetwas eingewickelt. Falls eingewickelt, spiele es eine Rolle, worin. Zum anderen liege es an der Bodenbeschaffenheit – ob lehmig, sandig oder humos – und daran, wie viel Sonne oder Schatten oder sogar Gießwasser der Ort abbekam. Zudem am Wetter, vor allem am Sommer, weil der, wenn er feucht und heiß war, die Verwesung beschleunige, ein kalter Winter dagegen konservierend wirke. Nicht zuletzt spiele die Liegetiefe eine Rolle.

»Es haben sich schon Leute zu Tode geredet«, unterbrach Friedl. »Wir wollen hier keine forensische Zusatzausbildung, sondern eine klare Ansage. Wie lange lag der Wiggerl da unten?«

Die Lerche antwortete ein wenig verschnupft, denn sie war so gut in Schwung gewesen. »Das Opfer hat seit Ende September kein Geld mehr von seinem Konto abgehoben. Zusammen mit den Befunden der Rechtsmedizin kann deshalb mit hoher Wahrscheinlichkeit von diesem Tatzeitpunkt ausgegangen werden, ein paar Wochen hin oder her. Seinen Geldbeutel hatte er nicht bei sich, dafür war aber sein Schlüsselbund in der Hosentasche.«

»Und hat er jetzt eine Schwester oder nicht?«, wollte ich wissen.

»Nicht nur keine Schwester, sondern überhaupt keine lebenden Verwandten, von denen man weiß«, erklärte unsere Frau an der Front.

Wir lobten sie ausführlich für ihren Einsatz. Vielmehr: Ich lobte, während Friedl nur leichthin meinte, dass bei ihrem Engagement »mit Haut und Haar« schon etwas mehr hätte herumkommen können.

»Sie werden alle Augenzeugen neu befragen, die Wiggerl nach dem Todeszeitpunkt im Garten gesehen haben wollen«, fuhr die Lerche fort.

Friedl lachte. »Na, auf die blöden Ausreden bin ich schon gespannt.«

Sie schnappte sich den Rollator, verschwand in der Laube und kam mit einer Quiche zurück. Aus der Tasche des Fahrzeugs, die Mary Poppins würdig gewesen wäre, fischte sie Teller, Gläser, Besteck und eine gekühlte Flasche Weißwein. Beides war köstlich, und wir taten uns schweigend gütlich. Die genussvolle Stille hielt jedoch nicht lange an.

»Irgendwer wollte den Zeitpunkt von Wiggerls Ableben so lange wie möglich verheimlichen«, bemerkte unsere Gastgeberin zwischen zwei Bissen. »Vielleicht, um die Weitergabe von Wiggerls Garten hinauszuzögern.«

»Damals wusste doch keiner, dass Valentina ihn kriegen würde«, frotzelte die Lerche.

»Mir will nicht in den Kopf, woher die Dödel aus unserer Ecke gewusst haben, wie hoch seine Pacht ausgefallen war«, fuhr Friedl fort. »Miete, Stadtwerke und den Rest hat er sicher per Bankeinzug gezahlt. Aber es gibt ja immer ein paar Rechnungen, die liegen bleiben, wenn das eigene Ableben dazwischenkommt.«

»Jemand ist in seine Wohnung gegangen und hat die Rechnung aus der Post gefischt«, meinte ich. »Anders geht sich das nicht aus.«

»Mit dem Zweitschlüssel, denn seinen eigenen hatte Wiggerl ja noch in der Tasche«, warf Friedl ein und wandte sich an die Lerche: »Was meint denn die Polizei dazu?«

Doch Frau Nachtigall musste passen. Das Thema schien gar nicht aufgekommen zu sein.

»Gestern Abend bin ich noch mal in den Garten zurück, hab die Hirsestäbchen für meine Federviecher liegen lassen. Und wen seh ich da aus deinem Garten rausspazieren, Valentina?« Friedl legte eine Pause zur Spannungssteigerung ein. »Den Adi! Dein Gartentürchen schließt du nie ab, oder?«

»Wozu denn? Da kann doch jeder und jede mit Leichtigkeit drübersteigen.«

»Die Alten nicht ganz so leicht.«

»Was hat er denn da gemacht?«, fragte die Lerche nach.

»Er hat behauptet, er habe ein komisches Geräusch gehört und sei nachschauen gegangen.«

Friedls Gesichtsausdruck nach zu urteilen hielt sie das für keine überzeugende Erklärung.

»Hätte ja sein können«, brach ich eine Lanze für unverfängliche Nachbarschaftshilfe.

»Ich bitte dich! Du kennst deine Nachbarn doch inzwischen. Bis auf das Maultäschle ist die ganze Bagage zu faul, um irgendetwas zu machen, das sie nicht müssen oder wollen. Oder zu schlau.« Friedl grinste. »Die würden sich sogar das Drücken auf dem Klo abnehmen lassen, wenn sie es könnten. Die Taglilien, für die du bei Senta gestern so tüchtig gejätet hast, die durfte ihr der Herr Walter einpflanzen.«

»So faul ist der also gar nicht«, sagte die Lerche. »Jo baut sein eigenes Gras an, das ist arbeitsintensiv. Und dazu setzt er Brennnesselsud an und pflanzt Lavendel und den stinkenden Storchschnabel und was weiß ich, um den Geruch zu überdecken.«

»Was glaubst du, was der Adi da gemacht hat?«, kam ich wieder aufs Thema zurück.

Friedl stand auf und lief Richtung Ausgang. »Schaun wir doch mal. Ich wette, er war in deiner Laube.«

»Die hatte ich aber abgeschlossen!«

Auf dem Weg erklärte mir Friedl, dass die meisten Leute in ihren Gärten einen Zweitschlüssel für die Laube versteckten, für alle Fälle. Und viele deponierten dort auch einen Zweit-schlüssel für ihr Zuhause. Wiggerls Reservewohnungsschlüssel sei aber im letzten Jahr nicht mehr da gewesen, wo er hätte sein sollen. Und den Master-Schlüsselbund hatte er ja in seinem kühlen Grab in der Tasche.

»Du hast in der Laube nach seinem Schlüssel gesucht?«

»Eh klar. Als alle erzählt haben, er wäre zu dieser ominösen Schwester gefahren, da hab ich nachgeguckt. Weil der Schlüssel gefehlt hat, hab ich mir gedacht: Er ist tatsächlich weggefahren. Da hab ich mich geirrt.«

Wir waren bei meiner Laube angekommen. Bevor ich auf-schließen konnte, forderte mich Friedl heraus. »Wetten, ich finde deinen Zweitschlüssel im Nullkommanix, Mädel?«

Ich nahm die Wette an.

Zuerst ging sie zu meinem Rosenspalier und hob den Topf mit den Stiefmütterchen an, der davorstand und ein wenig verlassen wirkte. Dann fasste sie in den kleinen Abfalleimer, den ich draußen platziert hatte, und schaute unter der Müll-tüte nach. Ich wollte mir schon zu meinem gelungenen Ver-steck gratulieren, als sie mit der Zunge schnalzte, sich dann streckte und mit der Hand über die Zierleiste aus Holz fuhr, die meine Laubentür oben optisch abschloss. Schon hatte sie den Schlüssel in der Hand und tadelte mich: »Direkt über der Tür? Warum nicht gleich unter der Fußmatte? So dämlich kann ein einzelner Mensch doch gar nicht sein.«

Ich fühlte mich geschmeichelt, dass sie mir das nicht zu-getraut und nicht zuerst unter meiner neuen Fußmatte aus Kokosfasern nachgeschaut hatte. Deshalb verriet ich ihr nicht, dass ich den Schlüssel anfangs genau dort gelagert und erst vor zwei Tagen das Versteck gewechselt hatte.

Friedl schloss auf, und wir folgten ihr ins Laubeninnere.

»Wenn der Schlüssel hier wäre, hätte ihn doch die Polizei gefunden und mitgenommen«, merkte die Lerche an.

»Nicht unbedingt. Und bestimmt nicht, wenn er erst nach dem Polizeieinsatz hierher zurückgebracht wurde.«

Friedl krabbelte erstaunlich agil unter meinen Tisch und tastete die Unterseite der Eckbank ab. Ein Ratschen, dann hatte sie das silberne Gewebeband abgelöst, mit dem der Schlüssel dort befestigt gewesen war. Sie rappelte sich wieder auf und wedelte mit ihrem Fund.

»Ich kenn doch meine Pappenheimer! Hätte Adi den Schlüssel weggeworfen, wär niemand drauf gekommen, dass er ihn überhaupt hatte. Aber er bringt es halt nicht über sich, irgendetwas wegzuwerfen. Da dachte er, wenn er ihn zurückbringt, ist alles wieder so, wie es vorher war – und er aus dem Schneider.«

»Damit ist aber doch längst nicht gesagt, dass Adi gestern den Wohnungsschlüssel hierhergebracht hat«, wagte die Lerche einzuwenden.

»Jede Wette, Frau Medienanwältin«, sagte Friedl und hatte damit das letzte Wort.

18

Ich amüsierte mich, wenn ich im Ausland bestätigt bekam, dass man andernorts ganz Deutschland auf sein Bundesland Bayern reduzierte und bei der Nennung von München sofort das Oktoberfest erwähnte. »Beer Festival!«, sagen sie lachend von Auckland bis Alaska, von Skandinavien bis Südafrika und von Myanmar bis Mexiko. Als Wahlmünchnerin schwanke ich dann immer zwischen Stolz und Scham. Freut man sich darüber, überall auf der Welt mit Betrunkenen in Tracht assoziiert zu werden, die sich vor laufenden Fernsehkameras einnässen und übergeben?

»Saufen und fressen, pissen und kotzen«, hatte mein Ex immer unvergleichlich charmant gesagt, wenn die Rede auf das traditionelle Fest im Herbst kam, das er inzwischen durch die gewiss gepflegteren Weinverkostungen in den Burgenländer Buschenschanken ersetzt hatte.

Aber ich lasse es mir nicht nehmen: München ist eine rundum schöne Stadt. Sie hat die meisten der Vorurteile nicht verdient, die ihr die Auswärtigen entgegenbringen: dass sie Schickeria ist und die Leute von oben herab, dass alle CSU wählen, Bier trinken und jeden Sonntag in Lederhose und Dirndl mit dem Cabrio zur Kirche fahren. Sicher ist die Cabrio-Dichte hier höher als anderswo, und sicher zeigen viele nur allzu gern das Geld her, das sie bei BMW, Siemens oder der Allianz verdienen. Sogar Adi hatte einen guten Job bei der angesehenen Technischen Universität gehabt, wie Senta oft erwähnte. Und zwar in der Hausmeisterei, wie Adi dann ergänzte, weil sie dieses Detail immer vergaß. Aber das wahre München, das besteht nicht nur aus Weißwürsten und Zwiebeltürmen. Das sind die Parktickets, die man überall zuverlässig nach nur einer Viertelstunde in der zweiten Reihe bekommt; das sind die Wohnungen, deren Mieten Geringverdienende nicht bezahlen können; das sind die Staus auf dem

Mittleren Ring nicht nur zu Stoßzeiten; das sind die herzlichen Menschen, die gern lachen und gern essen; das sind die lauen Sommerabende, an denen man draußen vor den Bars und Cafés oder gleich in den Biergärten sitzt und das Dolce Vita in der »nördlichsten Stadt Italiens« genießt – und das sind nicht zuletzt die gesalzenen Preise, die man für diesen ganzen Genuss bezahlt.

Am Morgen nach dem Schlüsselfund radelte ich zu Wiggerls Wohnung im Westen Schwabings, dem Ort, wo er seine Winter verbracht hatte. Wirklich gelebt hatte er ja das restliche Jahr über im Garten. Es war nicht weit, und ich liebe die Stadtvormittage im Frühling und Sommer, wenn sich die Tage frisch und verheißungsvoll präsentieren. Früh am Morgen glaubt man noch, es könne einem nichts Schlimmeres passieren, als dass man eine Breze erwischt, die nicht resch, sondern letschert ist.

Bei dem Gebäude, in dem sich die Wohnung befand, handelte es sich um ein typisches Mehrparteienhaus, nicht schäbig, aber längst nicht nobel, an einer befahrenen Straße gelegen und weit davon entfernt, jene Anonymität zu garantieren, die man in einer soliden Großstadt erwarten würde. Davon halten wir in München nicht allzu viel. Und tatsächlich: Als ich drinnen vor der Wohnungstür stand, die mit einem Polizeiaufkleber versiegelt war, und über das weitere Vorgehen grübelte, steckte der Nachbar von nebenan die Nase aus seiner Tür.

»Sind Sie eine Verwandte vom Herrn Wetzstein?«

Fragen immer mit Gegenfragen kontern, hatte mir Friedl eingeschärft. Und die Medienanwältin meines Vertrauens hatte geraten, unverfänglich zu bleiben und keine konkreten Statements abzugeben, die später gegen mich verwendet werden könnten.

»Vielleicht können Sie mir ja sagen, wo er steckt?«, fragte ich deshalb. »Kennen Sie ihn denn gut? Und warum ist seine Wohnung versiegelt?« Ich war ja wohl in Topform!

Der Nachbar, ein Herr Metzger, wie sein Türschild verriet, murmelte ein paarmal: »Schlimm, ganz schlimm.« Dann bat er mich auf einen Kaffee in seine Wohnung. Als er mir zu dem starken Gebräu nicht nur Waffelröllchen, sondern auch einen vormittäglichen Eierlikör reichte, war mir klar, dass er mir die Nachricht vom Tode meines vermeintlichen Verwandten schonend beibringen wollte. Eine Aufgabe, mit der er vollkommen überfordert schien. »Meine Frau ist beim Arzt, so ein Jammer. Hoffentlich kommt sie bald.«

Ich beschloss, ihm ein wenig die Hand zu reichen. »Nur freiheraus, lieber Herr Metzger. Telefonisch ist Ludwig nicht zu erreichen, und jetzt klebt ein Polizeisiegel an der Tür. Ich kann mir schon denken, dass da etwas passiert ist.«

Einen Augenblick lang starrte mich Herr Metzger fassungslos an, dann griff er nach dem Gläschen Likör, das er mir hingestellt hatte, und trank es auf ex. Was bei einer dickflüssigen Masse wie einem Advocaat eine wenig elegante Angelegenheit ist. Dann berichtete er in wenigen ungelenken Sätzen, dass vor Kurzem die Polizei vor der Tür gestanden sei und ihm mitgeteilt habe, dass der freundliche Herr Wetzstein von nebenan tot in seinem Garten aufgefunden worden sei.

»Tot?«, markierte ich die Überraschte. »Woran ist er denn gestorben? Ein Herzinfarkt?«

»Jede Menge Fragen haben die gestellt, das können Sie sich nicht vorstellen«, wich Herr Metzger meiner Frage aus. »Wissen Sie, wenn man jahrelang Wand an Wand lebt, nimmt es einen schon mit, wenn man auf einmal mit einer solchen Nachricht konfrontiert wird. Ich werde Ihnen die Nummer des zuständigen Polizeibeamten geben.«

Demnach war den Metzgers nicht aufgefallen, dass die Wohnung neben ihnen bereits seit eineinhalb Jahren leer stand. Herr Metzger stand auf und kramte in der Kommode in der Diele, dann kam er mit einer Visitenkarte zurück, die er neben meine Kaffeetasse legte.

»Den Sommer über hat man ihn eh nie zu Gesicht bekommen, da war er in seinem Garten«, fuhr er fort. »Aber ich weiß noch, dass ich schon im vorletzten Winter zu meiner Frau gesagt habe, dass man vom Herrn Wetzstein gar nichts mehr sieht und hört. Aber die hat dann gemeint, dass sie ihn erst kürzlich gesehen hat.«

Ich horchte auf. In diesem Augenblick, wie aufs Stichwort, kam Frau Metzger nach Hause.

Doch, den Herrn Wetzstein habe sie Anfang des letzten Jahres noch gesehen. Da habe es recht spät im Frühjahr einen kurzen Kälteeinbruch mit Schnee gegeben, daran erinnere sie sich genau. Und einen Witz habe sie gemacht, über die schwarze Maske, die er getragen habe. Corona schön und gut, aber schwarz?

»›Ist denn jemand gestorben?‹, hab ich ihn noch gefragt.«

Ja, es war jemand gestorben. Und derjenige, der sich hinter der Maske verborgen hatte, hatte ihn höchstwahrscheinlich auf dem Gewissen. Das sollte Frau Metzger, die gute Haut, aber nicht erfahren. Ich lächelte freundlich und fragte: »Was hat er denn darauf gesagt?«

»Nichts, nur gelacht hat er«, sagte Frau Metzger. »Hatte tüchtig zugelegt über den Winter, das ist mir aufgefallen.« Sie wiederholte: »Eine schwarze Maske, stellen Sie sich das vor. Und Kapuze und Schal, regelrecht vermummt ist er gewesen. Der Polizei hab ich es auch erzählt. Da hat er noch gelebt, hab ich gesagt.«

»Werden Sie alles erben?«, erkundigte sich ihr Mann.

Und Frau Metzger fragte fast zeitgleich: »Ziehen Sie jetzt hier ein? Das würde uns freuen. Wir wussten ja gar nicht, dass er Familie hat.«

»Die Leute sterben wie die Fliegen«, sagte Herr Metzger. »Da dachte man, Corona würde die Alten niederstrecken, aber die Nachbarin von unten ist in ihrer Wohnung gestürzt und der Wetzstein in seinem Garten.«

Und seine Frau bohrte nach: »Sind Sie die Tochter?«

Ich parierte mit einer Gegenfrage. »Warum fragen Sie?« Was Besseres fiel mir nicht ein.

»Na, so was interessiert einen doch! Bisher sind ja noch nie Angehörige aufgetaucht.«

»Zu den Kindern von Ludwig habe ich gar keinen Kontakt.«

»Und in welchem Verhältnis stehen Sie zu ihm?« Frau Metzger ließ nicht locker.

Es wurde knifflig. Doch dann erinnerte ich mich an die alten Familiengeschichten meiner Mutter. Wohlgemerkt: nicht nur Geschichten unserer Familie, sondern sämtlicher Familien, von denen sie je erfahren hatte und deren Historie sie in irgendeiner Form bemerkenswert fand. Ich pfiff auf die Empfehlungen von Friedl und der Lerche und legte los: »Ludwig ist gar nicht mein richtiger Onkel, sondern der Adoptivbruder von einer Tante, Tante Helene. Und Tante Helene ihrerseits ist nicht blutsverwandt, sondern hat in unsere Familie eingeheiratet, nämlich den Schwager meines richtigen Onkels, also des Bruders meiner Mutter.«

Herr Metzger sah beunruhigt aus. Seine Frau dagegen war auf der Höhe der verwandtschaftlichen Verhältnisse und erklärte ihm: »Der, den sie geheiratet hat, das ist der Bruder der Frau des Bruders ihrer Mutter.«

»Die Frau des Bruders, also die Schwägerin meiner Mutter, heißt übrigens auch Helene«, fuhr ich gnadenlos fort. »Das hat bei uns in der Familie immer für Verwirrung gesorgt, zwei Schwägerinnen mit demselben Namen, das geht ja gar nicht. Also hat man zur Schwägerin meiner Mutter immer Neni gesagt und zur anderen Helen.«

»Das ist ja auch irgendwie ungeschickt, dass keine der beiden Frauen ihren richtigen Namen benutzen konnte, wenn man's recht betrachtet«, mischte sich Herr Metzger ein, und ich nickte eifrig.

»Helen ist blutjung in den Norden gezogen, Ludwig derweil in München geblieben. Die beiden haben zeitweise völlig den Kontakt zueinander verloren. Da war nämlich Eifersucht im Spiel, glaube ich. Ludwig war zwar immer sehr verträglich, aber mit dem Mann von Helen hat er ums Verrecken nicht gekonnt.«

Ich holte tief Luft. Die Blicke der Metzgers waren teils aufmerksam, teils überfordert. Das reichte, um voller Elan fortzufahren: »Möglicherweise hatte Ludwig ja selbst ein Auge auf Helen geworfen, aber das hat er dann unterdrücken müssen, weil sie ja seine Adoptivschwester war. Und das könnte der Grund dafür gewesen sein, weshalb er Onkel Heinrich, den Mann von Helen, nicht leiden mochte. Jedenfalls war der Kontakt völlig eingeschlafen, bis dann Onkel Heinrich vor wenigen Monaten gestorben ist. An Krebs.«

Das Ehepaar Metzger gab Laute der Anteilnahme von sich.

»Und deshalb habe ich keinen Kontakt zu den Kindern, ja ich weiß nicht einmal, ob Ludwig überhaupt welche hatte. Ich war gerade in der Gegend und wollte ihn besuchen.«

Die Metzgers ließen mich gern und in Frieden ziehen. Sie wagten es offensichtlich nicht, mir weitere Fragen zu stellen.

19

Am Vierten des Monats, dem Geburtstag von Karl Valentin, gratulierte mir Friedl zum Namenstag. Da erst wurde mir bewusst, dass inzwischen ja schon Juni war: glücklicher, gleißender Sommer, sinnenfroh und betörend. Man wollte wieder Kind sein und trunken vor Freude in einen See springen. Man wollte auf dem Rücken im Gras liegen und die Wolken über sich ziehen sehen. Man wollte über Bienen und Schmetterlinge staunen, an Blumen schnuppern und Radieschen direkt aus der Erde essen, sodass die zwischen den Zähnen knirschte. Inzwischen hatte ich einen Rasen direkt vor der Laube, Bienen, Schmetterlinge, Blumen und sogar Radieschen in Hülle und Fülle. Und dennoch sprang ich nicht, lag ich nicht und staunte auch nicht, und ich wusch die kleinen roten Wunder immer sorgfältig ab, bevor ich in sie hineinbiss. Waren das die Zeichen von Alter oder Arbeit?

Stattdessen goss und jätete ich, mulchte und düngte, schnitt zurück und zog heraus. Ehrlich gesagt betrieb ich dabei nur »Tarnung und Täuschung«: Ich schaute mir ab, was die Nachbarn taten, und imitierte sie dann im eng gesteckten Rahmen meiner Möglichkeiten. Dass ich Ahnung hatte von dem, was ich tat, oder davon, warum ich es tat, konnte ich nicht behaupten. Und es kam immer etwas dazwischen, was mich von der intensiven Beschäftigung mit meiner Scholle abhielt. An diesem Tag war es die grauenvolle Anrichte aus meiner Laube, die ich zusammen mit Konrad zerlegte. Oder vielmehr: Er zerlegte, und ich assistierte ihm dabei. Friedl, auf ihren Rollator gelehnt, sah uns dabei zu und spornte uns gelegentlich mit einem süffisanten Kommentar über unsere mangelnde Geschicklichkeit an.

Ich weiß nicht, ob sich Konrad abreagieren musste, aber er lebte sich an der Anrichte mit erkennbarer Freude an der Zerstörung aus. Als er ein Türchen aushebelte, das so verzogen war, dass sich die Scharniere nicht mehr abschrauben ließen, gab es den Blick auf ein verborgenes Fach frei, das durch ein kleines Schloss geschützt war.

Glücklicherweise fiel mir relativ schnell ein, was ich vor Kurzem in der Eckbank gefunden hatte. Der kleine Schlüssel am blauen Band passte. Ich zog eine Handvoll Briefe aus dem Fach. Darunter lag eine flache Tupperdose, in der sich eine unscheinbare Keramikscherbe befand, sorgsam auf eine Lage Küchenpapier gebettet. Ich reichte die Dose an Konrad weiter und warf einen flüchtigen Blick auf die Briefe. Wiggerl hatte sie ohne Umschläge aufbewahrt, doch die Datumsangaben in einer kleinen, akkuraten Handschrift zeigten, dass sie Anfang der 1990er geschrieben worden waren. Friedl streckte ihre Hand aus, und reflexhaft gab ich ihr das Bündel Papier.

»So oine hot der Wiggerl doch vorbeibrocht, damals beim Erntedank!«, rief Konrad. Er machte eine hastige Bewegung und ließ die Dose samt Inhalt fallen. Mit einem kleinen Entsetzensschrei bückte er sich und hob beides wieder auf.

»Eine Tupperdose?«

»Schmarrn, a Scherbe!« Konrad befingerte aufgeregt das Stückchen Ton in seiner Hand. »Jetzt woiß i's wieder. Er war ganz aus dem Häusle deswega und hot gsagt, dass unsere Gärda groß rauskommet.«

»Wegen einer Scherbe?«, fragte ich misstrauisch.

Doch Friedl quiekte auf: »Der Marienhof!«

Sie erhob sich, packte Konrad, dem sie mit Mühe und Not bis ans Kinn reichte, an den Armen und forderte ihn auf: »Jetzt erinner dich halt, zefix! Du warst doch dabei. Was ist denn da passiert?«

Doch der große Mann schüttelte traurig den Kopf. »I erinner mi an die Scherbe und den Heidalärm, den auf oimol alle gmacht hen. Die hen durchananderplärrt, und i hab versucht, mi an mein sauguata Witz zu erinnern, den alle vergessen hen. Des Bild han i no vor Auga, wia Herr Walter seinen Arm um Wiggerls Schultern glegt hot. Der Adi hot dem Wiggerl sein' Schnaps nagschoben und gsagt, er soll was trinka und sich wieder beruhiga. Der Jo hot ihm sein Joint naghalta und gsagt, er soll wieder ronterkomma. Und Senta hot immer plärrt, er soll uns des ned ado. Was danach war, woiß i leider ned.« Konrad seufzte. »Es isch ned ausgschlossa, dass i eigschloffa bin.«

Friedl schnappte sich die Scherbe und knurrte: »Im größten Getöse schlafen nur Kinder und Narren ein.« Und zu mir hin zischte sie: »Das Maultäschle können wir ausschließen. Der ist weder als Zeuge noch als Täter zu gebrauchen.«

Dafür stellte der so Geschmähte sich aber als ein wunderbarer Entsorger alter Anrichten heraus. Gemeinsam trugen wir die Bruchstücke des Möbels in den Kombi der Lerche. Die war tagsüber leider »verplant«, wie sie es ausgedrückt hatte. Ich vermutete eine kleine Auszeit in den Armen ihres Kommissars.

Nach getaner Arbeit bedankte ich mich beim Maultäschle und lud ihn auf einen kleinen Umtrunk zu mir ein, doch er lehnte ab. Er habe Lisa versprochen, mit ihr in den Baumarkt zu fahren. Es war anzunehmen, dass das Gegenteil zutraf und er ihr abgetrotzt hatte, dass sie ihn begleitete.

Ich ging in Friedls Garten, wo meine Nachbarin über der gefundenen Scherbe meditierte.

»Schau dir das mal an!« Sie reichte mir das Fundstück und sagte: »Wenn das echt ist, wäre Schicht im Schacht in der Anlage. Stell dir vor, die machen das dann wie beim Marienhof: buddeln alles auf, legen alles frei, forschen, katalogisieren, das ganze Elend. Damit sind die locker drei, vier Jahre beschäftigt. Im schlimmsten Fall machen die hier ein Freilichtmuseum draus, im besten Fall kriegen wir irgendwann die Gärten wieder. Aber nur die Parzellen, neu mit Erde aufgefüllt, ohne Lauben, ohne Bäume und Sträucher, alles blank, Ground Zero.«

Die Scherbe an sich sah völlig unscheinbar aus. Doch in dem Stück steckte Potenzial. Geschichtliches Interesse hin oder her: Hier ging es um das Garteln, um die Früchte von Feld und Hochbeet, um Grillfeste und geselliges Beisammensein, was ja mehr wog als irgendwelche Latrinen aus dem 11. Jahrhundert. Uns würde man sicher nicht nach unserer Meinung fragen, wenn es so weit wäre.

»Das darf doch nicht sein!«, rief ich. »Aber deswegen gleich jemanden töten?«

»Die Scherbe hätte man ihm weggenommen, und gut wär's gewesen«, stimmte mir Friedl zu.

»Und wenn er trotzdem weitergegraben und keine Ruhe gegeben hätte? Das wäre doch ein Grund gewesen, ihn ein für alle Mal daran zu hindern.«

»Unterschätze nicht den Gruppenzwang, den die Leute hier auf einen ausüben, Mädel. Ernst, der Stoffel, hat vor einem Jahr seine Laube rot gestrichen. Ein kräftiges Tomatenrot, kein mattes Ochsenblutrot. Du kannst dir nicht vorstellen, wie die sich darüber aufgeregt haben. Die Oberhuberin hat erklärt, dass in der Kleingartenordnung nichts drüber steht, wie man die eigene Laube anzupinseln hat, und der Ernst kümmert sich sonst einen feuchten Kehricht um die anderen. Aber die Nachbarschaft hat ihn so unter Druck gesetzt, dass er noch im selben Jahr mit Hellblau überstrichen hat. Jetzt sieht das Ganze aus, als hätte es eine Taube mit Hämorrhoiden ausgeschissen. Doppelte Arbeit und gar nicht schön.«

»Irgendjemand hat aber einen Grund gehabt«, beharrte ich. Ist dem Wiggerl nachgeschlichen und hat ihn dann nachts, als alle so selig geschlummert haben wie das Maultäschle, in die ausgehobene Grube für seinen Teich geworfen.«

»Ohne dass jemand irgendwas mitkriegt?«, warf Friedl ein.

»Vielleicht die eine oder andere Wühlmaus, sonst niemand. Oder sie haben nicht einmal gewartet, bis alle geschlafen haben. Es wird ja laut geredet und gelacht, und draußen ist es dunkel. Der Täter versteckt sein Opfer hinter dem Rosenspalier oder unter irgendeinem Busch und wartet. Sobald dann alle Leute abgezogen sind und die Luft rein ist, legt er Wiggerl in die Grube und buddelt ihn ein. Hinterher hat derjenige dann in der Laube nach weiteren Fundstücken gesucht, aber das Geheimfach nicht gefunden. Das könnten die Geräusche gewesen sein, die Konrad kurz danach nachts gehört hat.«

»Zu großes Risiko«, entgegnete Friedl. »Es übernachten nach den Partys doch immer ein paar im Garten, und die Leute müssen nachts aufs Klo.«

Wer wüsste das besser als ich?

»Außerdem erklärt das nicht, warum alle so getan haben, als hätte Wiggerl im Frühjahr noch gelebt, Mädel.«

»Könnte es nicht sein, dass sie sich wirklich nur geirrt haben?«

Bei der erneuten Zeugenbefragung hatte Herr Walter die Möglichkeit eingeräumt, dass er sich im Jahr vertan haben könnte, und Jo hatte zugegeben, dass er die fragliche Person durch den Kirschlorbeer nicht mit absoluter Sicherheit erkennen konnte. Adi und Senta beharrten allerdings darauf, dass sie den Wiggerl im Frühling noch gesehen hätten und es ja nicht ihr Problem sei, wenn die Forensiker sich bezüglich des Todeszeitpunkts irrten. Um all dies zu erfahren, hatte die Lerche nicht einmal Kommissar Klaus bemühen müssen. Die Betreffenden hatten bereitwillig – und wiederholt – selbst von ihren Interaktionen mit der Polizei berichtet.

»Einer vielleicht«, beantwortete Friedl jetzt meine Frage. »Aber gleich alle? So dämlich sind nicht mal die.«

»Dass sie so dämlich sind, traust du ihnen nicht zu. Aber du traust ihnen zu, dass sie so verlogen und verschlagen sind?«

»Ja.«

»Der Mensch ist gut, die Leut sind schlecht«, zitierte ich meinen Namensvetter Valentin, weil mir nichts Besseres einfiel.

»Der Mensch ist auf seinen eigenen Vorteil bedacht«, korrigierte Friedl. »Rücksichtslos, skrupellos, missgünstig und scheinheilig. So schaut's aus.«

Dass meine Nachbarn wesentlich mehr in Wiggerls Ableben und Verschwinden involviert sein mussten, als mir lieb sein konnte, ließ sich beim besten Willen nicht mehr leugnen.

20

Donnerstags war Wochenmarkt in meinem Viertel. Während die Märkte in anderen Stadtteilen Münchens erst um zehn, elf oder gar dreizehn Uhr anfingen, war unserer recht forsch schon um acht Uhr morgens am Start. Am späten Vormittag wurde dann zügig alles wieder abgebaut. Zu Zeiten meiner Festanstellung war ich deshalb kaum jemals in den Genuss gekommen, dort einzukaufen. Jetzt aber funktionierte ich kurz entschlossen meine Badetasche zur Markttasche um und brach quasi im Morgengrauen auf, sodass ich sicher sein konnte, die Erste am Stand zu sein.

War ich aber nicht. Vor mir hatte sich die Oberhuberin mit einem eindrucksvollen Korb in der Hand positioniert, vermutlich geflochten aus den Seelen jener Untertanen, die nicht pünktlich ihre Pacht gezahlt hatten. Der Stand war noch nicht geöffnet.

»Frau Huber, das ist ja eine Überraschung! Baust du nicht alles Gemüse im eigenen Garten an?« Mittlerweile fühlte ich mich dermaßen integriert, dass ich es wagte, die Chefin der Anlage unverfroren zu duzen.

Sie musterte mich ein wenig mitleidig. »Vieles, nicht alles«, antwortete sie dann.

»Jaja, das mit der Selbstversorgung aus dem Schrebergarten ist halt doch ein Mythos«, redete ich unerschrocken weiter, weil mir ums Verrecken nichts Besseres einfiel, womit ich das Gespräch am Laufen halten konnte. Das Schweigen, das die Oberhuberin offensichtlich zu präferieren schien, hielt ich nicht aus. Es war acht Minuten vor acht.

Frau Huber erbarmte sich schließlich meiner flehenden Blicke und erwiderte: »Wir haben die Gärten nicht, um günstiges Gemüse anzubauen. Da kommst du mit der Zeit schon selbst dahinter. Im Grunde zahlen wir, um dort zu arbeiten: Pacht, aber auch Erde, Dünger, Saatgut, Setzlinge, Schädlingsmittel, Werkzeuge, Wasser, Zubehör. Gar nicht zu reden von der Arbeitszeit. Wenn du das alles auf die Ernte umrechnest, könntest du jede einzelne Zucchini mit dem Taxi vom Viktualienmarkt kommen lassen und hättest immer noch gespart.«

»Oder wir könnten uns Cocktailtomaten an die Ohren hängen, weil sie so kostbar wie Gold sind«, stieg ich in den munteren Austausch ein.

Die Oberhuberin zuckte nicht einmal mit den Mundwinkeln. Mein wonniger Humor war an sie völlig verschwendet.

»Sag mal«, ermittelte ich unauffällig, »wenn bei uns im Garten archäologische Funde auftauchten, was würde dann aus der Anlage werden? Rein theoretisch?«

»Da müsstest du schon das Maultäschle fragen.«

»Das Maultäschle?«

Sie verdrehte die Augen. »Konrad Sipple, dein Nachbar zur Rechten.«

Ich war so perplex über diesen unvermuteten Expertenstatus des Maultäschles, dass ich völlig ohne Sinn und Verstand nachfragte: »Rechts mit dem Rücken zur Laube oder dem Gesicht zur Laube?«

Jetzt schüttelte sie den Kopf, als hätte sich ihr Verdacht, dass ich auf der Brennsuppe dahergeschwommen war, mit dieser Aussage endgültig bestätigt.

»Kennt der sich denn aus?«, ließ ich nicht davon ab, weiter in die Kerbe meiner Dämlichkeit zu schlagen. Davon hatte er beim Scherbenfund gar nichts durchblicken lassen.

»Freilich.«

Jetzt musste ich schwerere Geschütze auffahren. Pfiffig lenkte ich das Gespräch auf das Lieblingsthema der Oberhuberin. »Ich dachte ja, der Wiggerl sei der Archäologe in der Anlage gewesen.«

Sie schnaubte verächtlich. »Was glaubst du denn, wer dem Wiggerl diese Flausen in den Kopf gesetzt hat? Als ob es nicht reichen würde, dass sich ein erwachsener Mann mit Feuerwerken, Killerenten und Schwarzbrennerei beschäftigt.«

Wer sollte denn idealerweise diese doch recht anspruchsvollen Hobbys pflegen, fragte ich mich. Kinder? Erwachsene Frauen? Doch diesmal war ich schlau genug, den Mund zu halten und mich auf zustimmendes Nicken zu beschränken.

Susanne Huber warf den dicken blonden Zopf schwungvoll über ihre linke Schulter nach vorn und fuhr fort: »Der Wiggerl war halt leicht begeisterungsfähig. Hat ständig was Neues begonnen und nichts zu Ende gebracht.«

»Ach, das ist doch völlig normal«, warf ich eingedenk meiner mäandernden Arbeitsweise ein.

Sie schüttelte wieder den Kopf. »Nicht, wenn man schon viel Zeit, Geld und Arbeit investiert hat. Da bleibt man dann doch dabei! Aber der Wiggerl war unbeständig. Als ich Lisa nach dem Erntedankfest nachgegangen bin, hab ich gesehen, wie das Loch für seinen Teich wieder zugebuddelt war. Dabei hatte er tagelang daran gegraben und schon Teichfolie und Pumpe und sonst was besorgt. Das war typisch für ihn. Ich weiß noch, wie ich gedacht habe: Hat er mal wieder seine Meinung geändert, dieser wankelmütige Mann. Ich konnt ja nicht wissen, dass die Grube sein eigenes Grab geworden war.«

Das war eine erstaunliche Menge an Informationen. »Warum bist du denn der Lisa nachgegangen?«, wollte ich wissen.

»Es war ziemlich spät geworden, und sie war ohnehin schon leicht betüdelt zu uns auf die Feier gekommen. Die anderen in der Ecke würden ihr auf die Nerven gehen, hat sie gesagt. Immer so ein Theater mit denen. Da komme sie lieber zu uns. Und darauf haben wir angestoßen. Als sie dann heimgegangen ist, hab ich geguckt, dass sie samt Rotweinkopf noch den richtigen Weg findet.«

Mein Mund klappte auf, aber es kamen keine Worte. Diese subtile Fürsorglichkeit verschlug mir förmlich die Sprache. Und warum erzählte sie mir das alles? Wollte sie unbedingt in unseren Reigen der Verdächtigen aufgenommen werden? Nur ihr eigenes Wort sprach dafür, dass die Grube bereits befüllt gewesen war, als sie an Wiggerls Garten vorbeikam. Aber das hatte diese gewissenhafte Gschaftlhuberin garantiert schon der Polizei berichtet, und die hatten es hoffentlich überprüft.

Der Gemüsehändler nutzte unsere Gesprächspause, um sich hinter die Kasse zu stellen und den Markttag damit offiziell zu eröffnen. Frau Huber kaufte gezielt ein, fiel mir auf. Statt sich umzugucken und spontan nach diesem oder jenem zu greifen, wie ich es tat, schien sie eine exakte Vorstellung von den anstehenden Mahlzeiten zu haben. Sie kam bestimmt nie in die Verlegenheit, kurz vor dem nächsten Markttag noch siechende Salatköpfe im Kühlfach zu finden, für die sich nicht die richtige Gelegenheit ergeben hatte, labbrige Lauchstangen, die man inzwischen regelrecht verknoten konnte, oder einen Bund müder Möhren, die dann doch nicht zum Rüblikuchen verbacken worden waren. Nachdem sie die Beute geschickt in ihrem Monsterkorb verstaut hatte, wandte sich die blonde Walküre mit einem kurzen Gruß zum Gehen.

»Halt!«, rief ich ihr hinterher.

Ihr entnervter Blick traf mich wie ein kalter Guss.

»Darf ich dich zum Kaffee einladen? Als kleines Dankeschön für den Kaffee zur Begrüßung?«

Nach kurzem Zögern konsultierte sie ihre Armbanduhr, dann nickte sie. Erleichtert und überrascht kaufte ich schnell ein Kilo Zitronen aus Italien, für die ich keinerlei Verwendung hatte, und ging dann mit ihr zu dem kleinen Café, das den Marktständen direkt gegenüberlag.

»Was hast du mit den ganzen Zitronen vor?«, erkundigte sich die Oberhuberin, nachdem sie sich ein klassisches bayerisches Frühstück bestellt hatte: Kaffee und Breze.

»Spaghetti al limone«, war alles, was mir auf die Schnelle einfiel.

»Mit fünf Zitronen? Allmächtiger! Für wie viele Leute kochst du denn?«

Ich wand mich innerlich. »Na ja, wir haben eine große Spaghettata geplant.«

»Im Garten?«

»Bei mir im Haus. Die ganze Hausgemeinschaft. Alle bringen ihr liebstes Pastagericht mit, dann wird gemeinsam gegessen.« Das klang ja regelrecht spektakulär. So etwas konnte man durchaus einmal anregen.

»Und wie viele Leute wohnen bei dir im Haus?«

In Sachen Nachfragen war sie die bessere Ermittlerin, so viel stand fest. Ich musste ablenken, bevor ich noch mehr Unsinn absonderte. »Sag mal, stimmt es eigentlich, dass Adi der beste Freund vom Wiggerl war?«

»Warum willst du denn das wissen?«

Wieder musste ich improvisieren, und das in aller Herrgottsfrühe. »Da sind noch persönliche Sachen vom Wiggerl in der Laube. Fotos. Die möchte ich seinem besten Freund geben.«

Frau Huber bekam prompt feuchte Augen und meinte, die könne ich ihr aushändigen. Sie würde sie sicher aufbewahren, falls doch noch von irgendwoher ein Angehöriger auftauchte. Als Dank für mein Versprechen beantwortete sie meine Frage. »Dass der Adi der beste Freund von irgendjemandem ist, ist natürlich ein völliger Schmarrn. Der alte Egoist! Senta kann einem leidtun.«

»Senta?« Jetzt wiederholte ich schon zum zweiten Mal in diesem Gespräch einen Namen. Kein Wunder, dass mich die Oberhuberin für eine Trutschn hielt. Verlegen rührte ich ein Stück Würfelzucker in meinen Kaffee, obwohl ich den grundsätzlich nicht süß trank. »Ich mein, wie ein klassisches Opfer wirkt sie nicht gerade.«

»Weil die Leute halt nicht genauer hinschauen. Die Senta hatte zu ihrer Zeit die freie Auswahl unter den Männern, das kann ich dir sagen.«

Das wusste ich längst.

»Dass die den Adolf genommen hat, hat alle gewundert«, fuhr die Chefin fort. »Er sah zwar gut aus damals, und einen sicheren Job hatte er auch. Aber schon immer keinen Funken Humor. Und das zehrt mit der Zeit: ein Mann, der nur über die eigenen flachen Witze lacht und sich wichtig nimmt.«

»Immerhin liest er ihr jeden Wunsch von den Augen ab.«

»Und was hat sie davon?«, entrüstete sich die Oberhuberin. »Ich sag dir eins: Wir Frauen brauchen keine Opfer, sondern würdige Gegner. Keinen Wurm, der alles macht, was man ihm anschafft, weil ihm selbst nichts Besseres einfällt. Sondern einen Kerl, der einen eigenen Kopf hat und eigene Ideen. Und der auch über sich selbst lachen kann.«

»So wie der Wiggerl«, sagte ich gedankenverloren.

Hier lagen also die Präferenzen einer starken Frau wie Susanne Huber. Mein ehemaliger Ehemann hatte auch reichlich eigene Ideen, wie zuletzt die vom Weinanbau im Burgenland. Dass er dafür weggezogen war, quasi seinen eigenen Kopf durchgesetzt hatte, machte ihn weder zum Opfer noch zum Gegner, sondern eben zum Ex.

Ich sinnierte ein wenig vor mich hin und schreckte erst dann in die Gegenwart zurück, als mein Gegenüber mich anraunzte.

»Oh, Entschuldigung, langweile ich dich?«

»Nein, nein, überhaupt nicht«, stammelte ich. »Ich musste gerade an meinen Ex-Mann denken, an seine Pläne. Die halt doch völlig anders waren als meine. Wir haben uns ansonsten wirklich gut verstanden, und ich hab immer noch daran zu knabbern, dass es mit uns nicht geklappt hat.«

Der Blick der Chefin änderte sich unversehens, wurde wärmer und offener.

»Aber wir sind Freunde geblieben. Das ist auch etwas wert«, schloss ich mein kurzes Bekenntnis.

»Das ist gut. Manche Paare bleiben zusammen, und das tut ihnen nicht gut. Und genau das ist bei Senta und Adi passiert. Senta fühlt sich Adi verpflichtet, deshalb ist sie all die Jahre bei ihm geblieben. Das sind die falschen Grundlagen für eine Beziehung, wenn du mich fragst.«

»Was war denn?«

Die Oberhuberin spielte mit ihrem Kaffeelöffel. Ich spürte, dass sie etwas sagen wollte, aber nicht wusste, ob sie es mir anvertrauen sollte.

Ich setzte noch einen drauf. »Zum Glück haben wir keine Kinder. Nie gewollt. Dass man wegen Kindern zusammenbleibt, obwohl eine Trennung besser wäre, kommt ja auch viel zu oft vor.«

Mit einem entschlossenen Ruck setzte sie sich noch aufrechter hin. »Senta führt sich wie eine Diva auf, das stimmt schon. Aber im Grunde ist sie eine loyale Haut. Ich sag dir jetzt drei Gründe, weshalb sie sich immer an Adi gebunden gefühlt hat, und einer davon ist wahr.«

Die Oberhuberin hatte etwas mitzuteilen, aber sie wollte nicht tratschen. Dass sie die relevante Information zwischen zwei Lügen präsentierte, war eine interessante Methode, sich diesbezüglich in einer Grauzone zu bewegen, die ihr ganz offensichtlich akzeptabel erschien. Ich beugte mich gespannt vor.

»Erstens: Adi hat Senta aus der Gosse gerettet. Und mit ›Gosse‹ meine ich verheerende Umstände, die sie früher oder später ruiniert hätten.«

Ich atmete tief durch.

»Zweitens: Senta hat Adis Kind verloren, weil sie sich während der Schwangerschaft unverantwortlich verhalten hat, und der Verlust hat die beiden aneinandergeschweißt.«

Die Oberhuberin machte eine Pause, die scheinbar nicht enden wollte.

»Und drittens?«, fragte ich schließlich nach.

»Ach, was soll's? Senta hat wegen Adi einen Mann verlassen, der daran fast zerbrochen wäre. Wenn die Beziehung nicht gehalten hätte, wäre dieser Kollateralschaden umsonst gewesen.«

Die Oberhuberin stand schwungvoll auf, klopfte mit den Knöcheln auf die Platte des kleinen Tischchens, das darunter erzitterte, und sagte: »Danke für den Kaffee und servus. Ich muss.«

Da saß ich nun und war um drei unbestätigte Gerüchte und fünf unnütze Zitronen reicher.

21

Die Lerche und ich hatten schon vor meiner Scheidung erkannt, dass geteilte Hausarbeit halbe Hausarbeit war. Nicht dass Frau Nachtigall sich um die schmutzigen Kümmernisse des Alltags kümmern müsste. Dafür leistete sich Frau Medienanwältin eine Zugehfrau. Doch alles außerhalb der Reihe – wie Schränke ausmisten, Wände streichen oder Chutney kochen – macht allein gar keinen Spaß, geht zu zweit aber »leichtfüßig von der Hand«. Das war die permanente Stilblüte einer ungeliebten Dozentin der Lerche, die sich Wunder was auf ihre Eloquenz eingebildet hatte, obwohl sie jedes sprachliche Bild ungeniert schredderte.

Vor meiner Trennung war mein Ex nicht gerade davon angetan gewesen, dass die beste Freundin seiner Frau »unsere Privatsphäre aufmischte«, wie er es genannt hatte. Doch kaum dass er ausgezogen war, machten wir Nägel mit Köpfen, und im Handumdrehen wurden aus drögen Wartungsarbeiten vergnügliche und überaus effiziente Events, mal bei ihr, mal bei mir. Gartenarbeit verweigerte die Lerche; sie nahm zwar den Leichenfund bei ihrem ersten Einsatz zum Vorwand, konnte aber kleingärtnerischen Tätigkeiten generell wenig abgewinnen, was auch ihrem bemitleidenswerten kleinen Balkon anzusehen war. Ihrer Meinung nach handelte es sich um eine reine Beschäftigungstherapie. Sie sah keinen Sinn darin, Zeit, Arbeit und Frusterlebnisse in landwirtschaftliche Erzeugnisse zu investieren, die es im perfekten Endzustand überall zu kaufen gibt. Das musste ich akzeptieren.

Nachdem die Lerche mir in der letzten Zeit ausgiebig dabei geholfen hatte, mein Domizil zur Singlewohnung umzugestalten, revanchierte ich mich an diesem Abend damit, ihr bei der Neuorganisation ihrer Schuhe zu helfen. Das war absolut nicht nötig. Die Lerchenwohnung war wie ihre Meisterin optimal organisiert. Nur war sich meine liebe Barbara nie sicher, ob es nicht doch eine noch idealere Struktur als die aktuelle gab. Deshalb probierte sie regelmäßig etwas Neues aus, und es war meine Aufgabe, sie darin mehr oder weniger hilfreich zu unterstützen – oder ihr wenigstens nicht im Weg zu stehen.

Ich spielte diesbezüglich leider in einer anderen Liga. Die Lerche hatte fünf verschiedene Methoden am Start, ihre Koffer zu packen, und jede davon schlug meine eigene um Längen. Die bestand im Wesentlichen darin, so leicht zu reisen, dass ich gewisse essenzielle Dinge nicht einpackte und vor Ort ersetzen musste. Aus diesem Grund besaß ich fünf Reiseföhne, mindestens zehn Adapter und ein Dutzend Regenjacken.

Für den heutigen Anlass hatte die Lerche einen Cocktail mit Mango und Kokoscreme vorbereitet. Wir schlürften die kalte Köstlichkeit durch Bambusröhrchen und begutachteten die Abstellkammer, die zum neuen Reich ihrer Schuhe werden sollte. Wo sie künftig Bügelbrett, Staubsauger und Werkzeugkasten unterbringen würde, wäre eine Herausforderung für später. Beim letzten Schuhprojekt hatten wir die Schmuckstücke für die Lerchenfüße fotografiert, in Schachteln gepackt, darauf die korrespondierenden Polaroids geklebt und dann alles nach Farben sortiert in ihren Einbauschrank geschichtet. Doch die Lerche wollte lieber wieder »out of the box« leben. Wenn sie zwei, drei, vier Paar anprobierte, bevor sie aus dem Haus hetzte, blieb hinterher keine Zeit, sie gleich in die Schachteln zurückzupacken. Die Berge an leeren Kartons und einzeln herumliegenden Schuhen, die sich die Woche über auftürmten, verdarben ihr die Laune.

Mit Hilfe ihres neuen Akkuschraubers – von Makita, wie sie betonte – befestigten wir die Regalbretter, die sie die Woche davor besorgt hatte, akkurat an den Wänden ihrer Abstellkammer. Da sie ein wenig nach vorn geneigt waren, präsentierten die Schuhe nicht nur ihre Front, sondern auch die Draufsicht. Das helfe ihr beim Zusammenstellen der Outfits, meinte die Lerche. Damit sie in Position blieben, brachte sie eine kleine Zierleiste vorn an jedem Brett an. Und damit jedes Paar einen eigenen Platz bekam, sollten an diesen Leisten die Fotos von den Kartons befestigt werden. Künftig würden zwar weiterhin Schuhe einzeln herumliegen, aber wenigstens keine leeren Schachteln mehr.

Während ich ihr die Paare zusammen mit den Polaroids reichte, unterhielten wir uns über die Schlüsselfrage, wobei wir uns überlegten, ob wir die Sache mit dem Schlüssel und der Scherbe Kommissar Klaus erzählen sollten.

Friedl war dagegen. »Die sollen gefälligst fragen, wenn sie etwas wissen wollen, dann werden wir antworten«, hatte sie ihre Meinung kundgetan.

Die Lerche war dafür. »Es ist doch bescheuert, der Polizei irgendwelche Indizien vorzuenthalten. Das ist ein Mordfall, und es ist im Interesse aller, dass er aufgeklärt wird.«

Ich selbst war unentschlossen. Wir konnten ja nicht beweisen, dass Adi Wiggerls Wohnungsschlüssel aus der Laube entwendet hatte, geschweige denn, dass er so dämlich gewesen war, ihn danach wieder zurückzubringen. Das war aktuell nur die Theorie von Friedl. Doch dass er derjenige gewesen war, den Frau Metzger gesehen und für ihren Wohnungsnachbarn Wetzstein gehalten hatte, lag auf der Hand: Jos Bart wäre selbst unter der größten Maske zu erkennen gewesen, und Herr Walter und Konrad waren jeweils ein gutes Stück größer als mein Vorgänger. Was die Scherbe anbelangte, so war die nicht mehr als ein Stückchen Keramik und ihre Tauglichkeit zum Mordmotiv längst nicht erwiesen.

Ich hielt bewundernd ein Paar Pumps in der Hand: beigefarbenes Wildleder, das schnörkellos durch schlichte Eleganz beeindruckte. Anders als mein Leben, anders als dieser Mordfall.

»Es könnte ja doch ein Unfall gewesen sein«, sagte ich, wild entschlossen, die Illusion von Idylle wiederherzustellen, die ich mit einem Spatenstich zerstört hatte. »Die Bombennachricht, Aufregung, laute Worte, ein Handgemenge, einer schubst, der andere fällt … Oder er hat so viel getrunken, dass er von selbst gestolpert ist und sich den Kopf angeschlagen hat. Und dann haben sie es mit der Angst zu tun bekommen und ihn schnell verbuddelt.«

»So viel, dass er gefallen wäre, hat das Opfer nie getrunken, hat die Friedl gesagt«, entgegnete die Lerche, nahm mir die beiden Pumps ab und strich zärtlich über das Leder. »Aber man vergräbt Leichen nicht aus purem Aktionismus, sondern weil es etwas zu verbergen gibt. Wenn sich deine Nachbarn diese Mühe gemacht haben, haben sie etwas zu verbergen. Immer vorausgesetzt, dass sie diejenigen waren, die gebuddelt haben.«

»Jo hätte ein gutes Motiv«, überlegte ich. »Er will nicht, dass die Polizei im Garten herumwuselt und irgendetwas findet, was sie nichts angeht. Wir sollten auch die Affäre zwischen ihm und Senta nicht ganz aus den Augen verlieren. Im Grunde hat Jo die meisten Motive.«

»Es geht aber nicht um die Menge an Motiven, Liebchen. Wir brauchen nur eins, aber das muss passen.« Die Lerche stieg von ihrer Trittleiter und setzte sich zu mir.

»Oder aber …« Ich gab nicht auf. »Der Adi hat Wiggerl umgebracht, weil er dachte, dass er ihn beerbt und dass dann die Senta auf jeden Fall bei ihm bleibt, weil sie doch scharf auf Kohle ist.«

»Dem Adi würd ich das zutrauen.«

»Ich auch.« Und das nicht nur wegen seiner vegetarier-feindlichen Sprüche.

»Vielleicht haben deine Nachbarn ja nur gesehen, wer das Opfer vergraben hat, und decken diese Person.«

Mir fiel auf, dass die Lerche seit Neuestem von Opfer sprach, wenn sie den Wiggerl meinte.

»Das leuchtet mir nicht ein. Die reden recht gehässig über-einander«, grübelte ich. »Das sind nicht nur Spitzen im Ge-spräch, das sind verbale Gewehrsalven, die sie da abfeuern. Die würden sich nicht decken, sondern einander mit Wonne ans Messer liefern.«

»Darf ich ehrlich sein?«

Die Lerche nahm meine Hand, in der ich eine Sandalette

mit Stilettoabsatz hielt, in ihre beiden. Das machte sie immer, wenn sie mir etwas Unangenehmes zu sagen hatte.

»Ich weiß, dass du die Friedl magst, Liebchen, sie ist eine coole Alte. Aber sie scheint generell nicht viel von den Menschen zu halten.«

Da war was dran.

»Wenn sie sich jetzt dagegen ausspricht, dass wir den Behörden wichtige Beweismittel übergeben, frage ich mich, weshalb sie das tut«, fuhr meine liebste Freundin behutsam fort. »Sie hat uns das mit Adi erzählt, sie hat uns den Schlüssel gezeigt, sie hetzt uns mit diversen Aufträgen durch die Gegend. Warum?«

Ich schaute sie nur fragend an.

»Vielleicht, weil sie etwas zu verbergen hat?«

Ich schluckte. Die Friedl? Die Herrin des Zaubergartens, die Wellensittichflüsterin, die Garten-Gin-Providerin und darüber hinaus die beste Hobbybäckerin, die ich kannte?

»Der Mensch ist gut, die Leut sind schlecht«, zitierte ich Valentin zum zweiten Mal in dieser Woche, weil mir auch jetzt nichts Besseres einfiel.

Wie schlecht, sollten wir am nächsten Morgen erfahren. Da war nämlich der Adi tot.

22

»Wenigstens ist es dieses Mal nicht wieder in der Anlage passiert!«

Ich war unter der fachkundigen Aufsicht von Jo, der neben seinem Kirschlorbeer stand, beim Unkrautjäten, als Frau Huber völlig aufgelöst in meinen Garten stürmte. Sie blieb nicht erst am Türchen stehen, um sich mit dem obligatorischen »Klopf, klopf!« anzukündigen. Die Oberhuberin war so außer sich, dass sie den Garten-Knigge vergessen hatte. Und das war verständlich. Am Vortag hatte sie den Adi noch gesehen, wie er mit Senta aus der Anlage gegangen war, und sich – ein wenig frostig, wie es zwischen ihnen üblich war – von den beiden verabschiedet. Nicht ahnend, dass sie Adi nie mehr lebend sehen würde.

Das Drama hatte sich daheim bei den Leonhardts abgespielt. Während der Tagesschau hatte Senta den Tisch ab- und das Geschirr in die Spülmaschine geräumt. Als sie danach ins Wohnzimmer zurückkam, weil der Krimi anfing, hatte sie ihren Liebsten leblos in seinem Fernsehsessel gefunden, und ihr alter Hausarzt, Dr. Mittermaier, war prompt herbeigewackelt, um den Tod durch Herzversagen festzustellen.

All das sprudelte wie ein Wildbach aus der Oberhuberin heraus, derweil sie mit hängenden Armen dastand und von mir zu Jo guckte. Der Adi war ihr zwar auf die Nerven gegangen, doch sein unvermitteltes Ableben setzte ihr offenbar gehörig zu.

Jo kam aus seinem Garten, nahm die aufgewühlte Walküre behutsam in die Arme und sagte: »Alles gut, Susanne, alles gut. Geh zum Herrn Walter, der gibt dir was zur Beruhigung.«

Doch Susanne Huber schüttelte nur kraftlos den Kopf und konnte die Tränen nicht zurückhalten, die ihr übers Gesicht liefen. »Das hätte man sich doch denken können«, stieß sie hervor. »Er hatte es mit dem Herzen, aber Rücksicht hat er keine auf sich genommen. Immer am Arbeiten. Immer am

Rumkruschteln, er hat ja nichts wegwerfen können, weil man ja alles irgendwann wieder brauchen könnte. Und immer das Falsche gegessen und getrunken. Da konnte die Senta noch so dahinter sein, er wollte nicht auf sie hören.«

Ich schluckte. Hatte ihm etwa unser sahniges Kreta-Dessert den Rest gegeben?

»Na, na«, tröstete Friedl, die hinter ihr herangerollt war. »Er hat doch ein erfülltes Leben gehabt, Susanne. Ich freu mich für ihn, dass er es bis zuletzt genießen konnte. Wenigstens kulinarisch.«

»Montagnachmittag wird er eingeäschert«, schluchzte die oberste Gartenchefin.

»So bald schon?«

»Die Senta will es schnell hinter sich bringen, glaube ich.« Frau Huber schniefte. »Ich hänge ans Schwarze Brett, wann die Beisetzung ist.«

Jo versicherte ihr, dass sie auf jeden Fall mit uns rechnen könne, und sie zog weiter. Augenscheinlich hatte sie es sich zur Aufgabe gemacht, alle in der Anlage persönlich von Adis Ableben zu unterrichten. Vielleicht wollte sie auf diese Weise für jeden nicht ganz so christlichen Gedanken büßen, den sie ihm gegenüber jemals gehabt hatte.

Ich ging in die Laube, um einen Kaffee für alle zu machen. Jo war dermaßen erschüttert, dass er sogar meine Schokokekse verschmähte. Friedl zauberte eine Flasche Garten-Gin aus dem Rollator hervor und rief nach Stamperln. Die Schwaben kamen von nebenan herüber, und Konrad zog noch mal los, um Herrn Walter zu holen, doch der war nicht in seinem Garten. Wir kippten wortlos das erste Stamperl hinunter. Friedl schenkte nach, und langsam kam wieder Leben in die Runde.

»Mir tut es leid für den alten Bazi, wenn schon nicht um ihn«, sagte Jo. »Ein echtes Ekelpaket konnte der sein, mein Lieber. Aber er hing am Leben und hat seine Rente genossen, und seinen Garten hat er geliebt.«

Konrad sinnierte: »So a schneller Tod, ohne Krankheit und Schmerza, des isch doch des Beschte, was oim passiera ko.«

»Es ist nicht das Schlimmste, im Sommer zu sterben, wenn alles hell ist und die Erde für Spaten leicht«, zitierte Lisa, und dafür, dass sie Gottfried Benn ins Boot holte, drückte ich ihr die Hand.

»Wie schrecklich für Senta«, sagte ich und meinte es auch so. »Mir graust es ja schon vor meiner stillen Wohnung, obwohl die nur wegen einer Scheidung leer geworden ist. Wie wird es ihr da erst gehen?«

Meine Nachbarn nickten mitfühlend, und Konrad bemerkte: »Senta und Adi sind drei oder vier Jahrzehnte lang a Paar gwesa, die boide hen eine längere Zeit ihres Lebens miteinander verbracht als ohne. Do isch der ganze Tagesrhythmus auf den andara oigstellt.«

»Was bleibt übrig, wenn das alles schlagartig wegbricht?«, überlegte Lisa. »Wie kommt der Mensch, der zurückbleibt, damit zurecht?«

»Die macht das schon, keine Sorge«, sagte Friedl. »Irgendwelche alten Verehrer hat sie ja immer in der Hinterhand behalten. Wenn du mich fragst, ist es für sie eine Erleichterung, jetzt gar keine Rücksicht mehr nehmen zu müssen.«

Diese Aussage löste einhellige Empörung in der Runde aus.

»Wie kosch du so was saga!«, rief Konrad entrüstet.

»Das ist schon sehr kalt, Friedl«, tadelte Lisa.

Die blieb völlig ungerührt. »Jetzt habts euch nicht so. Über die Toten soll man nicht schlecht reden, aber die Senta lebt doch noch.«

Jo zischte: »Du warst schon immer neidisch auf die Senta, du gscherte Matz! Hast ihr nicht gegönnt, dass sie jeden haben konnte und du gar keinen abbekommen hast.«

»Mein Neid hält sich in Grenzen«, parierte Friedl. »Und dass dein Gspusi den Adi nur geheiratet hat, um versorgt zu sein, weißt du selbst ja am besten, Josef!« Sie wandte sich an die Runde. »Wird wohl niemand leugnen können, dass die Senta ihren Mann wie einen Lakaien behandelt hat. Er hat's jetzt hinter sich, und die Madam wird sich einen anderen Deppen suchen.«

Damit war für mich eine Grenze überschritten. »Friedl, das find ich gemein. Von allen nimmst du erst mal das Schlechteste an. Überall siehst du Niedertracht und Bosheit, und immer unterstellst du den Leuten unlautere Motive.«

»Nicht allen und nicht immer. Aber am Anfang gehe ich vom Schlechten aus, bis ich vom Gegenteil überzeugt werde. Und ich irre mich nur sehr selten. Leider.«

»Und ich sehe erst mal das Gute, bis ich vom Gegenteil überzeugt werde. Was sagt das über dich aus?«, entgegnete ich.

»Dass ich aus meinen Erfahrungen gelernt habe«, versetzte Friedl scharf.

»Oder aber«, sagte ich langsam, die Stimme der Lerche im Ohr, »dass der Mensch immer von sich selbst ausgeht und anderen generell das zutraut, was er selbst zu tun imstande wäre.«

»Was willst du damit sagen?« Friedls grüne Augen funkelten. Meine anderen Gäste nippten betreten an ihrem Kaffee.

»Ich beispielsweise gehe nie davon aus, dass mich die Leute anlügen. Weil ich selbst nicht lüge«, erklärte ich.

»Oder weil du ein argloses Tschapperl bist, das alles glaubt, was man ihm erzählt.«

Ich stand auf. »Da bin ich lieber naiv, als dass ich überall nur Lügnerinnen und Mörder sehe. In so einer Welt will ich nicht leben!« Sprach's und lief aus dem Garten.

Friedl plärrte mir hinterher: »Bringt dir gar nichts, die Augen vor der Wirklichkeit zu verschließen! Wir leben in genau so einer Welt!«

Da erst fiel mir auf, dass ich, um einen wirkungsvollen Abgang hinzulegen, aus meinem eigenen Garten gestürmt war. Ein bedauerlicher Anfängerfehler.

In der Nacht konnte ich nicht einschlafen, und statt Schäfchen zählte ich Sensenmänner. Gewiss, Gevatter Tod war Teil des Lebens und konnte einem auf Schritt und Tritt begegnen. Aber so dicht hintereinander in einer Kleingartenanlage, die garantiert weder groß noch heterogen genug war, um einen demografisch repräsentativen Querschnitt darzustellen? Oder irrte ich mich da, weil in unserer Ecke zufällig so viele Rentner waren? Ich selbst war ja der beste Beweis dafür, dass nicht nur die Alten Freude am Garteln hatten. Ein paar Kinder tollten durch die Anlage, und auch hippes junges Volk sah man gelegentlich mit einem Trendgetränk in der Hand neben ihren Terra-Preta-Komposthaufen stehen und Selfies machen. Single, verheiratet, geschieden, verwitwet – da war alles dabei. Vielleicht bildete diese Anlage durch eine komische kosmische Laune die Stadt München ab, quasi wie ein Miniaturkosmos. Möglicherweise verhielt sich die Verteilung von alt und jung, Frau, Mann und divers, arm und reich, Raubtier und Opferlamm proportional genau so, wie sie sich in der Welt jenseits des großen Zauns präsentierte. Und unter Umständen war der Tod zweier älterer Herren, deren Gärten nah beieinanderlagen, ein reiner Zufall, zumal zwischen Wiggerls Tod und dem seines – nach eigener Aussage – besten Freundes eineinhalb Jahre vergangen waren. Nur die Tatsache, dass beide in einer gewissen zeitlichen Nähe tot aufgefunden worden waren, ließ stutzen. Sah ich jetzt schon Gespenster?

»Selektive Wahrnehmung«, sagte die Lerche, die ich in meiner Not eine Viertelstunde nach Mitternacht kontaktiert hatte. Sie durfte ich jederzeit auf dem Handy anrufen, denn sie war schlau genug, das Gerät auszuschalten, bevor sie schlafen ging, und es erst dann wieder einzuschalten, wenn sie nach einer Runde Yoga und ihrem Ginsengtee am Morgen gesprächsbereit war. Ich selbst dachte selten daran, das Handy über Nacht ebenfalls in den Schlaf zu schicken, und reagierte eher ungnädig, wenn ich zwischen Abendlektüre und Morgenkaffee gestört wurde.

»Es ist ein natürliches Phänomen, dass sich unser Gehirn auf die Dinge fokussiert, mit denen wir uns beschäftigen, weshalb es eine objektive Wahrnehmung gar nicht geben kann, auch wenn man selbst davon überzeugt ist, mit offenem Geist durch die Welt zu gehen«, erklärte die Lerche. »Wir sehen nicht nur das, was wir kennen, weil wir es sonst gar nicht erkennen würden, sondern vor allem das, worauf wir uns mental eingestimmt haben. Wenn du auf einmal überall Cabrios siehst, dann deshalb, weil du gerade überlegst, dir selbst eins anzuschaffen.« Eine kurze Pause, dann fuhr sie fort: »Oder weil du in München wohnst.«

»Ich glaube also deshalb, dass Adis Tod kein Zufall sein kann, weil Wiggerls Tod kein Zufall war«, fasste ich ihre Botschaft zusammen.

»Oder weil du in ein Schlangennest skrupelloser Mörder geraten bist und dein sechster Sinn dich warnen will«, bemerkte die Lerche.

Das Mantra »Barbara Nachtigall ist meine beste Freundin, Barbara Nachtigall ist meine beste Freundin …«, das ich nach diesem Gespräch wieder einmal abspulte, ließ mich in den frühen Morgenstunden endlich in den Schlaf fallen.

23

Am Morgen danach schlief ich bis in die Puppen, erledigte ein wenig Hausarbeit und las kaffeetrinkend die Zeitung – oder trank zeitungslesend Kaffee, je nachdem. Ich wusste, dass ich in den Garten gehen sollte, zum Jäten, Ernten und Gießen, aber ich spürte einen erstaunlichen Widerstand in mir. Ich wollte nicht mehr. Ich hatte die Nase gestrichen voll von Mord und Totschlag, von Lügen und Heimlichkeiten und, ja, sogar vom Jäten und Gießen.

Dass ich mit Friedl aneinandergeraten war, tat mir leid – aber irgendwann war es genug. Nicht nur, dass mein einstiges Parzellenparadies wild entschlossen war, endgültig einen Imagewechsel zum Friedhof der Kleingärtner zu vollziehen. Jetzt war auch mein blauäugiger Blick auf die Welt und die Menschen, die darauf wuselten, in Gefahr, von Misstrauen und Argwohn getrübt zu werden, von paranoiden Vorurteilen und der Erwartung, jeden Moment ein Messer in den Rücken zu bekommen. Ich hoffte nur, dass meine Gartennachbarin bei aller inhärenten menschlichen Schlechtigkeit nach meinem famosen Abgang meine Laube abgeschlossen hatte. Wieder zurückzugehen, das hatte ich gestern nicht über mich gebracht.

Ich verabredete mich mit der Lerche im Englischen Garten. Wir trafen uns regelmäßig auf einer Bank, die ideal gelegen war. Gut zu Fuß von den öffentlichen Haltestellen erreichbar, nah genug am Seehaus, um dort bei Bedarf einen Happen zu essen und einen Schluck zu trinken, und dennoch relativ ruhig. Die Lerche brachte meistens ihren Picknickkorb mit, ein edles Teil aus Korbgeflecht, dessen mit Stoff ausgeschlagenes Inneres ausgeklügelten Platz für echte Gläser, Geschirr und Besteck bot, über eine integrierte Kühltasche verfügte und seitlich sogar Gurte zum Anbringen der Picknickdecke hatte. Ich bewunderte meine beste Freundin aufrichtig und ohne Groll für ihren Stil, ihre Eleganz und ihre phantastische Garderobe. Dieser Korb war das Einzige, um das ich sie beneidete – zumal sie, die sonst alles großzügig teilte, ausgerechnet den ums Verrecken nicht auslieh. Aber mit wem außer ihr würde ich picknicken gehen?

Derweil ich auf der Bank wartete, spazierte Herr Metzger vorbei, Wiggerls ehemaliger Wohnungsnachbar. Statt sich zu wundern, weil er mich hier sah, freute er sich und begrüßte mich wie eine alte Bekannte.

Und er hatte mir etwas zu erzählen: »Wissen Sie, nachdem Sie weg waren, haben meine Frau und ich uns ausgiebig über Ihre familiären Verhältnisse unterhalten.«

Das erstaunte mich. Ich konnte nur hoffen, dass er keine Fragen dazu stellte, denn ich hatte gar keine Ahnung, was für einen Schmarrn ich da verzapft hatte.

»Und da ist mir eingefallen …« Herr Metzger beugte sich geheimniskrämerisch zu mir. »Wir haben uns tatsächlich einmal über Nachwuchs unterhalten, der Herr Wetzstein und ich. Und ich hab gesagt, dass unser Sohn kaum anruft, weil er so beschäftigt ist die ganze Zeit. Und er hat gesagt, dass er zu seinem Kind überhaupt keinen Kontakt hat. Aber wir haben das Thema nicht weiter vertieft.«

Das war ja interessant! Ich hakte nach, doch mehr hatte Herr Metzger nicht zu bieten.

Da näherte sich auch schon die Lerche. Herr Metzger begrüßte sie erfreut, zögerte sichtlich, sich zu verabschieden, aber kam letztendlich nicht umhin, seinen Sonnenhut zu lüpfen und uns einen guten Tag zu wünschen. Kaum dass er außer Hörweite war, erzählte ich der Lerche alles: von Adis Ableben, meinem Streit mit Friedl und den Vaterfreuden Wiggerls.

»Jetzt aber!« Die Lerche schob die Flasche Crémant, die sie aus dem Kühlfach des Korbs genommen hatte, wieder zurück, klappte entschlossen den Deckel zu und stand auf. »Jetzt gehen wir beide in deinen Garten, holen die Scherbe und bringen sie zur Polizei.«

»Am Sonntag?«

»Dann holen wir eben die Scherbe, rufen Klaus an, erzählen ihm von dem Kind und machen einen Termin für morgen aus.«

Ich griff nach ihrer Hand und zog sie zurück auf die Bank. »Ich mache jetzt die Flasche auf, und du rufst deinen Kommissar an. Der Wiggerl ist seit mehr als anderthalb Jahren tot, da kommt es auf einen Nachmittag mehr auch nicht an. Und morgen bringe ich ihm dann die Scherbe vorbei, wenn er glaubt, dass die wichtig ist.«

Meine liebe Barbara ließ mit sich reden. Sie erklärte Kommissar Klaus am Telefon die neue Entwicklung. Wir sollten am nächsten Morgen im Revier vorbeikommen, richtete sie aus. Dafür verlangte sie aber, dass wir nach dem Genuss der Flasche gemeinsam in meinen Garten gingen und die Scherbe abholten. Sie schien mir nicht mehr zu trauen.

Dort stellte sich heraus, dass meine Laube ordentlich verschlossen war. Außerdem war das Kaffeegeschirr abgeräumt, sogar abgespült, und die Stühle waren korrekt gegen den Tisch gelehnt – eine in der Nachbarschaft übliche Vorsichtsmaßnahme, falls es spontanen Schrägregen gab, die ich mir immer ersparte. Jetzt musste ich zu Friedl, um mich dafür zu bedanken, da half alles nichts. Die Lerche schaute mich streng an und kam mit.

»Da schau her!«, begrüßte uns meine Gartenfreundin munter. »Hast du doch wieder hergefunden in diesen Sumpf des allzu Menschlichen. Wir dachten schon, wir hätten dich verloren.«

»Tut mir leid. Aber weißt du, manchmal bist du schon zu arg, Friedl.«

»Ich weiß, ich weiß. Aber da müssen wir durch, ich kann's auf meine alten Tage nicht mehr ändern.«

Sie bewirtete uns mit einem Rooibostee, den wir alle widerlich fanden. Zur Strafe vermutlich. Dann holte ich die Familienpackung Fürst Pückler mit Wiggerls Fotos und die Tupperdose mit der Scherbe aus meiner Laube.

»Hier, für Kommissar Klaus«, sagte ich und drückte alles der Lerche in die Hand.

Friedl schnappte sich die Eispackung. »Mach dich nicht lächerlich, die Fotos hat die Polizei doch schon längst abgeknipst. Gib sie lieber der Oberhuberin, das hast du ihr eh versprochen.«

»Die Briefe aus dem Geheimfach sollten wir auch den Behörden geben«, fiel mir da ein.

»Was für Briefe?«, horchte die Lerche auf. »Was für ein Geheimfach?«

»Ich werd auch immer blöder im Alter«, sagte Friedl. »Hätte ich jetzt fast vergessen.«

Ich wollte sie trösten. »Das liegt nicht am Alter, mir geht es genauso.«

»Da würd ich mir an deiner Stelle aber Gedanken machen!« Friedl schnappte sich den Stock und ging in die Laube.

In der Zwischenzeit erzählte ich der Lerche, dass es sich um die Briefe handelte, die wir zusammen mit der Scherbe beim Zerlegen der hässlichen Anrichte gefunden hatten. Friedl kam zurück, nahm das Bündel aus dem Rollator und posaunte: »Ich hab die gesamte Korrespondenz gelesen. Der gute Wiggerl hat ein uneheliches Kind gehabt.«

So ging sie den Bach runter, unsere brandheiße Information von Wiggerls Vaterfreuden. Da hätte sich sein Wohnungsnachbar schon eher erinnern müssen, um Frau Frühauf zuvorzukommen. Mit dieser Enthüllung konnten wir jetzt keinen Blumentopf mehr gewinnen.

Dann bohrte die Lerche nach: »Warum hast du die Briefe nicht der Polizei gegeben?«

Und ich fast zeitgleich: »Junge oder Mädchen?«

Friedl ignorierte, was sie nicht hören wollte, und antwortete auf meine Frage: »Das Geschlecht weiß ich nicht. Die Kindsmutter schreibt immer nur ›dein Kind‹ oder ›unser Baby‹. Das liebe Kleine müsste inzwischen in den Dreißigern sein. Wiggerl war früher oft im Ausland auf Montage unterwegs. Leider hat der stolze Papa nicht die Kuverts aufbewahrt, und ich weiß nicht, wo die Briefe abgeschickt wurden. Die Kindsmutter schreibt aber nicht so, als ob Deutsch ihre Muttersprache wäre.«

»Damit kämen die Schwaben als mögliche Erben in Betracht«, ulkte die Lerche. Für eine Zugereiste aus Vietnam machte sie manchmal richtig dicke Backen.

»In unserer Ecke ist niemand in dem Alter«, beklagte ich.

Friedl zuckte mit den Schultern. »Der Sohn von Josef könnte hinkommen, aber da ist die Vaterschaftsfrage recht eindeutig geklärt. Der hat die roten Augen von seinem Vater geerbt.« Sie zwinkerte uns zu.

»Der Herr Walter hat einen Sohn und eine Tochter«, fiel mir da ein.

»Die waren noch nie hier im Garten«, sagte Friedl. »Und wenn mich nicht alles täuscht, sind die ein ganzes Stück älter. Etwa in deiner Preisklasse, Valentina.«

Bevor ich mich entrüsten konnte, schaltete sich die Lerche ein. »Du hast keine Kinder, oder, Friedl?«

Die lachte nur. »Mach ich den Eindruck?«

»Warst du mal verheiratet?«

»Verlobt, aber nicht verheiratet«, antwortete sie. »Da ist etwas in meiner Familie passiert, schon Jahrzehnte vor meiner Verlobung und nicht unsere Schuld. Aber nachdem die Familie meines Verlobten davon erfahren hat, wollten sie mit meiner nichts mehr zu tun haben. Und er war ein guter Sohn und tat, was seine Eltern ihm sagten.«

»Was ist denn passiert?«

Friedl verweigerte die Auskunft. Stattdessen wechselte sie das Thema und bemerkte nonchalant: »Ist euch schon aufgefallen, dass Blumen am schönsten blühen, wenn ihr Besitzer im Sterben liegt?«

Wir schüttelten leicht befremdet die Köpfe.

»Und so kümmerlich, wie Adis Blumen aussehen, konnte es ihm gar nicht schlecht gehen«, fuhr Friedl fort. »Jedenfalls nicht so schlecht, dass er gleich daran sterben würde.«

Ich sah meiner besten Freundin an, dass sie nicht sicher

war, ob sie diese Theorie pietätlos oder spannend finden sollte. Schnell zitierte ich Valentin, um einen Kontext herzustellen, in dem Friedls Bemerkung nicht gar so krass wirkte: »Gar nicht krank ist auch nicht gesund!«

Meine Gartennachbarin sagte entschieden: »Jedenfalls nicht, wenn es ans Sterben geht. Jemand hat hier nachgeholfen. Jemand, dem es ganz gut gepasst hat, dass es Adi mit dem Herzen hatte, dass sein Hausarzt ein argloser Tattergreis ist und dass es in Bayern keine zweite Leichenschau gibt.«

»Was soll das jetzt wieder heißen?«

Die Lerche klärte mich auf. »Wenn bei der Feststellung des Todes eine natürliche Ursache attestiert wird, guckt niemand noch mal drauf.«

»Aber bei der Obduktion würde man doch ...«

Friedl unterbrach mich. »Es gibt aber keine Obduktion, das ist ja der Punkt. Hierzulande gilt das, was dein Arzt glaubt. Und wenn er meint, du seist an einem Herzversagen gestorben, wird das nicht hinterfragt.«

»Das bedeutet doch ...«

»Dass es in Bayern wesentlich mehr Morde gibt, als in der Statistik auftauchen«, sagte die Lerche und tat ganz abgebrüht. »Ein Totenschein ist eher so was wie ein Lotterielos, das kann ein Gewinn sein oder eine Niete, und es ist erwiesen, dass den Medizinern bei der ersten Leichenschau Fehler unterlaufen, was in der Natur der Sache liegt, weil am Einsatzort oft Zeitdruck herrscht und viele kleine Indizien für Mord oder Selbstmord nur bei gründlicher Untersuchung mit den richtigen Instrumenten erkannt werden. Trotzdem trägt das medizinische Personal unter ›Todesursache‹ lieber schnell mal ›natürlich‹ ein statt ›ungeklärt‹. Spart eine Menge Arbeit.«

»Wer könnte denn Interesse an Adis Ableben haben?«, grübelte ich.

Friedl zuckte mit den Achseln.

Die Lerche fragte: »Warum erzählst du der Polizei nichts von deinem Verdacht?«

»Warum sollte ich deren Job machen? Damit die mehr Zeit haben, sich mit losen Weibsbildern zu vergnügen?«

»Sag mal!«, entrüstete sich jetzt die Lerche.

Doch Friedl konterte. »Damit bist selbstverständlich nicht du gemeint. Du liebst deinen Kommissar ja.«

Woraufhin das typische Lerchenlachen im Garten erschallte.

24

Am Montagmorgen stand ich mit der Lerche vor dem Gebäude des Kommissariats 11. Sie führte mich versiert durch Gänge und über Treppen, bis wir an eine Tür kamen, an die sie energisch klopfte und die sie noch im selben Moment öffnete. Glücklicherweise ertönte zeitgleich ein »Herein« von drinnen, sodass ihr forsches Auftreten nur mir auffiel.

Das Büro war nicht gerade ansprechend, sondern rein funktional eingerichtet. Zwei Schreibtische waren gegeneinandergestellt, bar jedes persönlichen Details. Lediglich eine japanische Friedenslilie kümmerte auf einem Fensterbrett vor sich hin. Der einzige Mensch im Büro saß hinter einem Laptop. Bei unserem Anblick hebelte er sich ein wenig steif aus seinem Stuhl, ging um den Tisch herum und gab mir die Hand.

»Hauptkommissar Klaus Finger«, stellte er sich vor. »Sie erinnern sich an mich, Frau Mayer? Ich habe Sie am Tag nach dem Leichenfund befragt.«

Ich erinnerte mich nur vage und musterte ihn aufmerksam. Er mochte Ende vierzig sein und hatte sehr kurzes, grau meliertes Haar, braune Augen und dunkle Ringe unter denselben. Der gute Eindruck, den seine breitschultrige Statur machte, wurde durch den Bauchansatz ein wenig geschmälert. Als er sich zur Lerche beugte, um sie mit einem Bussi auf die Wange zu begrüßen, wehte ein Hauch von Fahrenheit, dem Herrenduftklassiker, in meine Nase. Gediegen und unauffällig in Zivil gekleidet, strahlte er die Ruhe eines Mannes aus, der seinen Platz im Leben gefunden hatte. Er verkörperte genau das, was meine beste Freundin in jüngeren Jahren einen »sicheren Hafen« genannt und wie die Pest gemieden hatte. Doch wir alle werden eben älter und weiser, und unsere Prioritäten verändern sich. Wie es aussah, hatte die Lerche ihre Liste in letzter Zeit massiv überarbeitet. Vielleicht war ein sicherer

Hafen genau das, was ihre elegante Yacht nach langen Jahren auf bewegter See endlich ansegeln wollte.

Ich setzte mich auf seine Aufforderung hin auf einen der Bürostühle und sah zu, wie die Lerche forsch auf seinem Schreibtisch Platz nahm, halb seitlich, wie man es aus Hollywoodfilmen kannte. Andächtig breitete sie das Bündel Briefe, die Eispackung mit den Fotos sowie die Tupperdose vor ihm auf dem Tisch aus. Ganz großes Kino.

Kommissar Klaus scheuchte sie mit einer Handbewegung hinunter. Sie setzte sich widerspruchslos auf den Stuhl neben mich, wobei ihr das taupefarbene Etuikleid die gebräunten Schenkel hochrutschte. Ihr Verehrer sah es und schluckte. Ich sah es und grinste innerlich. Die Lerche schaute so unschuldig wie frisch gefallener Morgentau.

Dann wandte sich Kommissar Klaus an mich und stellte mir eine lange Reihe von Fragen: wann und wo ich die Sachen gefunden hätte, wer dabei gewesen sei und warum ich ihn nicht gleich benachrichtigt hätte. »Wissen Sie, Frau Mayer, für genau solche Fälle habe ich Ihnen meine Visitenkarte gegeben.«

Woran ich mich nun wirklich nicht mehr erinnern konnte.

»Und jetzt?«, fragte die Lerche gespannt.

Er öffnete die Tupperdose, hob die Scherbe mit einer Pinzette hoch und betrachtete sie eingehend. Mir fielen seine Geheimratsecken und der angespannte Zug um seine Mundwinkel auf, und ich verkniff mir die Bemerkung, dass er sich die Vorsicht sparen konnte, da Konrad, Friedl, ich und auch die Lerche das gute Stück ausgiebig betatscht hatten. Dann warf er einen flüchtigen Blick auf die Fotos und gab mir die Packung zurück.

»Das haben wir schon alles erfasst, danke.«

Hatte Friedl also recht gehabt.

Kommissar Klaus nahm das Bündel Briefe in die Hand und blätterte sie durch. Was darin stand, hatte ihm die Lerche ja bereits gestern am Telefon brühwarm erzählt.

»Haben Sie mir sonst noch etwas zu sagen, Frau Mayer?«

»Na ja«, sagte ich. »Ich hab mich im Garten ein wenig umgehört. Das alternative Erntedankfest in meiner Ecke, damals Wiggerls Ecke, war die letzte Gelegenheit, bei der er von allen lebend gesehen wurde.«

»Das ist uns bekannt.«

»Trotzdem haben einige meiner Nachbarn behauptet, dass sie ihn im darauffolgenden Frühjahr im Garten gesehen hätten.«

»Wir haben die Herrschaften dazu befragt und konnten das klären.«

»Es kommt Ihnen nicht seltsam vor, dass alle gelogen haben?«

Er seufzte. »Wie gesagt, wir konnten das klären. Die Erinnerung ist oft trügerisch. Und letztendlich haben fast alle eingesehen, dass sie sich geirrt haben. Die, die es nicht zugeben, haben sich ebenfalls geirrt, auch wenn sie es nicht einsehen wollen.«

Zuvor hatte ich schon wenig Lust verspürt, ihm von der Pachtrechnung und den fehlenden Anrufen zu Wiggerls Januar-Geburtstag zu erzählen. Nun war sie mir ganz vergangen. Stattdessen sagte ich etwas lahm: »Wir glauben, dass Adolf Leonhardt, der letzte Woche verstorben ist, eventuell ein Motiv gehabt haben könnte, Wiggerl zu töten. Der Spaten in meiner Laube, mit dem ich Wiggerl angegraben habe, war von ihm. Dazu kommt, dass die Nachbarn von Wiggerl den Adi gesehen haben, als er im Winter nach dem Erntedankfest mit einer Maske in dessen Wohnung gegangen ist.«

»Mal abgesehen davon, dass ich mich frage, was Sie im Haus von Herrn Wetzstein zu suchen hatten: Haben die Nachbarn den Mann eindeutig als Herrn Leonhardt identifiziert?«

»Natürlich nicht, er trug ja eine Maske. Aber der Beschreibung nach muss er es gewesen sein.«

»Wir haben uns bereits mit den Nachbarn Metzger unterhalten, liebe Frau Mayer. Deren Beschreibung nach könnten es alle möglichen Leute gewesen sein.«

»Mag sein. Aber wie viele könnten wohl an den Zweitschlüssel der Wohnung kommen, den Wiggerl in seiner Laube versteckt hatte?«

»Das Ehepaar Metzger konnte den Schlüssel des Maskierten eindeutig als den Schlüssel identifizieren, den Sie in Ihrer Laube gefunden haben?«

Langsam ging er mir auf die Nerven. »Nein, konnten sie nicht. Aber Friedl Frühauf, eine Gartennachbarin, hat gesehen, wie Adi aus meinem Garten gekommen ist.«

»Und hat sie auch gesehen, dass er den Schlüssel aus Ihrer Laube genommen hat?«

»Nein, er hat ihn vermutlich wieder dort abgelegt.«

»Aha. Er hat ihn dort abgelegt. Was sie nicht gesehen hat, aber annimmt. Und das würde was beweisen?«

»Finden Sie es denn nicht merkwürdig, dass der Hauptverdächtige im Mordfall Wetzstein jetzt unvermutet verstorben ist?«

Friedls Überlegungen waren mir im Garten durchaus plausibel erschienen. Doch ich konnte nicht leugnen, dass sie, so wie ich sie in diesem Büro zusammenfasste und vortrug, lächerlich klangen.

»Herrn Leonhardts unerwarteter Tod überrascht bei seinem gesundheitlichen Zustand nicht. Er war seit Jahren in Behandlung bei Dr. Mittermaier, der seine Gefährdung bestätigt hat. Und er mag Ihr Hauptverdächtiger gewesen sein, liebe Frau Mayer, aber nicht unserer.« Kommissar Klaus schien ebenfalls nicht allzu angetan von unserem Gespräch.

»Wen verdächtigen Sie denn?«, stellte ich die Gretchenfrage.

»Kein Kommentar.«

Die Lerche hatte sich bisher bemerkenswert aus unserem Dialog herausgehalten. Jetzt brach sie eine Lanze für ihren Kommissar. »Das musst du verstehen, Liebchen. Es ist eine laufende Ermittlung.«

»Über die du verdächtig gut informiert bist«, versetzte ich bissig.

Kommissar Klaus lehnte sich zurück und verschränkte die Arme.

Die Lerche entgegnete: »Auch kein Kommentar.«

Ich gab mich geschlagen und deutete auf die klägliche Friedenslilie. »Die könnten Sie mal gießen. Da braucht es keine Gärtnerin, um das zu erkennen.« Dann stand ich auf. »Sollte die Pflanze sterben, können Sie diesen Todesfall gleich intern klären, Kommissar Finger. Hauptkommissar, Entschuldigung. Ich hätte da auch schon einen Hauptverdächtigen.«

An meinen Abgängen musste ich noch arbeiten, da gab es reichlich Luft nach oben.

»Kommst du?«, wandte ich mich an die Lerche. Doch die lehnte ab. Sie wollte mit Kommissar Klaus zu Mittag essen.

Am Anfang der Trennung, als ich mir das Leben ohne meinen Verflossenen noch gar nicht richtig vorstellen konnte, war ich bemüht gewesen, mich auf das Positive zu konzentrieren: den Platzzugewinn im Kleiderschrank, das Sich-selbst-neu-Entdecken oder die wiedergewonnenen Freiheiten. Dass man respektive frau jene Freiheiten in den angereiften Lebensjahren nicht mehr im gleichen Umfang nutzt wie früher, hatte ich dabei aus den Augen verloren. Die Zeiten der durchgemachten Nächte und impulsiven Fehlentscheidungen waren definitiv vorbei. Schön war, dass ich jetzt nur noch über Dinge stolperte, die ich selbst nicht weggeräumt hatte. Doch das Dasein als Solistin machte eine aufwendigere Logistik erforderlich, damit es rundlief. Wenn ich nicht die ganze Zeit allein in der Wohnung abhängen wollte, musste ich Pläne machen, musste mich verabreden und beizeiten ein Freizeitprogramm parat haben. Wenn ich am Wochenende beispielsweise spontan Lust auf Brunch auswärts bekam und die Lerche nicht konnte, ging ich überhaupt nicht brunchen, weil ich allein einfach keine Lust hatte. Dadurch, dass mein Ex weggezogen war, behielt ich zwar alle unsere gemeinsamen Freunde für mich, und es kam auf Feiern im Freundeskreis zu keinen peinlichen Begegnungen. Zumindest keinen, die seinem unerwarteten Auftauchen geschuldet gewesen wären. Doch die meisten dieser Freunde waren in Partnerschaften oder Familie förmlich wie in Folie eingeschweißt, und ich hatte das Gefühl, bei den Pärchentreffen nicht mehr allzu gern gesehen zu sein, weil das die Dynamik der geraden Zahlen durcheinanderbrachte. Oder weil die anderen Weiber Angst hatten, ihre bessere Hälfte könnte auf jene dummen Gedanken kommen, die so klischeehaft sind, dass man gar nicht zugeben möchte, wie oft sie im wirklichen Leben jenseits der Vorabend-Seifenopern tatsächlich auftauchen.

Die Lerche, die häufig zwischen zwei Partnern stand, brauchte ich deshalb so nötig wie ein Stück Brot. Selbst wenn sie zeitweise liiert war, hatte sie immer Zeit für mich, denn bei ihr liefen die Männer nebenher, unsere Freundschaft aber nicht. Bei allen anderen Freundinnen verhielt sich das in der Regel genau andersherum. Nicht nur deswegen stand mir meine liebe Barbara am nächsten. Es war nicht Kommissar Klaus, der sich zwischen uns schob, das war mir klar. Es war die unterschiedliche Meinung, die wir im Hinblick auf seine Arbeit hatten. Der Lerche gönnte ich von Herzen, dass er eine gute Punktzahl bei sämtlichen relevanten Faktoren auf ihrer Liste erzielte. Ihm allerdings gönnte ich an diesem Tag nicht einmal das Mittagessen an ihrer Seite.

25

Die Lerche war schon strukturiert und wohlüberlegt gewesen, als sich eine goldgelbe Rosenknospe geöffnet hatte und sie lächelnd der duftenden Blüte entstiegen war. Letzteres hatte ihr zumindest immer ihre Großmutter erzählt. Das fiel schon in der Krabbelgruppe auf – oder wie immer man den Kreis der teils gelangweilten, teils überforderten, teils einheimischen, teils zugereisten Mütter nennen wollte, die sich regelmäßig in einem Café in Hội An trafen, die lieben Kleinen am Zipfel ihrer eleganten Áo dàis, um den wunderbar süßen und angenehm kühlen Cà phê sữa đá zu schlürfen. Dort sortierte die Kleine die Spielsachen der anderen Kinder, stellte eine faire Rotation derselben sicher und bewertete eloquent die Kompetenzen ihrer Krabbelkolleginnen.

Folglich legte Barbara Nachtigall, kaum dass sie geschlechtsreif war und sich die ersten von vielen Verehrern einfanden, eine strukturierte und wohlüberlegte Liste an: Was erwartete sie von einem Jungen, was sollte ihr die Beziehung bieten? Wahrscheinlich spielte dabei eine Rolle, dass ihr Vater früh gestorben und die Erziehung des kleinen Mädchens daraufhin ausschließlich von Mutter, Großmutter und Tante geprägt worden war. Ihre Auseinandersetzung mit der männlichen Energie beschränkte sich deshalb für viele Jahre auf ein rein abstraktes Konstrukt, das sie sich aus diversen Erzählungen aus zweiter Hand gebastelt hatte: Halbwahrheiten, Andeutungen und Tratsch, den sie teilweise kaum verstand, da die Frauen ihrer Familie es versäumten, sie beizeiten aufzuklären. Als wäre schon jemals irgendetwas Gutes daraus entstanden, ein hübsches und neugieriges junges Ding unwissend zu lassen.

Auf die Lerchenliste also schrieb Barbie – so ließ sie sich bis zum Studium tatsächlich nennen, der fehlenden Blondheit ihrer Haare zum Trotz – folgende Faktoren:

Gut aussehen. Das war ein Faktor, der ihr im Grunde nicht besonders wichtig war. Sie brauchte keinen Ken, denn sie war schön genug für beide. Doch dieser Aspekt wurde mit auf die Liste genommen, weil er für alle anderen eine so große Rolle zu spielen schien.

Gut riechen. Das war ihr dagegen wichtig. Sie schnupperte gern – wenngleich unauffällig – an den Menschen.

Seine Liebe zu ihr. Dieser Punkt war vor allem am Anfang der Beziehung schwer zu bewerten. Barbie zählte die Menge an Aufmerksamkeit, die er ihr schenkte, und auch, wie lange er es aushielt, ohne sie zu sehen. Inbrünstige Schwüre und Beteuerungen wertete sie dagegen nicht.

Ihre Liebe zu ihm. Wie es darum stand, erkannte sie an den gleichen Dingen: wie häufig sie sich bei ihm meldete, wie laut sie über seine Witze lachen musste und wie lange sie ihm zuhören konnte, ohne sich zu langweilen. Doch ihre Liebe zu ihm war nur ein Faktor von vielen. Ihr war schon früh klar, dass zu einer guten Beziehung mehr als das gehörte.

Ehrlichkeit. Das hatte sie aus den Erzählungen der Frauen in ihrer Umgebung übernommen, noch bevor sie eine Vorstellung davon gehabt hatte, was genau darunter zu verstehen war. Denn man konnte unaufrichtig sein, ohne zu lügen, wie ihre Mutter immer erklärte.

Humor. Stand ebenfalls ganz oben auf ihrer Liste. Verfügte er über einen tiefen Humor, der ihm half, auch bei größtem Stress gelassen zu bleiben und Haltung zu bewahren? Konnte er über sich selbst lachen? Oder blieb sein Lachen an der Oberfläche, entzündete es sich an Schadenfreude oder an plumpen, vulgären Dingen?

Intelligenz. War Barbie etwas weniger wichtig als der Humor, doch im Zweifelsfall ein K.-o.-Kriterium. Wenn er hier nicht mindestens sieben Punkte erreichte, hatte der Typ keine Chance, selbst wenn er in allen anderen Sparten überdurchschnittlich abschnitt.

Seine Beziehung zu ihrer Familie. Es war verständlich, dass es ihr ein Anliegen war, mit einem männlichen Wesen nicht ihre rein weibliche Familiendynamik zu zerstören. Dieser Punkt hätte eigentlich doppelt gewertet werden müssen, denn die anderen drei Damen in Barbies Leben stellten durchaus eine zwischenmenschliche Herausforderung dar.

Ihre Beziehung zu seiner Familie. Je weniger Stress sie mit dieser hatte, desto höher die Punktzahl. Die höchste gab es für Männer ohne jeden Anhang, ohne Altlasten oder auch nur den Hauch familiärer Eingebundenheit.

Küssen. Das war ihr wichtig.

Händchenhalten. Das war ihr sogar noch wichtiger. Vielversprechende Beziehungen erstickten im Keim, wenn der Junge klamme, schweißige Hände hatte oder aber Hemmungen, ihre Hand beim Spazierengehen zu halten.

Mode. Schon in jungen Jahren fand Barbie, dass gepflegte, sorgfältig ausgewählte Kleidung wesentliche Aussagen über den Charakter der Tragenden machte, unabhängig vom biologischen oder sozialen Geschlecht. In meinem Fall machte sie kulanterweise eine Ausnahme und zog keine negativen Rückschlüsse aus meinen doch eher legeren Klamotten auf meinen Charakter.

Musikgeschmack. Teenager eben.

Filmgeschmack. Siehe oben.

Für die relevanten Faktoren vergab die junge, gnadenlose Barbara einen Zahlenwert zwischen eins (mies) und zehn (perfekt). Für die weniger wichtigen Faktoren gab es nur einen Zahlenwert zwischen eins und fünf, damit sie nicht unverhältnismäßig ins Gewicht fielen. Die Endsumme erlaubte ihr, die Bewerber um ihre Gunst auf einen Blick miteinander zu vergleichen.

Später wurde die Liste natürlich ergänzt; da spielten auf einmal die gemeinsamen Zukunftspläne, Kommunikationsfähigkeit, Streitkultur und auch seine Finanzen eine Rolle. Waren seine Verhältnisse geordnet? Wie großzügig war er? Akzeptierte er ihre Regeln? War er in der Lage, sie zu verstehen? Wie machte er sich im Urlaub? Und natürlich: Wie war der Sex? Wollte sie danach neben ihm einschlafen? Konnte man mit ihm gut ausgehen, gemeinsam kochen, Kunst genießen? War er ihr treu? War er sich treu?

Ich glaube, dass sie im Laufe der Zeit sogar einige Faktoren völlig von ihrer Liste strich. Großzügigkeit wurde ihr wichtiger als Wohlstand. Für sportliche Aktivitäten wie Klettern und Sauna oder kulturellen Konsum hatte sie andere Menschen in ihrem Leben. Und entspannt neben ihm einzuschlafen war ihr irgendwann vielleicht sogar bedeutender als der Sex davor. Immerhin dauerte die Nacht ab einem gewissen Lebensalter doch wesentlich länger als der Sex, der sie versüßte. Einmal gab es einen Mann in ihrem Leben, der nirgends Mittelwerte aufwies, sondern entweder nur die volle oder gar keine Punktzahl erreichte. Er sah unterdurchschnittlich aus, roch überdurchschnittlich gut; war humorvoll und intelligent, allerdings ständig knapp bei Kasse und in jeder Hinsicht chaotisch; hatte eine ebenso chaotische Familie und kam mit ihrer überhaupt nicht zurecht; küsste wie ein junger Gott, konnte aber dem Händchenhalten nichts abgewinnen; der Sex war wunderbar, doch das Einschlafen neben ihm schlicht unmöglich, weil er unter dem Syndrom der »unruhigen Beine« litt; er verstand sie, ignorierte aber jede ihrer Regeln; er war nicht fürs Ausgehen, für Kochen oder Kunst zu begeistern und sich selbst stets treu, ihr dagegen nur gelegentlich. Obwohl seine Gesamtpunktzahl unterm Strich im guten Mittelfeld lag, verzweifelte die Lerche an ihm und ihrer Liste. Dann traf sie die wohl schwerste, möglicherweise vernünftigste Entscheidung ihres Lebens. Alles, was von ihm blieb, war der alte Kombi, in den sie alle zwei Jahre ein kleines Vermögen steckte, um ihn durch den TÜV zu bringen.

Im Vergleich zum Liebesleben meiner besten Freundin war das meine banal, fast bieder, vorhersehbar, uninspiriert und darüber hinaus vollkommen strukturlos. Damit hatte ich längst meinen Frieden gemacht. Sollte sie doch mit ihrer amourösen Neuanschaffung essen gehen! Dank meiner Gartennachbarschaft boten sich mir inzwischen soziale Optionen jenseits der Lerche, die nicht von Pärchendynamik belastet waren. Wenn sie lieber mit diesem Mann und seinen Geheimratsecken das Mittagessen zu sich nehmen wollte als mit mir, dann guten Appetit. Ich hatte Ausweichmöglichkeiten. In meinem neuen Umfeld befand sich eventuell eine Mörderin oder ein Mörder. Aber eine Pizza Funghi mit einer Extraportion Artischocken in dieser Gesellschaft würde mich schon nicht gleich umbringen.

26

Es gab keine Pizza. Betrübt schaute ich auf die farblosen Semmelknödel, die in einer hellen Pilzsoße schwammen. Eine großzügige Handvoll Petersilie versuchte, das Ganze zumindest farblich ein wenig aufzumuntern. Aber Friedl hatte sich beim letzten Besuch über den Italiener am Eck geärgert, weil sie meinte, dass der einen Espresso zu viel berechnet oder einen Nachtisch zu wenig gebracht habe. Vielleicht auch, weil ihr sein übertrieben höfliches »Signora«, mit dem er weibliche Gäste laufend ansprach, auf die Nerven ging. Sie wollte nur mit zum Essen kommen, wenn wir zum Höllenwirt gingen, und letztendlich war mir die Begleitung wichtiger als das Essen selbst. Hatte ich jedenfalls gedacht, bevor das Gericht vor mir abgestellt wurde.

Friedl kam von der Toilette zurück und motivierte mich auf die ihr eigene Art. »Stell dich nicht so an! Jedes Essen, das du nicht selbst kochen musst, ist ein gutes Essen.«

»Aha. Weil ja jeder Kuchen, den du nicht selbst backen musst, ein guter Kuchen ist.«

Friedl lachte herzhaft, weil sie genau wusste, dass selten mal ein Kuchen so gut war wie der ihre. Dann griff sie in die Hosentasche und zog einen Silberring hervor, den sie kommentarlos auf den Tisch legte.

Nein, ich würde nicht fragen, was es damit auf sich hatte, und wenn es mich zerriss! Stattdessen konzentrierte ich mich auf das Essen, das erfreulicherweise weniger farblos schmeckte, als es aussah. Im Gegenteil, es war sogar ausgesprochen schmackhaft: die Knödel von der idealen Konsistenz, nicht zu trocken und nicht zu schleimig, die Soße mit intensivem Pilzgeschmack und raffiniert gewürzt.

»Kompliment an den Koch«, sagte ich.

Friedl winkte dem Mann zu, der hinter dem Tresen hantierte, und meinte: »Das kannst ihm gleich selbst sagen.«

Beim Herangewunkenen handelte es sich um Achim Höll, den Höllenwirt höchstpersönlich. Er war der Typ »Skilehrer in den besten Jahren«: das blonde, leicht gewellte Haar mit Gel zurückgekämmt, die Haut gebräunt, ordentliche Haltung, sportliche Figur mit minimalem Bauchansatz. Nicht der typische Münchner Gasthausbesitzer, sondern Marke »ewiger Stenz und stolz darauf«.

Ich erwartete, dass er sein selbstbewusstes Auftreten mit pseudocharmantem Schmäh unterstreichen und damit ein paar Sympathiepunkte verlieren würde. Als er den Mund aufmachte, nachdem mich Friedl vorgestellt hatte, überraschte er mich jedoch. »Sieh an, die Fleischverweigerin. Ich hab gesehen, wie du letztes Mal die Pute vom Salat gepickt hast. Beispielhaftes Verhalten in Zeiten von Lebensmittelverschwendung und Rohstoffkrise. Das Viech ist umsonst gestorben.«

Ich schnappte nach Luft und dann zurück: »Das wird nur übertroffen von der ignoranten Verweigerung der Zeichen der Zeit. Wenn alle weniger Fleisch essen würden …«

»Was hast du denn? Gibt doch genügend vegetarische Optionen auf meiner Karte.« Er warf einen Blick auf meinen fast leeren Teller. »Die auch richtig gut schmecken, stimmt's?«

»Zwei! Es gibt genau zwei Gerichte ohne Fleisch. Sogar im Salat ist welches.«

»Das ist Geflügel.«

Friedl grinste amüsiert. Dann unterbrach sie unseren angeregten Austausch, indem sie auf den Ring deutete und fragte: »Kommt euch der nicht bekannt vor? Hab ich eben auf dem Waschbecken der Toilette entdeckt.«

Achim Höll beäugte ihn. »Sieht aus wie eins von den Teilen, die Senta immer trägt. Sie war vorhin kurz hier, um den Leichenschmaus zu bestellen.«

»Sieh mal an«, sagte Friedl, und ich hörte sie förmlich denken: Am Tag der Einäscherung ihrer besseren Hälfte geht sie in ein Lokal?

Doch dann überlegte ich, dass ja irgendjemand das Ganze organisieren musste und dass für Trauer vonseiten der Witwe hinterher immer noch genügend Zeit blieb. Ihr ganzes Restleben lang, um genau zu sein.

»Sie lässt laufend irgendwas rumliegen«, fügte Achim Höll hinzu. »Letztens gleich zwei Ringe mitsamt Armreif, da hat sie Kartoffeln gepflanzt und den kompletten Seifenspender geleert, bis sie endlich der Meinung war, dass ihre Hände wieder sauber genug sind.«

Friedl stutzte. »Sie hat Kartoffeln gesetzt?«

»Freilich, hat ja lang und breit von diesen blöden Flottelotte erzählt. Was ist denn an einer Sieglinde oder Linda verkehrt, frag ich euch? Warum müssen es jetzt immer Exoten sein? Bei Kartoffeln noch dazu!«

»Vitelotte«, korrigierte Friedl. »Eine alte Sorte aus Frankreich. Lila Farbe, nussiger Geschmack. Adi liebte die.«

Den Höllenwirt überzeugte das nicht. Er verabschiedete sich freundlich von Friedl und kühl von mir und zog seiner Wege.

Friedl kaute nachdenklich an ihrem Fleischpflanzerl, dann sagte sie: »Senta hat dieses Jahr Kartoffeln angebaut. Letztes Jahr auch. Aber vorletztes Jahr, das Jahr, in dem Wiggerl gestorben ist, hat sie das nicht gemacht.«

»Siehst du? Sie lässt eben doch nicht alles den Adi machen, sondern packt selbst auch mal mit an.«

»Nur bei den Sachen, wo man lang auf den Knien sein muss. Die hat der Adi verweigert. Ist dir nicht aufgefallen, dass er beim Unkrautjäten immer auf einem Schemelchen gesessen ist? Nur lässt sich der nicht gut direkt aufs Kartoffelbeet stellen, und da musste dann ausnahmsweise die Senta ran.«

»Hat sie also dieses Jahr wieder Kartoffeln gesetzt. Das ist ja nicht wirklich aufregend.«

Friedl schaute mich nachdenklich an. Das machte sie oft, wenn sie Gedanken wälzte: ihr Gegenüber fixieren, bis dem ganz anders wurde.

Dann sagte sie langsam: »Was, wenn der Wiggerl gar nicht das eigentliche Opfer war?«

»Wie meinen?«

»Warum sollte jemand dem Wiggerl etwas Böses wollen? Das frag ich mich schon die ganze Zeit. Jeder mochte ihn, keiner hegte irgendeinen Groll. So was lässt sich im Garten nicht verheimlichen. Niemand hier wusste von seinem Geld, und soweit wir wissen, ist er ohne Testament gestorben.«

»Eventuell wusste die Mutter seines unehelichen Kindes davon«, wandte ich ein. »Damit hätte der Nachwuchs ein Motiv.«

Sie wiegte den Kopf. »Möglich.«

»Vielleicht war es ja doch wegen dem Marienhof.«

»Wegen des Marienhofs«, korrigierte mich Friedl.

Seit wann war sie die Grammatikpolizei?

»Und?«, hakte ich nach.

»Überzeugt mich nicht. Das hatten wir doch schon. Deswegen streitet man sich, sabotiert ihn, rührt Streusalz in seine Regentonne oder stellt ihn als Säufer oder notorischen Lügner hin. Aber man bringt ihn nicht gleich um.«

»Streusalz?«

»Am ehesten könnte ich mir vorstellen, dass die Oberhuberin den Wiggerl im Affekt erschlagen hat, weil es ihr zu dumm wurde mit seinen Rennhennen. Das ist schon alles, was einem an guten Motiven bei ihm einfällt. Aber sie hat mit ihrem albernen Erntedankfest ja ein wasserdichtes Alibi«, sinnierte Friedl.

»Außerdem hatte sie ein Auge auf den Wiggerl«, warf ich ein.

»Eben. Wie sagen die immer in den Krimis?«

»Wenn man das Unmögliche ausschließt, ist zwangsläufig das, was übrig bleibt, das Richtige, egal, wie seltsam es ausschaut«, zitierte ich aus dem Stegreif.

»Bevor du den Sherlock Holmes falsch zitierst, schlag lieber noch mal bei Sir Arthur nach. Nein, ich meine, was man alles für einen Mord braucht. Motiv, Gelegenheit und Möglichkeit.«

»Und was ist jetzt der Unterschied zwischen Gelegenheit und Möglichkeit?«

»Gelegenheit bedeutet, man kann es machen«, erklärte Friedl. »Und Möglichkeit, dass man dazu in der Lage ist.«

»Das ist doch Jacke wie Hose.«

Friedl schüttelte unwirsch den Kopf. Sie konnte stur sein, da gab's nichts.

»Du nörgelst an meiner Grammatik herum, aber selbst kennst du die Bedeutung der Wörter nicht«, stichelte ich. »Wenn ich die Gelegenheit habe, dich in Jos Teich zu ertränken, dann kann ich dich in Jos Teich ertränken. Und wenn ich die Möglichkeit dazu habe, dann kann ich dich auch in Jos Teich ertränken. Unterm Strich läuft das aufs Gleiche raus.« Aktuell eine durchaus verlockende Aussicht.

Wir riefen die Lerche an, damit die ihren Senf dazugeben konnte. Das kommissarische Mittagessen war offenbar eine schnelle Nummer gewesen, denn wir störten Frau Medienanwältin in einer Besprechung. Die Arbeit hielt sie erfreulicherweise nicht davon ab, mit uns zu reden.

»Das ist wieder ein Fall, bei dem zwei Wörter, die ähnliche Begriffsumfänge haben, aber unterschiedliche Begriffsinhalte, so lange vom Volksmund synonym verwendet werden, bis deren differenzierte Bedeutungen einander irgendwann zu überlappen scheinen. Und wo wir schon beim Schein sind: Ein gutes Beispiel ist ›anscheinend‹ und ›scheinbar‹. ›Anscheinend‹ ist ein Adverb, ›scheinbar‹ hingegen ein Adjektiv. Die Begriffe bedeuten jeweils etwas völlig anderes, werden aber ständig miteinander verwechselt, weil sich die Leute einen feuchten Dreck um korrekte Ausdrucksweise scheren.«

»Liebchen«, stöhnte ich, »ist eine Gelegenheit jetzt das Gleiche wie eine Möglichkeit oder nicht?«

»Was predige ich hier denn? Das Gleiche oder dasselbe? Wird auch immer synonym verwendet, obwohl …«

Jetzt mischte sich Friedl ein und schrie das Handy an: »Herrgott, hör auf zu gackern und leg endlich dein Ei! Das gleiche oder dasselbe Ei, ganz egal, Hauptsache, heute noch!« Sie hatte immer noch nicht kapiert, dass sie in normaler Lautstärke reden konnte, wenn das Handy auf laut gestellt war. Der ehemalige Skihaserljäger hinterm Tresen spitzte sicher schon die Ohren.

Die Lerche grunzte ungeduldig und erklärte: »Eine Gelegenheit bezeichnet die Umstände, die gegeben sein müssen, damit man etwas tun kann, in der Regel vor allem Ort und Zeit. Eine Möglichkeit bezeichnet die Fähigkeit, etwas zu tun, weil man körperlich oder mental dazu in der Lage ist, die notwendigen Kenntnisse oder das passende Werkzeug hat. Ich hätte durchaus die Möglichkeit und auch große Lust, euch die Ohren lang zu ziehen, aber leider bin ich hier im Büro, deshalb fehlt mir die Gelegenheit.« Damit legte sie auf.

»Jetzt hab ich's!«, rief ich aus. »Im Fernsehen reden sie immer von Motiv, Gelegenheit und Mittel.«

»Stimmt. Die Oberhuberin hätte unter Umständen ein Motiv gehabt, und sie hätte auch die Mittel, jemanden mit bloßen Händen zu erwürgen.«

»Mental oder physisch?«, warf ich ein.

»Garantiert beides. Tatsache ist aber, dass sie keine Gelegenheit dazu hatte. Sie musste ja die Leute auf dem Erntedankfest herumkommandieren, damit die sich ordentlich vergnügten.«

Mir bot sich dagegen eine wunderbare Gelegenheit, meinen Namensvetter Valentin zu zitieren: »Mögen hätt ich schon wollen, aber dürfen hab ich mich nicht getraut.«

Friedl lachte herzhaft, hob die Hand und rief zum Tresen: »Höllenwirt, bring zwei Espresso, wir haben was zu feiern! Und ich seh, wenn du in den Kaffee von der Valentina spuckst!«

27

Den Espressi folgten noch zwei Gläser Prosecco »auf die Hölle«, wie der Höllenwirt gönnerhaft erklärte, als er sie vor uns abstellte. Sein großspuriger Tonfall ärgerte mich massiv, sodass ich nur mit Mühe dem Impuls widerstand, das Getränk abzulehnen. Friedl hätte mich sonst garantiert zurechtgewiesen. »Nun ist es schon mal eingeschenkt, dann wird es auch getrunken.« Ich hatte das Gefühl, der ewige Stenz wollte damit vor meiner Gartenmentorin wiedergutmachen, dass er mir gegenüber so unleidlich aufgetreten war. Ihre Meinung hatte im Garten Gewicht, und er war immerhin schlau genug, um zu erkennen, dass ich ihren persönlichen Schutz genoss.

Nach dem Prosecco kam Bernhard, der Kassenwart, mit einer Flasche Riesling an unseren Tisch. Er wollte sich darüber austauschen, wie furchtbar Adis Tod doch für die arme Senta sei. Eine dermaßen zarte Frau, allein doch kaum überlebensfähig, unbedingt auf die starke Hand eines Mannes angewiesen oder auch seine starke Schulter oder welche anderen mehr oder weniger starken Körperteile ihm sonst vorschweben mochten.

Friedl war ungewohnt freundlich zu ihm; immerhin erduldete sie seinen sehnsuchtsvollen Schmarrn, bis wir den Wein geleert hatten.

Im Anschluss verabschiedete sie sich recht zügig und nahm mich mit in ihren Garten zum Nachtisch, der aus köstlichen Zimtschnecken bestand. Etwas später kam Lisa vorbei, die im Homeoffice schneller arbeitete, als es Feierabend wurde, und Friedl schenkte von ihrem Garten-Gin ein. Als unsere Gastgeberin sich gegen Abend verabschiedete und Hinz und Kunz auf dem Rollator aus dem Garten schob, zog ich mit Lisa weiter in deren Parzelle, um anstandshalber auch mit Konrad ein Feierabendbier zu trinken. »Eine Niagara-Halbe« nannte er das, weil man es schnell hinunterstürzte, und war ganz stolz auf diesen Ausdruck. Ich war allerdings der Meinung, dass er ihn von Herrn Walter geklaut hatte, und wir diskutierten lebhaft darüber.

Als diese Ausläufer meines Mittagessens am späten Abend endlich ausklangen und Konrad und Lisa schließlich aufbrachen, traute ich mir nicht mehr zu, mit dem Radl eine gerade Linie zu fahren. Also beschloss ich, wieder im Garten zu übernachten. Zum Abendessen kochte ich mir eine Handvoll Buschbohnen, die ich schnell noch geerntet hatte, und fühlte mich durch und durch wie eine stolze Selbstversorgerin. Bis mir auffiel, dass ich kein Brot hatte.

Weil hinter Jos Hecke noch leise Geräusche hervordrangen, versuchte ich dort mein Glück. Wie üblich war das Gartentürchen zu, doch auf meine Rufe hin erschien ein junger Mann mit Goatee und kurzem sandfarbenem Haar, der mich überraschend freundlich begrüßte. »Servus, ja schön, dass du vorbeischaust.« Bei aller Herzlichkeit blieb er am Zaun stehen und machte keinerlei Anstalten, mich hereinzubitten.

Ich kombinierte blitzschnell. »Du bist der Sohn vom Jo!«

Er nickte langsam, als dächte er intensiv über diesen Umstand nach.

»Ich bin Valentina, die neue Nachbarin.«

»Ich weiß, ich weiß.« Er nickte wieder bedächtig, dann fragte er: »Magst du ein Bier?«

»Danke, nein, ich hatte schon reichlich. Aber mir wäre mit ein wenig Brot geholfen.«

Wortlos wandte er sich ab und ging zurück in die Tiefen des Gartens, wobei er sich auf halbem Weg noch einmal umdrehte, um mir mit zwei Fingern an seiner Stirn zu salutieren. Ein wenig verloren stand ich da. War das eine Absage, oder sollte ich warten? Ich hörte ihn eine Zeit lang rumoren, dann knistern, und kurz darauf kam er wieder an den Zaun zurück, triumphierend eine halbe Tüte Kartoffelchips schwenkend.

»Sogar noch besser, danke«, grinste ich.

»Hast du ein Bier?«, wollte er wissen.

Ich kannte seinen Vater und wunderte mich nicht über die

Widersprüchlichkeit seiner Fragen. »Drüben müsste noch eins stehen …«

»Prima!«

Er kam durch das Türchen nach draußen, schloss es gewissenhaft hinter sich ab und strahlte mich erwartungsvoll an. Natürlich musste er zuerst einen geführten Rundgang durch meinen Garten absolvieren, bei dem ich ihm jede Pflanze vorstellte. Als ungemein dankbares Publikum fand er für alle anerkennende Worte, die teilweise ein wenig ins Poetische abdrifteten. »Wie die Wicke sich nach oben rankt, ohne sich aufhalten zu lassen, immer dem Himmel entgegen. Das ist wahre Inspiration.« Oder: »Ah, die Erdbeere, die große Medizin der Mohawk. Schau nur, sie hat die Form eines Herzens. Ihr Saft verjüngt und stärkt das Blut, heißt es.«

Er bekam sein Bier, ich krümelte die Chips über meine Bohnen, wir saßen da, schluckend und kauend, und schauten zu, wie sich die Dämmerung über den Garten legte. Jo junior zündete die Selbstgedrehte an, die er mitgebracht hatte, und reichte sie mir. Ich nahm einen tiefen Zug und hustete.

»Wie heißt du eigentlich?«

»Ich bin der Chris.« Er nahm die Selbstgedrehte von mir entgegen.

»Hilfst du deinem Vater im Garten?«

Er inhalierte und atmete langsam aus. »Ist meinem Vater denn zu helfen? Ist irgendjemandem jemals zu helfen?«

»Das würde ich schon hoffen.«

»Du zum Beispiel brauchst doch auch keine Hilfe mit deinem Garten. Das schaffst du alles allein.«

Hier wollte ich inhaltlich energisch widersprechen, fand es dann aber zu anstrengend und ließ es bleiben.

Er fuhr fort: »Und wenn du was wissen willst, schaust du dir ein paar Videos auf YouTube an, und voilà, alle Fragen sind geklärt.«

Tatsächlich führte ich mir diverse YouTube-Kanäle mit geradezu religiösem Eifer zu Gemüte. Nicht dass ich die Tipps umsetzen und die Anleitungen befolgen würde – so weit war ich noch nicht. Aber immerhin wusste ich dadurch, welche Fülle von botanischen Bereichen es gab, in denen ich mit Ignoranz brillieren konnte. Ich wusste, dass meine Tomaten zu Oktopussen mutierten, weil ich die überflüssigen Triebe nicht ausgeizte und sie nicht konsequent »eintriebig erzog«. Ich wusste, dass Erbsen und Lauch nicht miteinander harmonierten. Ich wusste, dass ich mehr hacken und mit Mulch arbeiten sollte, wenn ich mittelfristig weniger gießen und jäten wollte. Ein bisschen, meinte die Lerche, würde sie mein Konsum dieser Informationen an eine Frau erinnern, die Diätbücher las, um abzunehmen. »Information ist nicht alles«, mahnte sie mich immer, und ich wiederholte das jetzt.

»Information ist nicht alles.«

Chris nickte, ich kaute. Da stieg langsam der Gedanke aus meinem umflorten Gehirn empor, dass ich diese Gelegenheit nutzen könnte, um etwas mehr über die Hintergründe der zwischenmenschlichen Dynamik im Garten zu erfahren. Diesem Impuls folgend, fragte ich ihn: »Kennst du die Hintergründe?«

»Ich kenn vieles. Sicher auch ein paar Hintergründe.« Er nahm einen Zug, dann einen Schluck.

Ich schob mir eine Gabel Bohnen in den Mund. Dann saßen wir wieder da und schauten schweigend dabei zu, wie es immer dunkler wurde.

»Früher bin ich hier manchmal mit dem Wiggerl gesessen«, unterbrach Chris unvermittelt die Stille, die ihrem Namen in einem Garten mitten in der Stadt nicht einmal nachts Ehre machte. »Mein Vater und er konnten sich gut leiden.«

»Den Wiggerl mochten alle.«

»Ja, das stimmt.« Chris trank noch einen Schluck, dann ergänzte er: »Mein Vater mag die meisten. Außer dem Adi eigentlich alle.«

Der Jo als umfassender Menschenfreund? Diesen Eindruck hatte ich nicht bekommen.

Bevor ich meinem Erstaunen darüber Ausdruck verleihen konnte, fuhr sein Sohn fort: »Wie krass, dass der Adi jetzt gestorben ist.«

»Ja, das ist sehr traurig.«

»Das bringt doch die ganzen Energien hier durcheinander. Wenn Adi zuerst gestorben wäre und dann der Wiggerl, würde das Ganze geschmeidiger laufen.«

»Vielleicht kommt Senta dadurch ja wieder mit deinem Vater zusammen«, wagte ich einen Schuss ins Blaue.

Doch Chris lachte nur. »Das ist doch Schnee von vorgestern. Nein, von drei Wintern vor vorgestern. Senta will nur haben, was sie nicht kriegen kann.«

»Die Oberhuberin wollte den Wiggerl haben«, kicherte ich.

»Da täuschst du dich. Alles nur Rauch und Kunstnebel. Die Oberhuberin kommt am besten allein zurecht. Immer schon. Und Wiggerls Ideen waren ihr ohnehin zu abwegig.«

»Du scheinst sie gut zu kennen.«

»Ich kenne alle hier von Kindesbeinen an. Die Schreberwelt ist klein.«

»Das ist mir auch schon aufgefallen!«, rief ich aufgeregt.

»Dafür ist sie tief. Du bleibst hier nicht an der Oberfläche, sondern dringst bis zu den Wurzeln. Du lernst einen kompletten Mikrokosmos kennen und erfährst, wie die Energien in dieser Anlage wirken. Das kann man in keinem Video lernen.«

»Was für Energien wirken denn hier?«, hakte ich nach.

Doch Chris sinnierte weiter. »Sind wir Menschen nicht selbst ein wenig wie die Pflanzen? Am falschen Standort gehen wir ein. Ohne die richtige Nahrung gehen wir ein. Wenn man uns zu wenig oder zu viel gießt, gehen wir ein. Wenn wir zu viel oder zu wenig Sonne haben …«

»… gehen wir ein«, ergänzte ich.

Er nickte ein weiteres Mal, stellte behutsam die leere Flasche ab, stand auf und verbeugte sich. »Denk an meine Worte! Und vielen Dank derweil.«

Und damit zog er ab. Ich blieb noch ein wenig länger sitzen und schaute konzentriert in meinen Garten. Leider war es mittlerweile zu dunkel geworden, um mehr als vage Silhouetten zu erkennen.

28

Schon in meiner Kindheit hatte mich verwundert, für wie viele Menschen der Tod ein Tabuthema darstellt – eines, das sie sogar noch dringlicher meiden als Gespräche übers Geld. Meine Mutter dagegen pflegte einen ungezwungenen Umgang mit dem Sterben und den Sterbenden und sprach ohne Scheu darüber. Es machte ihr nichts aus, mit Menschen an der Schwelle zum nächsten Level zu tun zu haben. Sie flüsterte nicht in deren Gegenwart, wurde nicht salbungsvoll, betont munter oder zwanghaft optimistisch, wie es bei den meisten anderen der Fall war. Sie blendete das Unvermeidliche weder aus, noch machte sie es zum alleinigen Thema. Stattdessen behandelte sie die Sterbenden, solange sie noch schnauften, als Teil des Lebens. Sie setzte sich mit dem Strickzeug ans Bett der alten Nachbarin, der man den Fuß wegen Diabetes abgenommen hatte, und erzählte, was es Neues in der Nachbarschaft gab. Brachte dem Bekannten, der durch die Chemo bis auf die Knochen abgemagert war, Leckereien wie frischen Fisch, warmen Kuchen direkt aus der Röhre oder die ersten Erdbeeren vorbei, um seinen Appetit anzuregen. Sie ignorierte nicht, sie sentimentalisierte nicht, sie nahm einfach wahr und an. Von Menschen, die ihr am Herzen lagen, konnte sie lachend fröhliche Geschichten erzählen, während ihr die Tränen aus den Augen quollen. Ihr eigener Tod, der viel zu früh kam, schreckte sie nicht. Sie wusste, was ihr bevorstand, und legte großen Wert darauf, mit uns Kindern darüber zu reden.

»Das Jüngste ist doch zu klein, das zu verstehen«, sagten die Leute.

Und meine Mutter erwiderte daraufhin: »Ich habe nicht die Zeit, das Kind so lange anzulügen, bis es alt genug ist.«

Allerdings war sie meines Wissens auch nie mit Mordopfern konfrontiert worden. Wäre sie diesem Tod – gewaltsam, unvermittelt und beabsichtigt – anders begegnet als jenem, der durch Alter oder Krankheit unser Leben beendete?

Ich freute mich auf die Beisetzung meines Gartennachbarn. Das gab mir einen Abschluss, der mir bei Wiggerl verwehrt geblieben war und der mir fehlte, obwohl ich ihn nicht persönlich gekannt hatte. Die Trauerfeier am Freitag war stilvoll ausgerichtet. Wie es aussah, hatten sich sämtliche Leute aus der Kleingartenanlage aufgemacht, um Adolf Leonhardt die letzte Ehre zu erweisen, was ich bemerkenswert fand. Statt aufgeblähten Blumenschmucks hatte sich Senta für schlichte Gestecke aus Vergissmeinnicht, roten Rosen und Tausendschön entschieden. Sogar Friedl war berührt, denn sie erwähnte nur am Rande, dass die Lieblingsblumen des Verstorbenen Taglilien gewesen seien, und ließ das geschmackvolle, wenngleich auffallend körpernah anliegende Kleid der Witwe völlig unkommentiert. Sie selbst trug ein Kostüm in dunklem Violett, in dem sie aus der Masse von uns, die wir allesamt lebensbejahendes Schwarz trugen, hervorstach wie ein Rettich in einer Reihe von Radieschen.

Die Lerche hingegen konnte beim Anblick der Witwe nicht an sich halten. »Will die sich Ehemann Nummer zwei gleich hier aufreißen?«

Ich grinste – nicht über den Witz, sondern weil ich mich freute, dass wir drei Mordsmädels uns wieder vertrugen.

»Ehemann Nummer drei«, sagte da Herr Walter trocken, der die ganze Zeit so still neben uns auf der Bank gesessen war, dass wir ihn völlig vergessen hatten.

Sogar Friedl machte große Augen.

»Sag bloß, das wusstest du nicht«, triezte ich sie und stieß ihre Rippen mit meinem Ellbogen an – neckisch und doch behutsam, weil sie alt und sicher mürbe waren.

»Nein, wusste ich nicht«, gab Friedl zu und rollte mit den Augen. Und an Herrn Walter gewandt: »Weißt du denn, wer Gatte Nummer eins war?«

Wir hielten gespannt den Atem an, aber die Oberhuberin in der Bank vor uns drehte sich um und zischte uns in unwilliges Schweigen.

Nach der Beisetzung wurde zum Leichenschmaus beim Höllenwirt in der Anlage geladen, wie es sich gehörte. Handverlesene Gäste: die gesamte Nachbarschaft aus unserem Eck, wobei Senta die Lerche als meine Begleitung großzügig gelten ließ, die Oberhuberin, Kassenwart Bernhard und noch fünf, sechs andere Gartlerinnen und Gartler, die ich nur vom Sehen kannte. Dazu kam ein wenig Familie der Leonhardts.

»Die Leonhardts. Wie fremd das klingt«, stellte ich fest.

»Die Nachnamen kennt eben keiner im Garten«, bestätigte Friedl und ergänzte schmunzelnd: »Und die korrekten Vornamen werden auch nur bei Hochzeiten oder Beerdigungen verwendet.«

Mit einem leutseligen »Na, wer wird jetzt der stellvertretende Chef?« wollte sich Bernhard zu uns setzen, doch Friedl verscheuchte ihn. Dann zog sie Jo, dessen rote Augen sicher nicht vom Weinen kamen, herbei und belegte mit ihm den letzten freien Platz an unserem Tisch, wo wir drei Schrebergarten-Sherlocks mit Herrn Walter saßen. Konrad und Lisa, die Oberhuberin und zwei Verwandte hatten an Sentas Tisch nebenan Platz genommen.

»Adi war der Vize von Frau Huber?«, wunderte ich mich. Die anderen nickten.

Dann erzählte Friedl lachend, wie sie den Ernst, einen notorisch stoffeligen Gartengenossen, dazu gebracht hatte, sie immer freundlich zu grüßen. »›Muh oder mäh, eins davon – aber irgendwas musst du von dir geben, wenn du mich siehst‹, hab ich ihm gesagt. ›Sonst beschwer ich mich bei deiner Großmutter über deine Manieren.‹ Darauf der Ernst: ›Sie haben doch gesagt, dass Sie meine Oma gar nicht kennen!‹ Und dann ich: ›Noch nicht. Aber eine Beerdigung, auf der wir uns über den Weg laufen, und wir sind zum Leichenschmaus die allerbesten Freundinnen!‹«

Damit zwinkerte sie mir zu. Sie wollte sicher zum Ausdruck bringen, dass wir die Gelegenheit für unsere Ermittlungen nützen sollten.

Mich plagten andere Sorgen. Es gab Schnitzel mit Kartoffelsalat und Salatgarnitur, für mich und das Meerschweinle nur Kartoffelsalat mit Salatgarnitur und von Letzterer nicht einmal einen Schlag mehr. Und weil wir keine Selbstzahler, sondern eingeladen waren, noch dazu bei einem Anlass wie diesem, sah ich keine Möglichkeit, wie ich mich beschweren könnte, ohne unangenehm aufzufallen.

Wir unterhielten uns darüber, wann wir wohl Wiggerl beisetzen könnten und wie das vor sich gehen würde. Da er weder Testament noch Angehörige hinterlassen hatte, kümmerte sich ein Nachlassverwalter der Stadt um diese Angelegenheit, und das konnte dauern. Durch die Nachwehen der Pandemie – die als perfekter Vorwand für die nach wie vor schlampige Arbeit der Stadtverwaltung herhalten müsse, wie Friedl zynisch bemerkte – garantiert ein gehöriges Stück länger.

Während des ganzen Essens sagten Herr Walter und Jo kaum ein Wort mehr als »Danke«, »Zum Wohl« und »Gibt es noch Nachtisch?«. Das Essen ging quasi nahtlos in ein Kaffeekränzchen über, beides mit reichlicher Alkoholbegleitung: Die Biere zum Essen, die Schnäpse zur Verdauung hinterher und die Liköre, die zum Kaffee gereicht wurden, lockerten Zungen und Sitzordnung. Ich sprach Herrn Walter auf den ersten Ehemann von Senta an, doch er stand wortlos auf und ging zum Tresen. Seit seinem Gefühlsausbruch, weil ich ihn mit meinen Fragen genervt hatte, waren wir nicht mehr zu zweit beieinandergesessen. Das verletzte mich, und darüber hinaus vermisste ich unsere Gespräche.

Ich nahm mir vor, die Lerche zu bitten, bei nächster Gelegenheit Kommissar Klaus danach zu fragen. Die hatte sich scheinbar lässig zurückgelehnt, um unauffällig mitzuhören, worüber am Nachbartisch gesprochen wurde. Sogar mir fiel auf, dass Bernhard keine Zeit verlor, sich um die »lustige Witwe« zu bemühen, wie Friedl Senta nannte.

»Der kann sich an sie ranmachen, so viel er will, sie wird mit ihm nichts anfangen. Unser Kassenwart ist seit seiner Scheidung ein armer Schlucker«, stellte meine Nachbarin ungeniert fest. »Der Garten ist im Grunde alles, was ihm seine Verflossene gelassen hat.«

Die Lerche beugte sich vor und berichtete, was sie am Nachbartisch erlauscht hatte: »Es klingt aber ganz so, als würde sie ihm Hoffnung machen.«

»Das hat Senta schon immer so gehandhabt, da hat Friedl nicht unrecht«, warf Lisa ein, die mit Konrad zu uns gewechselt hatte. »Sie flirtet ständig, damit die Männer tun, was sie will. Selbst anzupacken ist ja nicht so ihr Ding. Gut für sie, wenn's funktioniert.«

»Wusstest du, dass sie vor Adi schon einmal verheiratet war?«, fragte ich, doch Lisa musste passen.

»Ob die jetzt älles ausmischtet, was der Adi über die Johr ogsammelt hot?«, grübelte das Maultäschle. »Der hot doch älles doppelt und dreifach, ob er's gbraucht hot oder ned. Würd mi ned wundra, wenn in seim Schuppa mei Schleifgerät liegt.«

»Man muss auch loslassen können, Konrad«, riet Friedl, in deren Besitz sich das gesuchte Gerät aktuell befand, wie ich mich erinnerte. »Nimm dir ein Beispiel an unserer lustigen Witwe. Die hat schon losgelassen, verarbeitet und abgeschlossen. Alles in einem Aufwasch.«

Wir anderen schauten uns konsterniert an. Es hatte keinen Sinn, die gute Frau Frühauf zu Pietät oder gar Takt anzuhalten. Aber durfte sie auf einem Leichenschmaus ohne Widerrede solche Töne anschlagen? Da scharwenzelte der Höllenwirt heran und begrüßte Lisa mit Bussi links und rechts, Friedl mit Respekt und die Lerche mit einem Handkuss. Mir gönnte er ein kurzes Nicken.

»Adäquates Essen«, lobte ich seine Küche. »Es ist ja ein Tag der Trauer.«

»Für Vegetarier ist das jeder Tag«, konterte er. »Noch trauriger, dass sie es nicht einmal merken.« Dann richtete er seine Aufmerksamkeit geballt auf die Lerche.

Friedl zupfte mich am Ärmel. »Komm mit, aber unauffällig.«

Am Tisch behauptete sie, dass sie vergessen habe, Hinz

und Kunz zu füttern, lehnte Konrads Angebot ab, das für sie zu erledigen, und schob sich Richtung Ausgang. Ich täuschte einen Gang zur Toilette vor, bog aber in letzter Minute zum Hinterausgang ab, lief um das Wirtshaus herum und gesellte mich zu Friedl und ihrem Rollator, ohne dass es jemandem aufgefallen wäre.

»Was haben wir vor, dass du so geheimnisvoll tust?«

»Wir nutzen die Gelegenheit«, erklärte Friedl. »Ich hab die Bedienung gebeten, Josef einen Kuchen nach dem anderen vorzusetzen. Der ist jetzt eine ganze Weile beschäftigt, wenn ihm nicht vorher schlecht wird.«

»Dem wird nicht schlecht.«

»Eben. Und wir schauen derweil in seinem Garten nach«, erklärte Friedl.

»Nach was schauen wir denn?«, erlaubte ich mir nachzuhaken.

»Das werden wir sehen, wenn wir es gefunden haben.«

29

»Allmächtiger!«

Friedl und ich standen wie vom Donner gerührt, unser beider andächtiges Schweigen von Flokatis heiserem Bellen untermalt. Wir hatten einiges erwartet. Das hier nicht.

Was wissen wir überhaupt von den Menschen, mit denen wir zu tun haben? Verlassen wir uns auf das, was sie selbst über sich erzählen? Wäre es nicht sinnvoller, wenn wir uns weder von ihren Worten noch von ihrem Auftreten täuschen ließen und stattdessen anschauten, was sie tun?

Unlängst hatte mich die Lerche mit einem ihrer Klienten verkuppeln wollen, und ich war brav mit ihm essen gegangen. Er erzählte davon, dass er zu einer buddhistischen Lebenseinstellung gefunden habe, die ihm inneren Frieden schenke. Gelassenheit und Mitgefühl – das er ungeniert »compassion« nannte, weil es auf Englisch nun einmal spiritueller klang – seien seine Grundwerte im Umgang mit Menschen. Wir hatten uns kaum gesetzt, da rief er schon laut nach der Bedienung, die uns die Karten nicht in derselben Sekunde, in der wir das Lokal betraten, gebracht hatte. Weil das Essen ein wenig länger brauchte, kanzelte er die Kellnerin mit ein paar spitzen Bemerkungen ab, und am Ende gab er kaum Trinkgeld.

Friedl war ein weiteres Beispiel. Sie konnte bissig sein, verweigerte aber niemandem ihre Hilfe. Sie tratschte gern über die Leute, mauschelte aber nichts Gemeines hinter deren Rücken, was sie ihnen nicht auch ins Gesicht sagte – und zwar gern. Nach unserem Streit neulich hatte sie nicht geschmollt, sondern meinen Kaffeetisch abgeräumt und die Laube abgeschlossen. Sie war sparsam, spendierte aber unaufgefordert Garten-Gin und fabelhafte Kuchen.

Jo wiederum – das war eine andere Nummer. Nach außen hin gab er den entspannten Kiffer, der seine Ruhe wollte, obwohl er diese nicht unbedingt anderen gönnte. Er bemühte sich nicht, seine Neugier oder seinen permanenten Heißhunger auf Süßes zu verbergen, legte jedoch großen Wert darauf, die Nachbarn von seinem Garten fernzuhalten. Vielleicht ja nicht nur, weil er keine Probleme bekommen wollte, sondern auch, damit er niemanden in eine knifflige Lage brachte? Sollte seine Produktionsstätte jemals auffliegen, könnten wir alle in der Ecke besten Gewissens behaupten, nie etwas davon gesehen zu haben. Doch dass unter dem, was wir von ihm kannten, noch andere, tiefere Schichten verborgen lagen, offenbarte das Innere seiner Laube.

»Ich war mal in Schloss Linderhof«, flüsterte ich. »Kennst du das?«

»Ich kenne alle Schlösser von unserem Kini.«

»Da gibt es ein rotes Pfauenzimmer …«

»Gar kein Vergleich«, murmelte Friedl halblaut.

Mir fiel auf, dass wir nicht in normaler Lautstärke redeten, und ich räusperte mich energisch. Jos Garten war zwar uneinsehbar, doch abgesehen von den paar stark duftenden Gewächsen, die hinter einer Reihe aus Sanddornsträuchern standen, nicht außergewöhnlich. Fast ein wenig verwildert, wenn man einen kritischen Strebergartenblick bemühte. Feuerschale, Hängematte und Sonnenschirme schienen wahllos im Grünen verteilt; Eimer, Jauchetonnen, Gießkannen und Werkzeuge folgten ebenfalls keiner erkennbaren Struktur. Offensichtlich war Jo ein Meister des Mäanderns und hatte seine Kunst über die Jahre perfektioniert. Tatsächlich hatte er ein Level erreicht, auf dem es fast so wirkte, als verfolge er mit allem, was er begann und mittendrin abbrach, dabei wahllos Gegenstände im Garten verteilend, eine höhere Absicht. Eine Gartenschere war fast vom Gras überwuchert, ein Knäuel Schnur hing im Baum, ein Rechen lag, mit den Zähnen herausfordernd nach oben, quer über dem Weg. Auf der gefliesten Terrasse fanden sich statt des anderswo üblichen Gartengestühls aus Plastik, Holz oder Angeber-Rattan ausgediente Sofas und Sessel im Schutz eines Vordachs. Aschenbecher, Flaschen und Gläser sowie eine nicht weiter verwundernde Menge an leeren Süßkrampackungen sorgten für ein lässiges bis nachlässiges Ambiente.

Doch die Laubentür, deren Schlüssel Friedl ohne Probleme in einer Blumenampel gefunden hatte, öffnete den Blick auf ein Stillleben aus Tausendundeiner Nacht. Das Innere war mit Perserteppichen ausgelegt und mit dicken Vorhängen versehen, alles in dunklem Rot und hellem Orange gehalten. Marokkanische Lampen hingen über einer breiten Matratze, die auf zwei mit Samt bespannten Europaletten lag. Eine Shisha auf einem niedrigen Mosaiktischchen spiegelte sich in einer Flotte reich verzierter Spiegel.

»Plüsch und Pomp«, konstatierte Friedl, schritt beherzt über den Teppich und griff neben eine orientalisch anmutende Kommode. »Sowie ein kabelloser Staubsauger. Und zwar nicht irgendeiner, sondern ein Dyson Animal. Teuer und speziell für Tierhaare.«

»Logisch. Sonst kann er sich aus Flokatis Haaren gleich einen zweiten Teppich knüpfen.«

»Wer hätte gedacht, dass es hier drin so gepflegt ist …«

Wir nahmen den Laubenpalast genauer unter die Lupe, ich etwas gehemmt, Friedl recht ungeniert. Wir fanden nichts, was dem ersten Überraschungseffekt auch nur annähernd nahekam. Bis schließlich Friedl, einer Eingebung folgend, den Staubsauger umdrehte und den Bürstenkopf inspizierte.

»Sieh einer an«, sagte sie und hielt ihn mir entgegen.

Ich beugte mich vor. Trotz der schummrigen Beleuchtung konnte ich erkennen, dass sich Haare um die Walze gewickelt hatten. Nicht die hellen von Flokati, der draußen schmollte, weil wir ihn nicht mit reingenommen hatten, sondern rote. Längere kupferrote, um genau zu sein.

»Vom Kopf der lustigen Witwe«, stellte Friedl fest und zupfte an den haarigen Beweisen. »Das erklärt einiges.«

Es warf allerdings auch etliche Fragen auf. Bevor ich diese äußern konnte, schlug Flokati mit heiserem Stimmchen an. Ich schaute zu Friedl, die in aller Seelenruhe den Staubsauger beiseitestellte. Dann schaute ich zum Bett und überlegte, ob ich mich unter den Kissen verstecken könnte. Wenn man sich nicht einmal auf Jos Verfressenheit verlassen konnte, gab es wenig Halt in dieser Welt.

Doch dann ertönte Konrads Bass: »Jez gibschd aber amol a Ruh!«

Friedl öffnete die Laubentür und kam dem Schwaben zuvor. Er hatte schon seine Hand an den Türgriff außen gelegt.

»Was hast du hier zu suchen?«, fuhr sie ihn an.

»I wollt nur …«, stammelte das Maultäschle, ausnahmsweise um eine schlaue Erklärung verlegen.

»Hat dich der Josef hergeschickt?«

»Noi …«

»Weiß er, dass du hier bist?«, fuhr Friedl mit ihrem Verhör fort.

Der große Mann wand sich. »Schau amol, i will nur nochgucka, ob mei Schleifgerät hier isch. Des isch doch wie verhext, dass des nirgends auftaucht.«

»Hältst du den Josef für einen Dieb? Schäm dich!«

Konrad schaute perplex von ihr zu mir. Ich zuckte nur verlegen mit den Schultern.

»Dann geh i amol wieder«, sagte er lahm.

»Keine Angst, wir werden dem Josef schon nicht sagen, dass du ihm hinterherschnüffelst!«, rief Friedl ihm nach.

Wieder einmal bewunderte ich ihre effiziente Unverfrorenheit.

30

»Ob Senta jetzt den Garten aufgibt?«

»Des wär ja des Dümmschte, was se macha könnt. Dann hätt se koin Mo, koin Garda und koi Gartlerkumpels.«

»Weniger Deppen, die ihr den Hintern nachtragen.«

»Aber ob sie die ganze Arbeit allein stemmen kann?«

»Die lässt stemmen. Da bleibt für sie alles beim Alten. Zur Not verzichtet sie auf den Gemüseanbau und hält nur noch Hof.«

»Eben. Einen Garten hat man ja nicht nur wegen der Gurken.«

Am Abend nach dem Leichenschmaus saßen wir bei mir auf der Parzelle zusammen und verdauten die neuen Verhältnisse: die Lerche, Friedl, Herr Walter, Jo, Konrad, Lisa und ich. Senta war mit ihren Verwandten weggefahren. Sie werde für ein, zwei Wochen bei ihnen bleiben, hatte sie am Morgen verkündet. Um den Schock zu überwinden und sich wieder zu fassen. Da war sie kurz im Garten gewesen und hatte ein paar Kleinigkeiten aus ihrer Laube eingepackt. Friedl hatte ihr großzügig angeboten, dass ich mich in ihrer Abwesenheit um ihren Garten kümmern würde. Zu ihrer Enttäuschung und meiner Erleichterung hatte Senta abgelehnt. Der Bernhard werde das schon erledigen.

Alle in der Runde – außer Friedl – bedauerten die frischgebackene Witwe und versicherten einander, dass man hier im Garten zusammenhalte; alle versprachen, miteinander anzupacken, um Senta in dieser schweren Stunde beizustehen. Und doch: Die Stimmung war so dickflüssig, dass man sie auf ein Backblech hätte schmieren und wie ein Quittenbrot trocknen können. Das war nicht die Trauer um Adi, fand ich. Nicht nur. Der Schock über seinen Tod saß allen in den Knochen, das war offensichtlich. Doch wo man hier Schulter an Schulter an einem Tisch hockte und vom Geist der Gemeinschaft schwärmte, hätte ich Herzlichkeit erwartet, freundschaftliche

Gesten, insgesamt ein Gefühl von Zugehörigkeit. Doch hier schwang spürbar etwas mit, über das ich nichts wusste und das weder so ehrlich wie Trauer war noch so freundlich wie die Worte, die alle von sich gaben. Außerdem wunderte mich, dass keiner einen Zusammenhang zwischen Adis und Wiggerls Ableben herstellte. War ich paranoid?

Doch auf Friedl war Verlass. Nachdem sich die anderen nach einem knappen Stündchen verabschiedet hatten, um im Sinne der Gemeinschaft allein im eigenen Garten weiterzuwuseln, beugte sie sich zur Lerche und mir und flüsterte: »Ich war heute bei Dr. Mittermaier.«

»Was fehlt dir denn?«, erkundigte sich die Lerche besorgt.

Doch ich wusste es besser. »Das ist der Hausarzt von Senta und Adi, stimmt's? Der auch Wiggerls Tod festgestellt hat.«

»Stimmt. Ich wollte wissen, was es mit Adis Herzerkrankung auf sich hatte.«

»Das darf er dir gar nicht sagen«, schnaubte die Lerche.

Ich kannte meine Pappenheimerin. »Was hast du herausgefunden?«

»Adi hatte es am Herzen. Eine hyperdoofe Kardioirgendwas, ich hab's mir irgendwo aufgeschrieben. Deshalb war er damals in Kur und hätte sich schonen und auf Bier, Schnaps und rotes Fleisch verzichten sollen.«

»Das ist ja nichts Neues«, maulte die Lerche.

»Wart's ab. So eine Krankheit kann man zwar nicht heilen, aber gut behandeln. Wenn man medikamentös richtig eingestellt ist, kann man quasi ewig damit leben. Wenn nicht, kommt ein Herztod aus heiterem Himmel schon mal vor.«

»Na, was willst du mehr?«, konstatierte die Lerche.

»Pscht, Liebchen!«, rief ich sie zur Ordnung.

Friedl fuhr fort: »Ein aufgewecktes Mädel, die Arzthelferin vom Dr. Mittermaier. Ohne die hätte der Alte den Laden längst dichtmachen müssen. Sie hat mal Medizin studiert, aber das musste sie wieder abbrechen, aus persönlichen Gründen, sagt sie. Jetzt will sie Biomedizin nebenher machen, das geht schneller.«

»Tüchtig«, lobte die Lerche.

»Das kriegt die Marie locker hin. Dr. Mittermaier hat an drei Tagen in der Woche offen, und das auch nur vormittags. Mehr schafft der Alte nicht. Er behandelt nur eine Handvoll langjähriger Patienten, für neue gibt es längst einen Aufnahmestopp, und das Mädel übernimmt mehr und mehr von seiner Arbeit. Im Grunde ratscht er nur mit den Leuten und unterschreibt die Rezepte, die sie ihm hinlegt.«

Hier machte Friedl eine Kunstpause, lehnte sich zurück und schaute sich in meinem Garten um. »Fleißig warst du, schau einer an. Der wird schon, Valentina.«

»Da bin ich aber froh. Ich dachte, der taucht nie aus seinem Zustand der Nichtexistenz auf«, sagte ich. Friedl streckte mir die Zunge raus.

»Hochinteressant, Maries Ambitionen«, konnte sich die Lerche nicht verkneifen. »Da hat sich die Recherche doch wahrhaftig gelohnt. Hast du wenigstens ein Gutsl abstauben können?«

Friedl fuhr unbeirrt fort. »Adi hat die richtigen Medikamente bekommen, das steht fest. Und Dr. Mittermaier ist eh überzeugt, dass es ihm deshalb so lange so gut ging, weil die heilige Senta sich für seine Pflege aufgeopfert hat. Davon hat mir der alte Tatterer selbst vorgeschwärmt, als er an der Rezeption vorbeigehatscht kam.« Sie grinste breit. »Tragisch, dass es Adi dennoch getroffen hat. Und nachdem der Alte dann abgezittert ist, hab ich von dem Mädel erfahren, dass so ein plötzlicher Tod ganz ohne Weiteres eben doch nicht vorkommen kann. Nicht bei Adis Krankengeschichte. Da hätte er schon die Medikamente vergessen oder was Falsches einnehmen müssen.«

»Und das hat sie dir einfach so erzählt? Schon mal was von Datenschutz gehört?« Die Lerche schien ihre Zweifel zu haben.

»Natürlich nicht. Und natürlich ja«, beantwortete Friedl beide Fragen. »Aber eine Marie Walter ist nicht auf der Brennsuppn dahergeschwommen. Die hat die Befunde von ihrem

Computer abgelesen und laut überlegt. Was kann sie dafür, dass ich zufällig danebenstand und alles mitbekommen habe?«

Die Lerche wollte eben zu einer Entgegnung ansetzen, doch Friedl kam ihr zuvor. »Das ist ein bisschen wie bei dir und den polizeilichen Ermittlungen.«

Und Barbara Nachtigall klappte ihren Mund kommentarlos wieder zu.

»Sie meint, dass es konkrete Anzeichen dafür gibt, dass Adis Tod keine Folge seiner Krankheit war?«, hakte ich nach.

»Schon eine Folge der Krankheit, aber halt nicht unmittelbar. Es wäre denkbar, dass jemand nachgeholfen hat, damit Adi zu einem schnelleren Ende kommt.«

»Die Polizei glaubt nicht, dass Adis Tod ein Mord war«, verkündete die Lerche.

»Die Polizei glaubt auch, dass du ernste Absichten hast. Deren Meinung würde ich nicht überbewerten«, entgegnete Friedl.

»Gehen wir doch mal davon aus, dass es kein natürlicher Tod war«, überlegte ich. »Wie hängen dann Wiggerls und Adis Tode zusammen? Hat sie derselbe Mensch umgebracht? Hat Adi etwas Relevantes gesehen und wurde deshalb getötet? Oder …« Ich beugte mich vor, weil meine Idee schlichtweg genial war. »Oder hat er ein schlechtes Gewissen bekommen, weil er Wiggerl auf demselben hat, und sich selbst gerichtet?«

»Wer weiß das schon?«, orakelte Friedl und stand auf. »Wer außer mir?« Sie zwinkerte uns zu und legte dann einen dramatischen Abgang hin, komplett mit Rollator und den Worten: »Jetzt schau ich mal nach Hinz und Kunz. Die Ärmsten verwahrlosen sonst und geraten noch auf die schiefe Stange.«

31

Wenn ich mit der Gießkanne oder – bei leeren Regentonnen – mit dem Wasserschlauch früh am Morgen meine Ländereien wässerte, war die Welt noch in Ordnung. Ich hätte ja lieber abends gegossen, aber das mache den Nacktschnecken die Arbeit noch leichter, hatte mich Jo gewarnt. Man könne die Pflanzen übrigens erziehen, hatte Konrad erklärt, sie nur maximal jeden zweiten Tag gießen, dafür aber reichlich, damit sie ihre Wurzeln auf der Suche nach Wasser in die Tiefe schickten. Wenn ich sie täglich mit Wasser verwöhnte, würde ich meinem Gemüse dagegen die Anspruchshaltung moderner Teenager nahelegen. Um ehrlich zu sein: Ich goss, wenn ich Zeit hatte, daran dachte oder es für meinen Seelenfrieden brauchte. Auf den Beeten kniend, Beikraut jätend und Schnecken verfluchend fand ich nach wie vor zeitweise Ruhe, unbelastet von Gedanken an Mord und Totschlag.

Inzwischen erntete ich die ersten jungen Erbsen und täglich Erdbeeren, die ich meist im halb reifen Zustand aß, um den Schnecken zuvorzukommen. Meine Alltagsküche erfuhr durch die wahllose Beigabe diverser Gartenkräuter neue Dimensionen. Die Zucchini begann mit dem, was ein Ertragsbombardement bis zum Ende des Sommers werden sollte: einem Feuerwerk aus grünen Früchten, die, wenn ich sie klein erntete, butterzart waren. Die paar, die versehentlich zu groß wurden, weil ich mal zwei Tage nicht nachschaute, wurden in Stücke geschnitten und eingefroren. Statt leckerer Eiscreme erwarteten mich nun grüne Kanten, wann immer ich das Gefrierfach öffnete, um an die Eiswürfel zu kommen. Ich erntete Radieschen in sämtlichen Farben, scharf und knackig, und Rispentomaten in Rot, Gelb und Schwarz. Ich delektierte mich an Buschbohnen und den schmackhaftesten Brotzeitgurken, die man sich nur wünschen konnte. Ich schnitt Rhabarber und pflückte Johannisbeeren, und wenn ich mit dem Verarbeiten zu

Kompott, Kuchen oder Cocktails nicht nachkam, was meistens der Fall war, setzte ich die Früchte mit Wodka, Zucker und Gewürzen zu wunderbaren Likören an. Nicht dass ich mir viel aus Likör machte – doch ich war zuversichtlich, dass ich im Herbst liquide Weihnachtsgeschenke für den gesamten Freundeskreis beisammenhätte.

Wie unendlich befriedigend sich das anfühlte. Als wäre ein Bedürfnis, von dem ich gar nicht geahnt hatte, dass es in mir schlummerte, endlich geweckt und zugleich erfüllt worden. Ein Radieserl, dessen Samen man selbst in die Erde gesteckt hat, schmeckt halt doch anders – gar nicht zu reden von den noch sonnenwarm konsumierten Erdbeeren. Ein Tee aus intensiver Nana-Minze, der einzigen Pflanze, die von den Schnecken verschont blieb, war die ultimative Geschmacksoffenbarung. Ich wusste wieder, wie Gemüse schmecken muss, und mäkelte mich seither durch die Grünabteilungen der Supermärkte. Ich erlag dabei nicht der seltsamen Illusion, auf dem Weg zur Selbstversorgerin zu sein, was erstaunlich oft von Außenstehenden vermutet wurde. Doch ich fühlte mich jeden Tag reich beschenkt und beglückt, wenn ich »auf meine Felder« ging und am Abend den Dreck unter meinen Fingernägeln hervorkratzte. Was mir nicht immer gelang, wie die Lerche tadelnd bemerkte. Ich trug den Dreck mit Stolz.

»Der erste Mensch und die erste Gurke«, lachte Friedl, wenn sie sah, mit welcher Begeisterung ich meine Ernte einfuhr und der Nachbarschaft präsentierte, als hätten die so etwas noch nie gesehen. Dabei gibt es kaum etwas, was Gartler und Gartlerin nicht schon gesehen haben. Zimperlich darf man nicht sein, wenn es um Schneckenbekämpfung oder Mäusefallen geht. Selbst ich hatte mir inzwischen abgewöhnt, laut zu schreien, wenn eine Nacktschnecke – erstaunlich schnell – vor mir über den Weg kroch. Am Anfang sammelte ich sie mit der Grillzange ein und gab sie in einen Plastikbecher, den ich dann … doch darüber breite ich lieber den Mantel des Schweigens. Eine Zeit lang schnitt ich sie mit der Gartenschere durch und sah mit qualvoll gemischten Gefühlen dabei zu, wie der

Glibber aus ihnen hervorquoll. Daraufhin bemühte ich mich um friedliche Koexistenz, die mir einiges abverlangte.

Friedliche Koexistenz auch im Garten? Irgendwann schienen wir in eine Paralleldimension abgebogen zu sein, ohne dass es jemanden beunruhigt hätte. Wen außer Elfriede Frühauf und mich kümmerte es denn, was es mit Adis und Wiggerls Ableben auf sich hatte? Und wusste Friedl wirklich, was Sache war – oder machte sie sich nur wichtig? Sie weigerte sich, mich einzuweihen.

»Du vertratschst dich doch eh. Und ich hab noch ein, zwei Dinge zu erledigen, bevor ich völlige Klarheit habe«, ließ sie verlauten.

»Bitte, Friedl, keine Solonummer. Wir stecken da gemeinsam drin. Häng mich jetzt nicht ab!«

Sie sah mich prüfend an.

»Ich flehe dich an, Friedl«, bekniete ich sie. »Was willst du dafür haben? Meine gesamte Ernte? Ölporträts in Lebensgröße von Hinz und Kunz? Oder das Erstgeborene der Lerche?«

»Ich komme dann schon auf dich zu, wenn ich mal etwas brauche«, wurde sie ein wenig nachgiebiger. Das war regelrecht filmreif. Irgendwann – möglicherweise auch nie – würde sie mich bitten, ihr eine kleine Gefälligkeit zu erweisen. Aber das war mir jetzt egal, denn sie versprach: »Du bekommst zwei Hinweise von mir.«

Ich nahm, was ich kriegen konnte.

Friedl sagte langsam: »In unserer Ecke sind wir alle in der zweiten Lebenshälfte …«

»Na, hör mal!«, rief ich empört.

Sie sah mich mit einem Blitzen in den grünen Augen an. »Wie alt willst du denn werden? Willst du das Jahrhundert vollmachen?«

»Ich hoffe, dass ich im Alter so gescheit werde wie du.«

»Da ist was Wahres dran«, sagte sie huldvoll. »Im Alter wird man eben schlauer. Das geht quasi von selbst, und wenn die Ausgangsposition auch noch so schwach ist.

»Dann hab ich ja Hoffnung.«

»Die stirbt zuletzt. Anders als die alten weißen Männer hier bei uns, die erwischt es ganz offensichtlich zuerst. Jedenfalls haben hier alle eine Vergangenheit. Und, zweiter Hinweis: Die kennt man meistens noch weniger als die Nachnamen der Leute.«

Nachnamen, wie alle Namen, sind ja seit Faust Schall und Rauch. »Was uns Rose heißt, wie es auch hieße, würde lieblich duften«, wie schon Shakespeare festgestellt hatte. War denn auch er ein Gartler gewesen? Oder hatte er als Inselbewohner dieses Wissen mit der Muttermilch aufgenommen? Ich hatte die Lerche am Telefon und ließ sie an meinen profunden Überlegungen teilhaben. Würde also die Beetrose »Gruß an Bayern«, die mich seit dem Frühjahr mit ihren blutroten Blüten erfreute, genauso duften, wenn sie »Gertrude Jekyll« hieße und rosa blühte? Auf die Menschenwelt bezogen: Wäre Jo freundlicher zu Adi gewesen, wenn der ihn nicht immer mit »Sepp« angesprochen hätte? Hätte sich Wiggerl unter dem Namen Ludwig als unbeliebt und grantig entpuppt?

»Die Rose würde stärker duften«, sagte die Lerche am Telefon. »Weil ›Gruß an Bayern‹ nur einen dezenten Geruch verbreitet, die Gertrude dagegen den ganzen Garten olfaktorisch beglückt.«

»Nachname Jekyll, Miss Hyde!«, sagte ich und schlug damit einen bemerkenswerten literarischen Bogen zur Erzählung von Robert Louis Stevenson. Die Lerche brauchte nicht zu glauben, dass sie das einzige Gscheidhaferl hier war. Ihr erstaunliches Hintergrundwissen hatte sie garantiert während unseres Telefonats gegoogelt, selbst eine Frau Nachtigall schüttelte solche Details nicht aus dem Ärmel. Jetzt lachte sie nur.

»Niemand kennt die Nachnamen im Garten, hat Friedl gesagt«, grübelte ich in mein Handy. »Vielleicht ist ›Walter‹ gar nicht der Vorname von Herrn Walter, sondern sein Nachname.«

»Und möglicherweise ist Marie Walter, die viel gepriesene

Arzthelferin, seine Tochter«, beendete meine beste Freundin meine Überlegungen.

»Ist München ein solches Dorf?«, zweifelte ich. »Dass man über solche Zufälle stolpert?«

»Sicher. Im Gegensatz zu dem, was die meisten Leute glauben, verteilen sich Zufälle nicht gleichmäßig über die Ereignisse, sondern tauchen absolut wahllos auf, was in ihrer Natur liegt. So kann man zwanzig Mal hintereinander beim Roulette auf Schwarz setzen und verlieren, und wenn man beim einundzwanzigsten Mal schließlich auf Rot setzt, wechselt die Kugel zufällig das Feld, in dem sie liegen bleibt. Das ist rein statistisch genauso möglich, wie dass sie wieder auf Rot landet, denn Zufall und Wahrscheinlichkeit sind Faktoren, die –«

»Jaja«, kürzte ich ihre Ausführungen ab. »Nehmen wir also an, dass es kein Zufall ist, dass Adi und Wiggerl im selben Eck vor ihrer Zeit gestorben sind und dass es durchaus möglich sein könnte, dass diese Marie die Tochter von Herrn Walter ist. Was wäre damit gewonnen?«

»Liebchen, ich muss weiter«, würgte die Lerche unser Telefonat ab. Offenbar schmollte sie, weil ich sie unterbrochen hatte. »Es ist schon spät, und ich bin mit einem gewissen Herrn zum Nachtmahl verabredet.«

»Ist Kommissar Klaus noch im Rennen?«, wunderte ich mich.

»Eine Dame schweigt und genießt«, sagte die Lerche und legte auf.

Zum Glück schmollte sie nicht lange. Am nächsten Morgen meldete sie sich und berichtete von den neuesten Erkenntnissen von Kommissar Klaus. Die Scherbe aus der Tupperdose in Wiggerls Anrichte hatte keinerlei historische oder gar archäologische Bedeutung, sondern war nur ein wenig neuzeitlicher Kulturschutt. Und Senta hatte bis zur standesamtlichen Eheschließung mit Adolf Leonhardt anno Tobak den Nachnamen Walter getragen.

32

Senta war, wie es aussah, mit Herrn Walter verwandt oder einmal verwandt gewesen. Natürlich konnte es sich bei dem identischen Nachnamen um einen Zufall handeln, aber ich glaubte nicht daran. Endlich verfügte ich über eine Information, die Friedl garantiert nicht hatte. Die würde ich ihr nur im Austausch für eine mindestens gleichwertig brisante verraten. Ich war außer mir vor detektivischer Ekstase.

Leider wurde die von einem anstehenden Treffen mit der Lektorin einer neuen Kinderbuchreihe ausgebremst. Es ging um Elfen und Kobolde, die ich neben Gemüsepflanzen, auf Erdbeeren oder unter Johannisbeersträuchern gezeichnet hatte. Ich hatte schon bei der Abgabe geahnt, dass sie meckern würde, weil relativ wenig freie Natur auftauchte – aber das war mir egal. Was wollte man bei meiner aktuellen Quelle der Inspiration anderes erwarten? Deshalb hatte ich in den letzten Wochen zwei Videogesprächstermine mit ihr vermieden, indem ich das eine Mal einen zahnärztlichen Notfall, das andere Mal einen PC-Absturz vorgetäuscht hatte. Ein drittes Mal würde ich nicht auskommen, selbst wenn mich die Neuigkeit über Senta schier zerriss. Frau Lektorin hatte mich persönlich in ihr Büro bestellt, und zähneknirschend leistete ich Folge.

»Liebe Frau Mayer«, eröffnete sie das Palaver, nachdem sie mich in einen schicken Sessel komplimentiert und einen Kaffee vor mir abgestellt hatte. Wenn eine Person im direkten Gespräch so formulierte, wie sie einen Brief diktieren würde, sträubten sich mir sämtliche Nackenhaare. Ich gab mir Mühe, interessiert zu gucken und freundlich zu nicken.

»Das sind so nette Bilder, die Sie uns da gegeben haben«, fuhr sie fort. »Wirklich niedlich und kindgerecht. Aber wir fragen uns«, sie rückte ihre schicke Brille zurecht, ohne die sie aussehen würde, als könnte sie nicht bis drei zählen, »warum Sie sich nicht mehr am Inhalt der Geschichte orientieren?«

»Ich verstehe nicht.« Das sollte kein Spaziergang für sie werden. »In der Geschichte geht es um Kobolde und Feen. Meine Bilder zeigen Kobolde und Feen. Wo liegt da das Problem?«

»Wissen Sie, liebe Frau Mayer, wir schätzen Sie als ungemein zuverlässige und aufmerksame Illustratorin. Da fällt es auf, wenn Sie auf einmal weiter weg vom Text interpretieren. Fernab vom Kontext, in dem diese Fabelwesen üblicherweise wahrgenommen werden. Sie assoziieren da auf eine sehr … wie soll ich sagen … domestizierte Weise.«

»Wie meinen?«

»Das ist alles irgendwie … kleinbürgerlich. Verstehen Sie? Nicht wild oder mystisch, sondern gediegen, fast schon zu gediegen.«

»Meinen Sie damit, dass meine Wichtel zu eng mit dem gemeinen Gartenzwerg verwandt sind?«

Sie lachte schick. »So würde ich das nicht sagen.«

»Sondern?« Allmählich schmeckte mir die Sache. Immerhin wurde ich für meine Arbeit bezahlt. Da hätte Frau Lektorin doch geradeheraus sagen können: Wir haben uns das anders vorgestellt, da müssen Sie leider noch mal ran. »Ich habe mir sehr viel Mühe gegeben, bei aller Textnähe einen realistischen Bezug herzustellen. Da steckt viel Zeit drin. Und noch mehr Herzblut.«

Herzblut war das K.-o.-Argument bei diesen drögen Trullas, die bei »Kreativität« an Bastelarbeiten dachten und bei »künstlerischer Freiheit« an Drogenexzesse. Und bei alldem nicht in der Lage waren, eine offene Rückmeldung klipp und klar an die Frau zu bringen.

»Das spürt man sofort, liebe Frau Mayer, dass Sie mit dem Herzen dabei waren. Aber es wirkt so … wie drück ich das am besten aus … nicht Wald und Wiese, eher Haus und Hof.«

Sie rutschte unbehaglich in ihrem Sessel hin und her.

»Für die Großstadtkinder heutzutage ist beides gleich exotisch.«

»Denken Sie? Ich würde ja meinen …« Frau Lektorin druckste. »Immerhin kaufen die Eltern die Bücher …«

»Was wollen Sie denn konkret? Was wäre ein mystisches Motiv für Sie?«

»Mystisch, aber nicht unheimlich. Damit wir da nicht aneinander vorbei… Das Geheimnisvolle, das hinter dem Gewöhnlichen liegt, verstehen Sie? Keine Erdbeeren, keine Tomaten. Stellen Sie sich eine Gruppe von Waldpilzen vor, unter denen sich ein Fliegenpilz versteckt.«

»Der ist knallrot und auffallend. Wie er sich da verstecken soll, ist mir ein Rätsel.«

»Nicht direkt verstecken, Sie verstehen schon, er ist halt dabei. Reiht sich unter die anderen ein, aber der Kobold bemerkt ihn und macht große Augen.«

»Aha.«

»Oder eine Fee sitzt in einem Fuchsienbusch und entdeckt unter all den lila Blüten eine, die wie ein Herz geformt ist.«

»Oder ein Wichtel findet ein vierblättriges Kleeblatt.« Fuchsien wachsen hierzulande zwar nicht in freier Natur, aber ich zeigte mich einsichtig.

»Genau, liebe Frau Mayer. Etwas Besonderes, wie ein Schatz, den die Leserchen im Alltäglichen entdecken können.«

»Aha.«

»Und nach Möglichkeit weniger Motive, die in jedem Gemüsegarten zu finden sind, verstehen Sie? Denken Sie an den verwunschenen Park eines alten Schlosses, an eine Zauberwiese …«

Oder an den Garten von Friedl. »Ich dachte, die Botschaft des Buches ist, dass Zauber und Wunder hinter jeder Ecke zu finden sind«, wandte ich ein. »Eben auch im Garten hinter dem Haus.«

»Das darf gern etwas wunderbarer sein, meinen Sie nicht? Lassen Sie doch Ihrer Phantasie freien Lauf, liebe Frau Mayer. Märchenwald statt Möhrenbeet.«

Das Gespräch plätscherte fast zwei Stunden auf diese Weise vor sich hin, bis ich sie endlich davon überzeugen konnte, ihre schicken und subtilen Einwände verstanden zu haben.

Dabei brannten mir die ganze Zeit über meine Neuigkeiten unter den – trotz allen Schrubbens ständig dreckverkrusteten – Nägeln.

Die mussten noch ein Weilchen brennen. Beim Betreten von Friedls Garten hörte ich Sentas Stimme hinter dem Granatapfelbaum. »Und ich sage mir immer: Senta, sei tapfer! Du bist nicht zu alt, um noch mal neu anzufangen.«

»Trauerjahr hin oder her.« Das war Friedl, taktvoll wie immer.

»Das kannst du nicht verstehen, Friedl. Aber für eine Frau ist es schwer, allein alt zu werden.«

»Und was bin ich? Ein Lachs, der im Alter das Geschlecht wechselt?«

»Klopf, klopf!«, rief ich laut. Sentas Antwort wollte ich uns allen ersparen. Obwohl es durchaus bemerkenswert war, wie viele Fische im Laufe ihres Lebens das biologische Geschlecht wechselten und wie wenige Menschen, die bei jeder Gelegenheit mit »Natur« und »naturgegeben« argumentierten, mit diesem Detail der Fauna vertraut waren.

»Setz dich, Mädel«, sagte Friedl und schenkte eine bereitstehende Tasse voll. Hatte sie mit mir gerechnet? Ich ließ mich dankend nieder und fragte dann Senta, wie es ihr gehe.

»Ach«, seufzte sie und schüttelte ihre Mähne. »Wie soll es mir schon gehen? Ich stehe noch unter Schock.«

»Das wird seine Zeit brauchen«, kommentierte ich verständnisvoll.

Mein Verständnis schwand allerdings mit jedem Satz, mit dem sie vom Besuch bei ihren Verwandten erzählte. Ihre demonstrative Dankbarkeit für deren Beistand wurde mit immer schärferen Spitzen versetzt.

Friedl rollte mit den Augen und schenkte jeder von uns ein Schlückchen purpurfarbenen Likör in ebenfalls bereitstehende Sherrygläser. Sie schien ja bestens vorbereitet. Aber worauf?

»Sie meinen es ja gut, die Lieben. Aber sie wissen es nicht besser, es fehlt ihnen an Bildung«, sagte die Trauernde eben.

Da erklang ein fröhliches »Hallo, Frau Frühauf!« vom Weg her.

Ich sah Friedl fragend an, die zufrieden dreinschaute und mir auftrug, noch eine Tasse zu holen. Das war also der Besuch, den sie erwartet hatte. »Kommen Sie nur!«, rief sie.

Ihr Gast erschien neben dem Busch. Die Frau war Mitte fünfzig, sehr kurvig und sehr blond.

Sentas Mundwinkel, eben noch zu einem wehmütigen Lächeln geformt, bogen sich blitzschnell nach unten und wurden mit fast hörbarer Gewalt sofort wieder nach oben gezogen.

Friedl strahlte in die Runde. »Darf ich vorstellen? Karin, Valentina, Senta.« Dann wandte sie sich an Letztere: »Du erinnerst dich doch sicher an Karin?«

»Natürlich«, antwortete Senta und überstrahlte Friedls Miene. »Sie waren doch vor Jahren ganz kurz mit unserem Jo verbandelt. Oder wollten sich verbandeln, nicht wahr?«

Karin nickte, reichte uns allen die Hand und setzte sich dann. »So lange ist das gar nicht her, ein gutes Jahr vielleicht«, plauderte sie. »Und da ist mir doch unlängst die Frau Frühauf über den Weg gelaufen. So ein Zufall! Und sie hat mich gleich hierher eingeladen.«

Senta und ich sahen Friedl scharf an. Ich wusste nicht, was sich die aktuell wenig lustige Witwe dachte, ich jedenfalls glaubte nicht an einen Zufall.

»Wir sind hier im Garten ganz zwanglos«, sagte Friedl. »Ich bin die Friedl. Sagen wir doch Du und sind wir wieder gut.« Sie schob ihr unberührtes Likörgläschen zu Karin, kippte den Rest ihres Kaffees auf ex hinunter und goss sich ein wenig Likör in die Kaffeetasse, die sie dann hochhielt. »Zum Wohl, meine Damen!«

Wir stießen miteinander an. Mir war, als wehte ein Gedankenfetzen herbei wie die bruchstückhafte Erinnerung an einen Traum. Was war hier eben geschehen?

Friedl hatte ihren Kaffee hinuntergestürzt. Das war es nicht.

Sie hatte sich Likör in die Tasse gegeben. Das war es auch nicht.

Ich atmete tief durch. Vor meinem geistigen Auge sah ich Adi, wie er beim Einstand auf meiner Eckbank saß und mir ein Stamperl Garten-Gin reichte, das ihm eben selbst eingeschenkt worden war.

Die Stimmen der anderen drei Damen, die bei mir saßen, blieben wie in einem dicken Nebel hängen. Nur eine Stimme hörte ich klar, die von Konrad: »Der Adi hot dem Wiggerl sein' Schnaps nagschoba und gsagt, er soll was trinka.«

Dann die der Lektorin: »Stellen Sie sich eine Gruppe von Waldpilzen vor, unter denen sich ein Fliegenpilz versteckt.«

Ich sah Friedl vor mir, wie wir miteinander im »Höllenwirt« saßen, und hörte sie fragen: »Was, wenn der Wiggerl gar nicht das eigentliche Opfer war?«

Ich hörte Chris, wie er sagte: »Wenn Adi zuerst gestorben wäre und dann der Wiggerl, würde das Ganze geschmeidiger laufen.«

Ich dachte an Herrn Walter, der früher Apotheker gewesen war, und an Senta, die mit Nachnamen Walter geheißen hatte. Und endlich, vielleicht zum ersten Mal in meinem Leben, hatte ich eine solide Eingebung.

Ich riss mich aus meinen Gedanken und sah direkt in Friedls grüne Augen, deren Blick wohlwollend und nur leicht spöttisch auf mir ruhte. Sie war mir in Sachen Eingebung zuvorgekommen.

33

Als ich klein war, habe ich immer erwartet, an meinem Geburtstag auf einen Schlag ein paar Zentimeter größer zu werden. Nicht nur, dass ich zuverlässig enttäuscht wurde – ich war zu allem Überfluss ohnehin ein Kind ohne erkennbare Wachstumsschübe. Gleichaltrige mussten regelmäßig neu ausgestattet werden, weil Hemd und Hose unversehens zu kurz geworden waren, doch meine Entwicklung verlief so schleichend, dass sie niemand, der mich jede Woche sah, überhaupt bemerkte. Nur wenn die Wintergarderobe herausgezogen wurde, fiel auf, dass ich doch, langsam und stetig, aus der Vorjahresgarnitur herausgewachsen war. Das konnte heutzutage noch vorkommen, allerdings nicht, weil ich in die Höhe gewachsen wäre.

Später habe ich mir oft gewünscht, dass das echte Leben mehr wie im Fernsehen abliefe: auf das Wesentliche konzentriert und ohne ermüdende Längen oder umständliche Ausschweifungen. Meine Ehe hatte nicht in einer hochemotionalen Aussprache oder mit beiderseitigen Offenbarungen, weder mit Türenknallen noch mit Post-its auf dem Nachttisch geendet. Sie war im Laufe von zermürbenden Gesprächen gestorben, die sich über Monate hinzogen, in Momenten der Hoffnung, die sich als Illusion entpuppten, sowie stundenlangen Telefonaten mit der Lerche und wurde zu guter Letzt bei einem unspektakulären Gerichtstermin zu Grabe getragen. Selbst wenn einmal etwas Fernsehreifes passierte, war das dermaßen eingepackt zwischen dicken Schichten des Alltags, dass es keine Chance hatte, eine dramatische Dynamik zu entwickeln. War das in meiner Jugend nicht anders gewesen? Oder bastelte da die selektive Erinnerung an der Dramaturgie?

Dieses Gefühl verstärkte sich im Garten. Da liefen die Uhren anders und zeigten statt Stunden die Monate oder gar nur die sechs bis sieben Jahreszeiten des Gartelns an. Da gab es nichts, was auch nur ansatzweise an die Actionszenen eines noch so lahmen Vorabendkrimis heranreichte. Meine Welt schien durch mein urbanes Arkadien geschrumpft zu sein und sich auf wenige Parzellen, Pflanzen und Personen zu beschränken. Warum auch in ein Café oder einen Biergarten gehen, wenn man Austausch und Getränke weniger aufwendig und günstiger vor der eigenen Laube haben konnte? Doch was diesem Kleingartenkosmos an räumlicher Weite fehlte, machte er durch Tiefe wett, wie Chris orakelt hatte: weniger, dafür intensiver, und das im Hinblick auf die gärtnerischen Erfahrungen wie auch die psychologischen Einsichten.

Oder machte ich mir da etwas vor? Hatte mich die Bequemlichkeit der – ich gab es ungern zu – zweiten Lebenshälfte dermaßen fest im Griff, dass sie mir billige Ausreden dafür lieferte, das Dasein nicht mehr frontal anzugehen, sondern lieber aus der Liegestuhlperspektive zu betrachten?

»Unsere Erwartungshaltungen und damit unsere Wahrnehmung sind nicht allein durch eigene Erfahrungen geprägt, sondern durch das, was uns aus zweiter oder dritter Hand zugetragen wird«, erklärte die Lerche. »Hätten wir einen realen Bezugsrahmen für unsere Lebensereignisse, würde das unsere Wahrnehmung anders takten. Wo der fehlt, weil er durch Medien oder auch nur Tratsch und Klatsch über andere Menschen ersetzt wird, verlieren wir jeden zeitlichen Rhythmus für die Einschätzung von Ereignissen und empfinden alles, was keinen explosiven Charakter hat, als retardierendes Moment, wenn nicht gar Antiklimax.«

Unterm Strich: Es gab keine Actionszenen im Garten, und es würde mit Sicherheit keinen Showdown geben – nicht zuletzt deshalb, weil ein Rollator nicht zum Flucht- oder Verfolgungsfahrzeug taugte. Dennoch beharrte Friedl darauf, die Aufklärung der beiden Todesfälle im großen Stil zu enthüllen, wie es einer Agatha Christie würdig wäre, vor versammelter Mannschaft und am besten anlässlich von Wiggerls Sommer-Geburtstag. Und der war am 25. August.

Wir saßen auf dem Balkon der Lerche. Jeder andere Ort sei aktuell »zu heiß«, um uns über dieses Thema zu unterhalten, hatte unsere Gastgeberin gemeint.

»Wiggerls Beisetzung wäre natürlich passender«, sagte Friedl. Sie hatte Hinz und Kunz mitgebracht und den Käfig auf einen Stuhl gestellt. »Aber wir werden wahrscheinlich eh nicht mitkriegen, wann die ist, weil wir keine Angehörigen sind.«

»Oder wann die war«, wandte ich ein. »Alles möglich. Uns sagt ja keiner was.«

»Ich schaue mal, ob ich etwas in Erfahrung bringen kann«, versprach die Lerche.

»Die Enthüllung wirklich erst Ende August?«, sprach ich Friedl auf ihre Pläne an. »Ist das nicht zu spät?«

»Wofür sollte das zu spät sein? Läuft doch keiner weg«, sagte Friedl und beäugte kommentarlos, aber vielsagend die Blumenkästen der Gastgeberin.

»Das können wir nicht wissen, sollten wir aber nicht riskieren«, sagte die Lerche. »Möglicherweise kommt es in der Folge zu weiteren Todesfällen, wenn wir noch länger warten.«

Ich hatte wenigstens eine gewisse Ahnung, was geschehen war, obwohl auch mir entscheidende Details fehlten; die Lerche dagegen tappte völlig im Dunkeln. Friedl hatte mir rigoros verboten, irgendjemandem, selbst meiner besten Freundin, irgendetwas zu erzählen, und weigerte sich standhaft, mich gänzlich in ihre eigenen Erkenntnisse einzuweihen. Und dieses Mal blieb sie so hart, wie ihre mitgebrachte Erdbeerbiskuitrolle flaumig weich war. Für das eine mussten wir wohl oder übel das andere in Kauf nehmen.

»Da passiert schon nix. Die Leute machen weiter wie bisher. Warum sollten sie ausgerechnet jetzt ihren Kurs ändern?«, sinnierte Friedl.

»Nein!« Ich war ja ein geduldiger, vielleicht sogar lethargischer Mensch. Aber jetzt reichte es mir unversehens mit ihrer ewigen Halsstarrigkeit. Musste denn bis zuletzt alles nach Frau Frühaufs Kopf gehen? »Dass du uns nicht aufklärst, ist deine

Sache, dazu können wir dich nicht zwingen. Aber ich werde den Teufel tun, noch länger in diesem Bermudadreieck aus Mord, Verdacht und krimineller Energie herumzuschippern. Wenn du nicht zu Potte kommst ...«, drohend hob ich den Tortenheber, »dann werde ich allen die Version erzählen, die ich mir selbst zusammengereimt habe.«

»Und ich geb's an Kommissar Klaus weiter«, unterstützte mich die Lerche.

»Das war's dann mit deiner großen Enthüllung«, setzte ich noch eins drauf.

»Ihr werdet es nicht wagen«, sagte Friedl.

»Lass es drauf ankommen, dann werden wir schon sehen«, entgegnete ich und sah ihr fest in die Augen. Der Effekt wurde ein wenig geschmälert, weil ich kurz darauf in lautes Lachen ausbrach. Es war wie in meiner Kindheit: Bei dem Spiel »Tief in die Augen schauen, und wer zuerst lacht, hat verloren« hatte ich damals jedes Mal das Nachsehen gehabt.

Dieses Mal gewann ich. Zwar nicht das Spiel, aber immerhin die Balkonschlacht.

34

Theaterstück in einem Akt

Mitwirkende: Elfriede Frühauf, Barbara Nachtigall, Senta Leonhardt, Herr Walter, Josef Krüger, Konrad und Lisa Sipple, Susanne Huber, Kommissar Klaus, Marie Walter und Valentina Mayer

Valentina: An dem Tisch können doch locker acht Leute sitzen. Wir brauchen nur zwei weitere Stühle.

Friedl: Es kommt aber noch ein Überraschungsgast. Insgesamt sind wir elf.

Lerche: Und ohne Not müssen wir uns ja nicht zusammenzwängen wie die Sardinen. Soll ich mal Konrad fragen, ob er uns seine Bierbankgarnitur ausleiht? Aber seit der Sache mit seinem Schleifgerät gibt der ja nichts mehr aus der Hand.

Valentina: Er ist ja selbst mit dabei heute, da kann er nicht nur ein Auge drauf haben, sondern auch seinen Arsch. *(Lacht über ihren eigenen Witz.)*

Friedl: Das dauert alles zu lange, Herrschaften. Weniger ratschen, mehr räumen!

Valentina: *(zur Lerche)* Mit Herrschaften meint die jetzt uns, oder?

Lerche: Wen sonst? *(Lacht und schenkt sich ein Glas Rotwein ein.)*

Valentina: *(mahnend)* Liebchen!

Lerche: Ich brauch das jetzt für meine Nerven.

Valentina: Dein Kommissar kommt doch auch, der wird dich schon stabilisieren.

Friedl: Was sag ich denn gerade? Reißt euch mal zusammen, ihr albernen Weiber, sonst blase ich die Sache ab!

Valentina: Der Zug ist abgefahren. Heute platzt die Bombe!

Lerche: Kann eine Bombe platzen? Die explodiert oder geht hoch oder ...

Valentina und Friedl: *(unisono)* Erspar's uns!

Abgang Lerche. Die beiden anderen arbeiten wortlos weiter. Kurz darauf Auftritt Lerche mit zwei Bierbänken und Konrad, der einen Tisch trägt. Gemeinsam stellen sie die Garnituren in Form eines V auf. Konrad zieht wieder ab, während die Damen den Grilltisch bestücken, die Kühlbox füllen und Teller hinstellen.

Valentina: Soll ich Stamperl für den Garten-Gin rausbringen?

Friedl: *(sarkastisch)* Naa, ich dachte, den trinken wir zur Feier des Abends aus der Flasche.

Letzte Handgriffe. Auftritt Konrad und Lisa. Lisa trägt vier Flaschen Rotwein, Konrad seinen Anzündkamin.

Lisa: Kann man was helfen?

Konrad: I mach dann scho amol Feuer. Hab mir des auf YouTube no amol oguggt, damit des heit au klappt.

Friedl: *(über die Hecke schreiend)* Josef, komm in die Gänge!

Jenseits der Hecke ertönt unverständliches Grummeln. Auftritt Herr Walter. Er trägt einen Kasten Bier (Das Helle von Tilmans).

Herr Walter: Grüß Gott. Wo soll der hin?

Auftritt Senta und Susanne Huber. Senta bringt zwei Flaschen Prosecco, die Oberhuberin einen Korb selbst gemachter Köstlichkeiten.

Oberhuberin: Was gibt es eigentlich zu feiern?

Friedl: Den Geburtstag von Valentina!

Valentina: Ah. Öha. Ja, stimmt, ich habe ja unlängst Geburtstag gehabt. *(Halblaut zur Lerche fährt sie fort.)* Vor keinem Dreivierteljahr.

Senta: Ach, ihr Ulknudeln! *(Lacht gequält.)* Ich habe der Susanne schon verraten, dass es ein Grillfest zum Gedenken an meinen Adi ist.

Auftritt Josef und Flokati. Josef hat eine Riesenschachtel Pralinen dabei.

Friedl: Das ist ja großzügig. Auch wenn du die alle selbst verputzen wirst.

Valentina: Wird er nicht! *(Sie öffnet die Schachtel und nimmt sich eine Handvoll Pralinen heraus.)* Das brauch ich für meine Nerven *(zur Lerche gewandt).*

Auftritt Kommissar Klaus. Er hat eine große Tüte mit dem Aufdruck »Vinzenzmurr« in der Hand. Die Lerche schmiegt sich an ihn und gurrt. Josef macht große Augen.

Konrad: No a bissele, dann isch des Feuer so weit!

Friedl: Nur die Ruhe, Maultäschle. Bis dahin hab ich was zu erzählen. Und zwar geht es um den Tod vom Wiggerl und den Mord an Adi.

Großer Aufruhr im Garten. Mord? Was sagt sie da? Friedl hält beide Hände beschwichtigend hoch: Nur die Ruhe. Auf Bitte von Valentina setzen sich alle. Dann dreht Friedl ihren Rollator mit Schwung herum, lässt sich darauf nieder und beginnt zu reden, wobei sie beide Tische im Blick hat.

Friedl: Wiggerl hat man hier ausgegraben. *(Sie deutet in Richtung der Fundstelle.)* Jetzt hätte man erwarten sollen, dass die ganze Anlage außer sich ist vor Empörung, vor Zorn, vielleicht sogar vor Angst. Aber alle haben das Ganze erstaunlich schnell akzeptiert. Es war ja nicht nur so, dass der Wiggerl umgekommen ist, sondern irgendjemand hat ihn vergraben. Das Gartenleben ging so weiter wie bisher. Valentina war die Einzige, die das nicht so leicht verdaut hat wie wir abgebrühten Gartler.

Valentina sieht die Blicke auf sich gerichtet und errötet.

Friedl: Und damit ist sie allen auf die Nerven gegangen, stimmt's? Josef und Herr Walter sind deswegen richtig wütend geworden.

Josef: Und das macht uns jetzt verdächtig, oder was? Was willst du überhaupt, du alte Schabracke?

Senta: Du spielst dich doch wieder nur auf, Friedl! Adi ist noch nicht kalt, und du besudelst ...

Lerche: Halt dich lieber zurück, Senta! Dass du falsche Schlange da mit drin hängst, ist kristallklar! *(Kommissar Klaus nimmt ihr das Rotweinglas aus der Hand, mit der sie herumfuchtelt.)*

Konrad: Moment amol, Loidla! Was soll denn des jez?

Lisa: Ich glaub, die Friedl will uns gerade verraten, was passiert ist.

Kommissar Klaus: Da bin ich ja mal gespannt, Frau Frühauf!

Friedl wartet gelassen ab, bis sich alle beruhigt haben, und spricht weiter.

Friedl: Seids jetzt endlich so weit, ihr mörderisches Gschwerl?

Sofort wieder Aufruhr. Kommissar Klaus steht auf und stellt sich neben Friedl.

Kommissar Klaus: Also ich für meinen Teil bin sehr neugierig, was Frau Frühauf zu erzählen hat. Wollen wir sie nicht einmal ausreden lassen?

Friedl: Für Sie rede ich sogar extra langsam, Herr Kommissar. Damit Sie auch ja mitkommen.

Kommissar Klaus: Wie meinen?

Friedl: Ich hab nicht die Zeit, Ihnen das noch mal zu erklären. Ihre Auffassungsgabe hat das Tempo einer Wanderdüne.

Kommissar Klaus: Wer sagt das?

Friedl: Ich sag das, das haben Sie doch eben gehört.

Gelächter in der Runde. Wird das hier ein Sketch aus »Königlich Bayerisches Amtsgericht«?

Valentina: *(dreht sich zu ihren Gästen hin)* Pscht!

Friedl: Ich seh schon, einen klassischen Spannungsbogen kann ich mir sparen. So lange macht eure Aufmerksamkeit nicht mit. Also gleich zur Sache: Wiggerl ist hier zu Tode gekommen. Jedenfalls hoffe ich inständig, dass er mausetot war, als ihn Senta, Adi, Josef und Herr Walter gemeinsam vergraben und die Sache vertuscht haben. Und den Adi hat die Senta im Alleingang umgebracht, eiskalt und abgebrüht. Das war's im Groben.

Ein Tumult bricht aus. Weder Valentina noch Kommissar Klaus können hier einwirken. Bis die Oberhuberin aufsteht und ihr Organ ertönen lässt.

Oberhuberin: Keinen Mucks mehr, sonst setzt's was! Ich will hören, was die Friedl zu sagen hat, zefix. Die macht solche Beschuldigungen doch nicht ohne Grund.

Friedl: Danke, Oberhuberin.

Oberhuberin: Auch wenn sie ansonsten ein rechtes Aas ist.

Friedl: Wie gesagt: herzlichen Dank. Wir haben uns alle gewundert, wer denn den Wiggerl hätte umbringen sollen. Den mochten doch alle.

Oberhuberin: *(wischt sich eine Träne aus den Augen)* Er war der Beste!

Friedl: Und weil wir uns keinen Reim darauf machen konnten, haben wir die ganze Sache einfach unter den Teppich gekehrt und die Köpfe in den Sand gesteckt. Ein Unfall, ein beliebiges Verbrechen, die Zeiten sind schlimm. Warum macht die Polizei nichts? Erst später haben wir erfahren, dass Wiggerl einen Haufen Geld zu vererben hatte und dass es ein uneheliches Kind gibt, das erbberechtigt ist. Das waren aber nicht die Motive für den Mord.

Valentina: Und eine Scherbe hat er gefunden! Die hat er euch am Abend seines Todes, beim Erntedankfest hier in der Ecke, gezeigt. Und ihr wart gleich außer euch, weil ihr dachtet, dass das hier ein zweiter Marienhof werden könnte.

Lisa: Jessas!

Lerche: Keine Angst, Lisa, die Scherbe war nur Schrott. Noch einen Schluck?

Lisa: *(hält ihr das Glas hin)* Bitte von dem Wein, den ich mitgebracht habe.

Konrad: Wer het mir no a Bier?

Herr Walter reicht ihm wortlos eine Flasche. Die Oberhuberin schenkt sich vom Garten-Gin ein.

Friedl: Wiggerl war ein Kollateralschaden, der eiskalt in Kauf genommen und vertuscht wurde. Zurück zu seiner letzten Nacht. Die Ecke feiert Erntedank im Garten von Senta und Adi. Weil es länger dauert und kalt wird, sitzen sie in der Laube. Der Wiggerl stößt erst später dazu, der ist noch beschäftigt. Just in diesem Moment muss die Lisa aufs Klo, die kriegt nichts mit, und das Maultäschle schläft mal wieder ein. Aber vorher sieht Konrad, wie Adi dem Wiggerl seinen Schnaps hinschiebt. Das war immer eine von Adis großen Gesten: Er bot sein eigenes Getränk an, großzügig, wie er war. Hinterher wurde ihm zwar immer gleich nachgeschenkt, aber es ist ja die Geste, die zählt.

Valentina: Das hat er auf meinem Grillfest zum Einstand auch gemacht, das ist mir aufgefallen.

Konrad: Das hat er ständig gemacht. Als wenn oiner aus dem Glas trinka hätt wolla, in des er scho sein Riassl ghängt hod.

Friedl: Jedenfalls schiebt er dem Wiggerl sein Getränk hin, und der trinkt es aus. Was dann passiert ist, kann ich nur vermuten. Die Leute streiten sich, Wiggerl will nicht einsehen, dass er den Scherbenfund für sich behalten soll, er geht davon, Adi ihm hinterher. Vielleicht stürzt Wiggerl von selbst, vielleicht gibt es ein Handgemenge.

Herr Walter: Das war keine Absicht! Adi hat ihm nur einen kleinen Schubs gegeben, und Wiggerl ist hingefallen und hat sich den Kopf aufgeschlagen.

Senta: Bist du jetzt von allen guten Geistern verlassen? Was redest du da?

Friedl: Ruhe! Das Interessante ist, was dann geschah. Ihr habt ihn in seinen Garten getragen, in die Grube gelegt, die er für sein Teichprojekt ausgehoben hatte, und verscharrt wie einen Hund. Warum? Ich vermute, weil Senta euch dazu gedrängt hat. Habe ich recht? Wie sie immer alle dazu bringt, das zu tun, was sie will.

Senta: Du dreckige alte ...

Friedl: Es hatte ja jeder einen guten Grund, warum er nicht wollte, dass hier die Polizei auftaucht und zu genau hinschaut. Adi, weil er den Wiggerl geschubst hat und eh alles gemacht hat, was ihm Senta angeschafft hat. Josef, weil er aus bekannten Gründen kein Interesse daran hat, dass die Polizei sich hier im Garten umschaut.

Kommissar Klaus: Das lassen wir jetzt mal so stehen.

Friedl: Und Herr Walter ... Aber dazu kommen wir gleich im Detail. Stellt sich die Frage: Warum war es Senta so wichtig, dass Wiggerl nicht gleich gefunden wird?

Lerche: *(stupst den Kommissar an)* Jetzt wird es interessant!

Eine Stimme ertönt hinter Josefs Kirschlorbeer: Ist das mein Stichwort?

Friedl: *(ruft)* Ja, komm nur!

Auftritt Marie Walter. Herrn Walter reißt es bei ihrem Anblick. Sie geht gleich zu ihm.

Marie: Servus, Papa.

Herr Walter: Marie, was machst du …? Wie kommst du …?

Marie: *(an die anderen gewandt)* Sie kennen mich nicht – bis auf die Frau Leonhardt. Ich bin die Tochter, und ich arbeite als Arzthelferin bei Dr. Mittermaier. Der hat Herrn Leonhardt wegen seiner hypertrophen Kardiomyopathie behandelt.

Valentina: *(halblaut zur Lerche)* Die wurde doch nur eingeladen, weil sich Friedl diese Krankheit nicht merken kann.

Friedl: Erzähl weiter, Kind!

Marie: Herr Leonhardt bekam von Dr. Mittermaier genau die richtigen Medikamente verschrieben. Wenn ihm jemand was anderes untergeschoben hätte, wär das sein Tod gewesen. Und war es dann ja auch.

Friedl: Das wusste dein Vater. Senta hat ihm von dem Befund erzählt.

Marie: Papa war vor zwei Jahren mal bei mir in der Praxis und hat mich besucht. Ich hab ihm einen Kaffee gemacht, und als ich zurückkam, saß er auf meinem Stuhl vor meinem Computer.

Herr Walter: Marie …

Marie: Das muss jetzt raus, Papa. *(Zu den anderen gewandt, fährt sie fort.)* Papa war früher ein toller Apotheker. Seinetwegen hab ich Medizin studiert. Aber er hat schon damals zu viel getrunken. Irgendwann hat er jemandem im Suff die falschen Tabletten gegeben. Der ist daran fast gestorben, und Papa hat daraufhin seine Approbation verloren.

Herr Walter: Ich hab alles verloren. Meine Frau hat sich von mir abgewandt, die Kinder …

Marie: So ein Schmarrn! Du hast dich doch zurückgezogen von uns allen. Bist in deinen Garten gegangen und wolltest von der Welt nichts mehr wissen. Und ich hab dann mein Studium abgebrochen, weil mich das so mitgenommen hat.

Herr Walter: Und auch, weil kein Geld mehr dafür da war, ich weiß.

Friedl: Herr Walter hat Wiggerl mit eingegraben, weil er nicht wollte, dass durch die Ermittlungen irgendjemand hier von seiner Vergangenheit erfährt. Vielleicht hat er auch den Verdacht gehabt, dass Senta etwas damit zu tun haben könnte. Ich vermute, dass er es war, der ihr verraten hat, welche Medikamente Adi bei seiner Krankheit auf keinen Fall nehmen durfte.

Erneuter Tumult. Senta will aufstehen, wird aber von der Oberhuberin daran gehindert. Kommissar Klaus stellt sich vor das Gartentürchen.

Friedl: So war es doch, Xaver, oder?
Lerche: Er heißt Xaver Walter? Erbarmen!
Friedl: Du hast dir den Befund angeschaut, weil du wissen wolltest, ob es stimmt, was dir Senta erzählt hat. Und hast ihr dann verraten, welche Medikamente bei Adi tödlich wären.
Herr Walter: Das hätte ich doch nie gemacht, wenn ich geahnt hätte, was sie im Schilde führt!
Valentina: Warum denn dann?
Josef: Er ist ja nie betrunken. Diese Ausrede fällt schon mal flach.
Friedl: Auch nüchtern machen wir Fehler. Herr Walter hatte seinen größten Fehler schon Jahrzehnte zuvor gemacht. Als er Senta geheiratet hat.

Alle außer Senta, Herrn Walter und Kommissar Klaus schnappen hörbar nach Luft. Valentina und die Lerche, die es besser wissen, lassen sich mitreißen und schnappen ebenfalls.

Friedl: Zwei Ehemalige, die sich hier im Garten wieder über den Weg laufen. Das hat aber keiner wissen dürfen, weil Senta damals unter dem Namen Senta Walter ...
Konrad: ... Pornos gedreht hat! Sie war im Schulmädchen-Report mit dabei. Wusst ich's doch!
Lisa: Da reden wir noch mal separat drüber.
Friedl: Senta hat Herrn Walter wegen Adi verlassen und ihn damals in den Suff getrieben. Und Jahre später, als sie sich

wieder begegneten, war er immer noch nicht darüber weg. Diese Schwäche hat sie ausgenutzt. Der Adi war ihr lästig geworden. Eigentlich hätte sie ihn schon längst verlassen wollen, aber dann hätte sie die schöne Rente verloren. Bis es ihr schließlich dann doch zu dumm wurde und sie vor zwei Jahren sein Ableben geplant hat.

Lerche: Wenn sie es die ganze Zeit mit ihm ausgehalten hat, warum dann gerade zu diesem Zeitpunkt?

Friedl: Wir alle wissen, dass Josef und Senta mal was am Laufen hatten. Aber Senta ist beim Adi geblieben und hat es genossen, dass ihr ehemaliger Liebhaber sie immer noch gern sah. Doch dann ist da eine neue Flamme aufgetaucht, die blonde Karin.

Senta: Diese ordinäre Schlampe!

Friedl: Solange Josef solo war oder nur kurze Techtelmechtel hatte, lief ja alles rund. Aber Karin hatte Ambitionen. Ich hab mich erst neulich mit ihr unterhalten, aus den beiden hätte was werden können. Da wusste Senta, dass sie tätig werden musste, sonst hätte die ihr den Josef vor der Nase weggeschnappt. Muss man nicht nachvollziehen können, wohin die Liebe fällt. Und warum manche Leute immer nur auf das scharf sind, was sie gerade nicht haben können.

Josef: Du bist eine greisliche, neidische Matz!

Valentina: Jetzt kapier ich. Die Kartoffeln!

Friedl: Na endlich! Adi hatte eine Schwäche für die Vitelotte, das ist eine besondere Sorte. Sonst hat er sich von Senta von einem Eck ins andere scheuchen lassen, aber auf seine Vitelotte hat er bestanden. Und faul, wie sie nun mal ist, hat sich Madam in dem Jahr, in dem sie den Adi loswerden wollte, nicht die Mühe gemacht, die Kartoffeln anzubauen. Weil ihr Gatte die Ernte eh nicht mehr erleben sollte.

Herr Walter: Der Adi hat sich darüber bei mir beschwert. Aber wer wäre denn auf so was gekommen?

Senta ist kalkweiß geworden und presst die Lippen aufeinander.

Friedl: Beim Erntedankfest hat sie dann dem Adi eins der Medikamente ins Glas gegeben, die er auf keinen Fall nehmen sollte. Vor der versammelten Runde, damit es schön unverdächtig wirkte und jeder hinterher hätte sagen können: Gestern ging es ihm noch prächtig!«

Herr Walter: Von mir hat sie das Zeug nicht gehabt, das schwöre ich!

Friedl: Dann hat es ihr der alte Mittermaier gegeben. Oder sie hat das Rezept selbst geschrieben und ihm untergeschoben.

Marie: Das hätte funktioniert. Der Dr. Mittermaier unterschreibt alles, was man ihm hinlegt, ohne es sich vorher noch mal anzuschauen. Und Rezeptblöcke lässt er auch oft mal rumliegen.

Friedl: Der Wiggerl hat das Stamperl getrunken, das für den Adi bestimmt war. Als er gestürzt ist, hat es Senta mit der Angst bekommen. Wenn Wiggerl obduziert worden wäre, hätte man möglicherweise festgestellt, was er da im Blut hatte, und das hätte eng werden können. Bei Adis Vorgeschichte wäre aber niemand ins Grübeln gekommen. Zumindest dem alten Mittermaier wäre nichts aufgefallen.

Marie: Stimmt. Hat anstandslos den Totenschein ausgefüllt, ohne einen zweiten Blick darauf zu werfen.

Herr Walter: Senta hat nach dem Sturz gedrängt, dass wir den Wiggerl begraben sollen, damit wir keine Schwierigkeiten bekommen. Sie hat so getan, als ob sie damit die Geheimnisse von Jo und mir schützen wollte. Da habe ich nicht ahnen können, dass sie da die Finger mit drin hat. Es ging alles so schnell ...

Lerche: Versteh schon. Der Schreck, zu viel Alkohol und eine Frau, die euch darauf dressiert hat, immer alles zu tun, was sie euch anschafft. Erbärmlich!

Josef: Der war eh tot, der Wiggerl, und es war ein Unfall. Daran hätte auch die Polizei nichts ändern können.

Friedl: Aber wohl war euch damit nicht, stimmt's? Vor allem nicht dir, Xaver.

Herr Walter: Erst hinterher hab ich mir Gedanken gemacht, warum ihr das so wichtig war. Da war's dann schon zu spät.

Auftritt Flokati, der am Gartentürchen heiser bellt. Valentina lässt ihn herein und streichelt ihn. Dabei fällt ihr ein Ring in die Hand, den Flokati im Mund gehabt hat. Josef nutzt die Ablenkung, um sich unbemerkt um die Laube zu schleichen.

Valentina: Das ist doch ein Ring von Senta.

Friedl: Perfektes Timing von dem Tier, Respekt.

Valentina: Senta hat eine Affäre mit Jo, und sie muss den Ring drüben verloren haben. Wie auch die Haare, die wir im Staubsauger in seiner Laube gefunden haben.

Konrad: Der hot an Staubsauger in seiner Laube? Onser Jo?

Friedl: Ach, ihre Ringe lässt sie doch überall herumliegen. Senta und Josef haben keine Affäre. Früher vielleicht mal, aber vor Wiggerls Tod war ja die Karin im Rennen, weswegen die Senta futterneidisch geworden ist. Aber die ganze Wiggerl-Angelegenheit hat was mit unserem Josef gemacht. Dem ist die Libido vergangen, und er hat die Romanze mit Karin im Sand verlaufen lassen. Und seither können er und Senta sich nicht einmal mehr anschauen. Das ist euch doch auch aufgefallen.

Valentina: Aber die Haare?

Friedl: Die hat sie bei einer anderen Gelegenheit verloren. Ich vermute mal, bei der Suche nach Wiggerls Geldbeutel. Er wurde ja ohne den vergraben. Da hat sie seinerzeit nach seinem Tod in seiner Laube nachgeguckt, das Maultäschle hat sie gehört. Dann hat sie den Adi in Wiggerls Wohnung geschickt, um nachzugucken. Die Nachbarn haben den Fremden wegen der Maske für ihren Herrn Wetzstein gehalten. Den Geldbeutel hat er zwar nicht entdeckt, aber die Rechnung für die Gartenpacht. Die wurde dann überwiesen, um die Lüge, er sei noch am Leben, weiter aufrechtzuerhalten.

Konrad: Und da hen mir alle mitzahla müssa, obwohl die do den aufm Gwissa hen!

Friedl: Jetzt, wo Wiggerl wiederaufgetaucht ist und es brenzlig hätte werden können, hat Senta in Josefs Laube nach dem Geldbeutel gesucht. Vielleicht wollte sie den Beweis vernichten, vielleicht wollte sie Josef damit erpressen. Vermutlich finden wir auch in Xavers Laube Haare von ihr.

Lerche: Haarausfall im Alter ist was Fieses. Ist mir schon aufgefallen, dass Senta Federn lässt.

Valentina: Warum hat der Adi denn jetzt daran glauben müssen? Wo sich das mit dem Jo eh erledigt hat? Wegen Bernhard, dem Kassenwart?

Senta: *(lacht kurz und verächtlich auf)* Bestimmt nicht!

Friedl: Aus reiner Vorsicht, denke ich. Der Wiggerl wird gefunden, Valentina stellt überall nervige Fragen, und ihr Göttergatte ist so dumm und trägt den Wohnungsschlüssel von Wiggerl in dessen Laube zurück. Und lässt sich dabei von mir sehen! Sie wollte den Adi eh loswerden, und sie hat ihn jetzt umgebracht, bevor er noch etwas tut, was sie verrät.

Lerche: Der Adi war halt das schwächste Glied in der Kette, denke ich.

Friedl: Das denke ich auch. Den anderen hat sie zugetraut stillzuhalten, aber dem eigenen Gatten nicht.

Senta: Das kannst du nicht beweisen, du depperte Brunzkachl!

Friedl: Ich weiß.

Schweigen. Das Feuer ist heruntergebrannt, ohne dass es genutzt wurde.

Friedl: *(hält den Ring hoch)* Flokati hat mich auf eine Idee gebracht. Ich wette, ich weiß, wo der Geldbeutel vom Wiggerl ist. Habe ich recht, Xaver?

Herr Walter: *(nickt)* Ich hab ihn vergraben. Dieses Jahr erst, nicht lang nachdem Wiggerl gefunden wurde.

Valentina: Unter den Taglilien in Sentas Garten!

Herr Walter: Ich kann gar nicht sagen, warum. Sie hat mich gebeten, die Blumen für sie einzupflanzen. Und ich wollte nicht schon wieder irgendetwas für sie verbuddeln, als wäre nie was gewesen, als hätte ich nicht schon den Wiggerl für sie beerdigt.

Senta: Das beweist gar nichts! Du hast den Geldbeutel in meinem Garten vergraben, um mir was anzuhängen, du hinterfotziger Verbrecher!

Kommissar Klaus: Den Mord an Ihrem Gatten werden wir Ihnen nicht nachweisen können, Frau Leonhardt. Aber wenn Herr Walter und Herr Krüger gegen Sie aussagen, reicht das zumindest für Anstiftung zu einer Straftat.

Valentina: Illegales Verbuddeln von Gartennachbarn!

Lerche: Verunglimpfung des Andenkens Verstorbener, Liebchen.

Oberhuberin: Und alle in der Anlage werden erfahren, was du getan hast, Senta. Dafür sorge ich.

Valentina: Wo ist der Jo hin?

In diesem Moment knallte, krachte und pfiff es hinter der Laube – ein Mordsspektakel! Nach dem ersten Schreck sahen wir, dass es sich nicht um einen feindlichen Angriff, sondern um ein Feuerwerk handelte. Jo hatte sich bei Flokatis Auftauchen unbemerkt um meine Laube geschlichen, war unters Dach gekrochen und hatte die ganzen Neujahrsraketen und Böller, die Wiggerl im Zwischenboden – warum auch immer – gelagert hatte, herausgeholt und aufgestellt. Dann hatte er die Lunte gezündet.

»Für Wiggerl!«, schrie er. »Die Heimlichtuerei hat endlich ein Ende!«

Wir standen daneben und sahen zu. Leider war es noch ein wenig zu hell, sodass die Lichter nicht ihre volle Wirkung entfalten konnten. Aber beeindruckend war es trotzdem.

35

Ich habe Fotos der jungen Senta gesehen: die langen Haare in einem dunkleren Ton als später im Leben, die großen Augen in schwarzen Kajal gebettet, die vollen Lippen für die Kamera zum sinnlichen Schmollmund gezogen. Eine schöne Frau, die den oft bemühten Vergleich mit Uschi Obermaier nicht scheuen musste. Die Blicke, die erwünschten und die unerwünschten, zog sie bereits auf sich, als sie kaum dreizehn Jahre alt war. Obwohl sie sich auf Drängen der Mutter so bieder anzog, dass sie die Züchtigkeit ihrer Kleidung nur durch ein Nonnenhabit hätte steigern können. Ihre Mutter hatte es gewagt, Sentas gewalttätigen Vater zu verlassen, um sich und die Kleine in Sicherheit zu bringen. Dass eine Alleinerziehende zu jener Zeit einen hohen Preis dafür zahlte, erkannte das Kind schon in der Grundschule, wo es erbarmungslos gehänselt wurde. Deshalb waren sie in die Großstadt gezogen, wo sich Sentas Mutter als Witwe ausgab. Sie war fromm, was sich bald zu Bigotterie entwickeln sollte, unter der ihre Tochter sehr litt. Doch sie fühlte sich ihrer Mutter verbunden oder besser: ihr verpflichtet. Die nutzte das ungehemmt aus, um von dem Kind permanente Dankbarkeit einzufordern. Senta war loyal und fügte sich, solange sie bei der Mutter wohnte. Das Leben würde auf sie warten, das wusste sie. Irgendwann käme ihre Chance, und die würde sie mit beiden Händen ergreifen.

Doch zunächst einmal kamen die Männer. »Wo ein Aas ist, kreisen Geier«, wie die Mutter immer wenig liebevoll kommentierte. Hin- und hergerissen zwischen Libido und Loyalität, Versuchung und Verboten, sah das junge Mädchen keine andere Möglichkeit, dem immer strengeren Reglement der Mutter zu entkommen, als zu heiraten. Da war sie sechzehn, und Xaver studierte Pharmazie, ein cooler Typ mit großen Plänen. Die Mutter wollte die Heirat nicht erlauben, doch der alte Vormundschaftsrichter sah das anders. »Es gibt keinen Grund, die lieben jungen Leute daran zu hindern, beizeiten eine Familie zu gründen. Jung gefreit hat nie gereut«, so sein Standpunkt. Xaver war davon überzeugt, dass er es nie bereuen würde, denn er war seiner Kindfrau mit Haut und Haar, Leib und Seele verfallen. Sie war zum ersten Mal verliebt und wusste es nicht besser.

Was dann geschah, ist ein bisschen kompliziert. Es gelang mir nicht, die verschiedenen Erzählungen, die ich aus unterschiedlichen Ecken hörte, logisch und chronologisch zu sortieren. Xavers Vater, ein Alkoholiker, hatte ihm aufgrund der Heirat mit dem »vaterlosen Flittchen« die finanzielle Unterstützung entzogen. Die beiden brauchten Geld, und Senta arbeitete beim Film, um ihren Mann zu unterstützen. Ob die Geldnot zuerst kam oder der Produzent, der sie beim Schulmädchen-Report unterbrachte, konnte ich nicht rekonstruieren. Vielleicht hatte sie diesen Job nur aus Neugier angenommen, sie kannte ja nichts von der Welt. Oder aus Eitelkeit? Möglicherweise glaubte sie, das sei die große Chance, auf die sie gewartet hatte, oder zumindest der erste Schritt in diese Richtung. Sie ließ sich nicht mit einem, sondern gleich zwei Produzenten ein und spielte nicht in einem, sondern zwei Filmen der erfolgreichen und anrüchigen Reihe mit.

Als sie erkannte, dass dies nicht den erhofften Durchbruch brachte, waren die Weichen für die weitere Entwicklung schon gestellt. Sie bekam Angebote, sich als Geliebte aushalten zu lassen, aber keine Filmrollen jenseits von Softpornos. Im Handumdrehen sah sie sich Männern verpflichtet, die das ausnutzten, und ihre junge Ehe drohte daran zu zerbrechen. Xaver war eifersüchtig, sich qualvoll der eigenen Ohnmacht bewusst und vorbelastet, was Suchterkrankungen anbelangte. Ohne Sentas Einnahmen aus Quellen, über die beide längst nicht mehr zu sprechen wagten, hätte er sein Studium abbrechen müssen. Und er liebte sie doch so sehr – derweil ihre Gefühle ihm gegenüber immer belastender wurden.

Nach der Heirat hatte auch ihre Mutter den Kontakt zu

ihnen abgebrochen. Die loyale Tochter schrieb dennoch dreimal im Jahr eine Postkarte: zu Weihnachten, zum Geburtstag der Mutter und zu ihrem eigenen. Als die vermeintliche
Witwe an Krebs erkrankte, fanden die besorgten Nachbarn
Sentas Adresse und wandten sich an sie. Selbstverständlich
kam sie ihrer Verpflichtung nach und pflegte sie. Während
dieser Zeit spielte Senta der Sterbenden gemeinsam mit Xaver
eine heile Beziehung vor, obwohl sie keine Zukunft mehr mit
ihm sah.

Die Mutter war kaum unter der Erde, als sie Xaver verließ und ihm das Herz brach, das nie wieder heilen würde.
Sie sorgte dafür, dass seinem Vater die Geschichte zugetragen
wurde, Xaver habe sie verlassen, nicht umgekehrt. Davon er-
hoffte sie sich, dass er wieder Aufnahme in seiner Familie
finden würde, was auch glückte. Sie brachte es nicht über sich,
sein Flehen zu ignorieren und die Scheidung einzureichen.
Vielleicht wäre sie nach den wenig schönen Erfahrungen mit
Männern, die sie direkt nach der Trennung machte, wieder
zu ihm zurückgekehrt. Doch da trat Adi in ihr Leben, damals
noch mit vollem Haar und ohne Bauch. Er sah blendend aus,
hatte Geld, machte sich nichts aus ihrer Vergangenheit, war
stark und doch fügsam – unterm Strich die Solidität in Person,
nach der sie sich sehnte. Adi konfrontierte Xaver und machte
ihm klar, dass er Senta gehen lassen musste. Weil sie zu ihm
wolle, weil er und sie zusammengehörten, weil ihre Liebe
größer sei. Die Ehe wurde dank seiner Kontakte aufgrund
»arglistiger Täuschung« annulliert.

Gleich im ersten Jahr der neuen Zweisamkeit erlitt Senta
einen Abgang im vierten Monat. Der selige Vater in spe war
völlig fassungslos. Er sollte nie erfahren, dass es sich dabei
weder um einen tragischen Unfall noch um einen biologischen
Zufall gehandelt hatte. Senta hatte das Kind illegal abtreiben
lassen, weil sie nicht wusste, ob es von ihm oder von einem
der Männer aus ihrer Vergangenheit war, der die Bezahlung
alter Rechnungen eingefordert hatte. Ein Kuckuckskind wollte
sie weder Adi unterjubeln noch sich selbst zumuten. Ihre Ge-

bärmutter wurde von dem stümperhaften Eingriff dermaßen in Mitleidenschaft gezogen, dass sie keine Kinder mehr bekommen konnte. Und wieder, das war ihr bewusst, hatte sie einem Ehemann das Herz gebrochen.

Knapp zwei Jahrzehnte später waren Senta und Adi immer noch ein Paar. Obwohl er ihr bereits nach den ersten zehn Jahren immer mehr auf die Nerven ging, das gab sie offen zu. Mittlerweile kannte sie alle seine Fehler, und mit der Treue nahm sie es nicht so genau. Doch sie war sich bewusst, dass sie es wesentlich schlechter hätte treffen können, und fühlte sich ihm verpflichtet. So wie sie sich generell den Menschen in ihrem Leben verpflichtet fühlte, der Mutter, den Männern. Mit Jo hatte sie in ihren ersten Jahren in der Schrebergartenanlage ein Verhältnis, von dem wohl alle außer Adi zumindest etwas ahnten. Damals waren viele Dinge anders: die Bäume und Hecken der Gärten noch niedrig, die moralische Entrüstung dafür umso höher.

Wie es der Zufall wollte, übernahm wenig später Xaver einen Garten in direkter Nachbarschaft. Er war mittlerweile ein erfolgreicher Apotheker mit eigenem Geschäft. Als sie einander begegneten, waren die Formalitäten schon abgeschlossen. Natürlich hätte er seine Parzelle trotzdem wieder aufgeben können. Doch er belog sie und auch sich selbst. Er sei nun glücklich verheiratet, mit zwei wunderbaren Kindern, und sie nur eine Randnotiz aus seiner Vergangenheit. Die erste Liebe, eine schöne Erinnerung, mehr nicht.

Was er nicht sagte: die einzige Liebe. Die, die er nie überwunden hatte. Senta täglich vor Augen zu haben war ihm unerträglich. Er trank wieder mehr, bis er schließlich zu viel trank. Und auf einmal war er täglich im Garten, weil es keine Apotheke mehr gab. Frührentner aus gesundheitlichen Gründen, erzählte er. Aber Senta war nicht dumm, und herzlos war sie auch nicht. Sie ließ Jo um Xavers willen wieder fallen. Ihr wurde schnell vergeben, und bald war die Affäre nur noch ein Gerücht über Gartenzäune hinweg.

Ich muss gestehen, dass ich Sentas angebliche Motive nicht nachvollziehen kann. Nach eigener Aussage konnte sie Adi weder verlassen noch betrügen, ohne dass es Xaver den Rest gegeben hätte. Es war ihr angeblich wichtig, ihn im Glauben zu lassen, dass es sich bei Adi und ihr um die große Liebe handelte und dass sein Verzicht auf sie damals einen Sinn gehabt hatte. Doch warum diese Rücksichtnahme dem ersten Ehemann gegenüber, die nachträgliche Loyalität nach all den langen Jahren? Wie konnte es ihr richtig erscheinen, einen Mann zu töten, statt ihn zu verlassen? Noch dazu, um einen anderen zu schonen? War sie nicht vielmehr, wie Friedl meinte, eitel und gierig? Ging es ihr tatsächlich nur um die Witwenrente? Oder wollte sie endlich die Freiheit genießen, die ihr ein Leben lang versagt worden war?

Das alles weiß ich nicht. Ich weiß nur eins: Die Krankheit der Mutter und ihr Tod vor der Zeit ist etwas, das Senta und ich gemeinsam haben. Das Bild, das ich ursprünglich von ihr hatte, veränderte sich durch dieses Wissen. Ich wollte nicht an die oberflächlichen Motive glauben, die ihr Friedl unterstellte. Vielleicht war ich aber auch nur hoffnungslos naiv.

36

Am Abend des 25. August saßen Friedl und ich auf einer Bank auf dem Friedhof. Es war der Geburtstag von König Ludwig I. und König Ludwig II. und somit Wiggerls Sommer-Geburtstag. Die Lerche hatte in Erfahrung gebracht, wo man ihn klammheimlich beigesetzt hatte, ohne seinen Freundeskreis davon in Kenntnis zu setzen. Die Auskunft hatte ihr nicht das Nachlassgericht gegeben, sondern der Bestatter, den sie ausfindig gemacht hatte. Wenn es um die Wege und Umwege der deutschen Bürokratie geht, wähnt man sich allzu oft in einem Roman von Kafka.

»Heimlich, still und leise. Das passt gar nicht zum Wiggerl«, sagte Friedl. »Der freute sich des Lebens und schätzte gute Gesellschaft. Ich bin froh, dass du seinen Garten übernommen hast. Du bist eine würdige Nachfolgerin.« Sie drückte meine Hand, und mir wurde ganz mulmig dabei.

Mein Garten war ein Geschenk, nichts weniger als das. Oft stand ich einfach nur da in meinem Salat-Shangri-La, meinem Zucchini-Xanadu, meinem Erbsen-Eldorado und schaute mich um, vollkommen überwältigt von dieser Fülle. Er war ein Geschenk des Kleingartenvereins, der mich auf die Warteliste gesetzt und mir letztendlich diesen Garten zugedacht hatte. Eines von Wiggerl, der ihn so liebevoll angelegt hatte, dass ich im Grunde erntete, was er gesät hatte. Eines der »Grünkraft«, wie Hildegard von Bingen sie nannte, der Lebensenergie dieser Erde, die sogar mir Anfängerin trotz aller Fehler reiche Ernte bescherte. Und Fehler machte ich reichlich. Doch jeder davon wurde ausgeglichen durch Erkenntnisse und Überraschungen, die weitere Geschenke waren: Der klebrige Efeu neben meinem Flieder entpuppte sich als Aromahopfen, hinter dem Kamingrill entdeckte ich lange Stiele von Himbeeren, die mich, wie mir die Nachbarschaft versicherte, bis spät in den Herbst erfreuen würden, und die Blume für zwei Euro neunundneunzig aus dem Supermarkt blühte seit ihrer Anschaffung wie eine Weltmeisterin. Nicht zuletzt erfuhr ich beim Gärtnern auch einiges über mich selbst. So hätte ich nie gedacht, dass mir die Ernte gar nicht so wichtig sein würde wie der Weg dahin. Oder dass mir das Herz dermaßen aufgehen würde beim Anblick von handgroßen Mohnblumen, in denen sich Dutzende von Bienen und Hummeln rauschhaft tummelten. Oder dass es gar überquellen könnte wegen des Dufts einer einzelnen roten Rose, die nur verblühte, um ihrer ebenso perfekten Nachfolgerin Platz zu machen. Ein Kleingarten ist wie ein Backstagepass für Mutter Natur. Hier sind wir mittendrin, direkt am Puls der Schöpfung, als geliebte Kinder des Lebens und selige Geschöpfe Arkadiens.

»Du wirst doch jetzt nicht zu heulen anfangen, du Hascherl?« Friedl sah mich misstrauisch an, beugte sich vor und verschwand beinahe in den Tiefen ihrer Rollatortasche. Schließlich tauchte sie mit einer Flasche Garten-Gin in der einen und zwei Stamperln in der anderen Hand wieder auf.

Ich wischte mir verstohlen die Augen und nahm ihr die Flasche ab. Erstaunt las ich zum ersten Mal deren handgeschriebenes Etikett: »Gin mit Schrebergarten-Botanicals«.

»Feinste Spirituose der würzigen Richtung«, bekräftigte Friedl. »Der echte Stoff, nicht das Hipstergesöff, das man mit filetierten Pampelmusen oder Galgant-Zesten oder rotem Pfeffer aus Kampot servieren soll. Oder mit Tonicwater verdünnt, das teurer ist als der Schnaps selbst. Ich hab da eine Quelle.«

Da tauchte die Lerche auf und hatte ihren beneidenswerten Picknickkorb dabei. Zum Glück nicht zeitig genug, um Friedls Bemerkung mitzubekommen. Sonst hätte sie uns lang und breit erklärt, dass in einem Gin immer Wacholderbeeren enthalten sein müssen, dass der neutrale Brand, der seine Grundlage bildet, aus Kartoffeln, Getreide oder Obst hergestellt werden kann und was genau die Unterschiede zwischen Mazeration und Perkolation sind. Nach der Begrüßung breitete sie die Picknickdecke zwischen uns auf der Bank aus, stellte türkische Leckereien darauf und erzählte: »Die Polizei hat den Sohn vom Wiggerl ausfindig gemacht. Sie haben ihn angeschrieben, und ich denke mal, dass er in Kürze auftauchen wird, um sein Erbe anzutreten.«

»Und um die Beerdigung zu bezahlen«, ergänzte Friedl.

»Der ist noch nicht da und wird schon zur Kasse gebeten.«

»Wo lebt er denn?«, wollte ich wissen, doch meine Lerche zuckte nur mit den Schultern.

Friedl überlegte. »Wenn er dann schon mal da ist, kann er doch gleich den Garten von Senta und Adi übernehmen. Es wäre eine Sünde, den lange leer stehen zu lassen.«

»Aber die Warteliste?«, warf ich ein.

»Ach was. Senta hat seinen Vater auf dem Gewissen, direkt oder indirekt. Da ist die Oberhuberin ihm wenigstens einen Garten schuldig. Und weil du dich ausgerechnet in der Parzelle seines Vaters breitgemacht hast, kann er die ja nicht mehr haben.«

Das waren die Töne, die ich von meiner Gartennachbarin kannte. Mit einem Schlag war ich nicht mehr zu Tränen gerührt.

»Wie kommst du darauf, dass er sich überhaupt in München niederlassen will?«, warf die Lerche ein.

»Wer will das nicht?«

Ich brachte meine beste Freundin auf den aktuellen Stand. »Marie übernimmt den Garten ihres Vaters, hat Friedl vorhin erzählt. Weil Herr Walter sich nicht mehr in der Anlage sehen lassen kann, sagt er.«

Das war nachvollziehbar, jetzt, wo die Katze aus dem Sack war. Die Oberhuberin hatte Wort gehalten und innerhalb kürzester Zeit die gesamte Anlage über die Vorfälle informiert. Die Gerüchte, mit denen die Fakten seither aufgemotzt worden waren, hatten unglaubliche Formen angenommen. Friedl und ich waren schon ein paarmal zum Höllenwirt gegangen, nur um uns über die neuesten Varianten des Hörensagens zu amüsieren, die uns dort zu Ohren kamen.

»Und Chris übernimmt den Garten seines Vaters«, ergänzte Friedl. »Ich hab gehört, der will auf die Balearen auswandern, mit seiner Karin. Ich glaube, das ist ein Akt der Selbstbestrafung aus purem schlechtem Gewissen.«

Wir sahen sie verblüfft an.

»Selbstbestrafung?«, wiederholte ich. »Ist das nicht das ultimative Rentnerparadies?«

Die Lerche gluckste. »Eher eine Strafe für die Balearen-Karin.«

»Ich hab sie noch gewarnt, aber wer nicht hören will ...«, hieb Friedl in dieselbe Kerbe.

»Und wer soll dieser Chris sein?«, erkundigte sich die Lerche.

»Du wirst doch wohl Chris Krüger kennen!«, ereiferte sich Friedl.

Auf den fragenden Blick der Lerche hin erbarmte ich mich. »Der Sohn vom Josef. Du erkennst ihn an seinen roten Augen, ganz der Papa.«

»Der junge Bursche, mit dem du eine Nacht im Garten verbracht hast?«

Friedl feixte, als sie das hörte, und ich wehrte sofort ab: »Also bitte, wir haben Bier getrunken und geredet.«

»Das wird eine ganz neue Dynamik im Garten geben«, sinnierte die Lerche. »Senta und Adi sind weg, Jo ist weg, Herr Walter ist weg. Von der alten Garde in der Ecke seid nur noch ihr beide und die Schwaben übrig. Und die Oberhuberin natürlich.«

Ich wusste nicht, ob ich mich geschmeichelt oder beleidigt fühlen sollte, zur »alten Garde« gezählt zu werden.

Friedl sah mir das an und grinste. »Wir brauchen dringend ein wenig junges Gemüse. Frisches Blut und frischen Wind. Die können wir dann anlernen, nicht wahr, Mädel?«

»Man darf gespannt sein«, stimmte ich ihr zu. Vielleicht war es ja gar nicht so schlecht, wenn Zuwachs kam, der noch weniger Ahnung von Gartenarbeit hatte als ich.

Friedl kramte wieder in ihrer Tasche und zog ein Schleifgerät heraus.

»Das ist doch das von ...«

»Richtig.« Sie wischte mit der edlen Lerchenserviette aus Leinen darüber. »Das Ding gehört Konrad. Aber ich finde, es passt besser hierher.« Sie stand auf und legte es auf Wiggerls Grab.

Es wurde ein schöner August-Geburtstag. Wir drei aßen und tranken so lange und stießen so oft auf Wiggerl an, dass das Friedhofstor schon geschlossen war, als wir endlich zum Ausgang wankten: die Lerche mit ihrem Picknickkorb, den sie übermütig schwenkte, Friedl mit ihrem Rollator, der den Kies des Weges zum Knirschen brachte, und ich, deren Kleingartenparadies wieder ein klein wenig heile Welt geworden war.

Zum Schrebergarten

Schrebergarten mit Spießertum gleichzusetzen ist mittlerweile wirklich überholt. Im Gegenteil: Der Trend geht eindeutig hin zu schmutzigen Fingernägeln. Junge Familien tummeln sich hier ebenso wie Menschen, die schon seit mindestens fünfzig Jahren beim Alkoholkauf keine Ausweise mehr präsentieren müssen. Bundesweit geht die Entwicklung ohnehin zu mehr Anmeldungen von Gärtnerinnen und Gärtnern in der ersten Lebenshälfte. Von den siebzehn Millionen Gärten in Deutschland sind eine Million Schrebergärten, die von circa neunhunderttausend Menschen gepachtet werden, die wiederum in rund vierzehntausend Kleingartenvereinen organisiert sind, allesamt unter dem Dach des Bundesverbandes Deutscher Gartenfreunde. Zählt man Familie, Freundeskreis und Laufkundschaft dazu, kommen mindestens fünf Millionen Zweibeiner in den Genuss des Schreberglücks auf den insgesamt vierhundertvierzig Quadratkilometern, die diese Gärten einnehmen – mehr als die Fläche von Bremen oder fast so viel wie siebzigtausend Fußballfelder, falls man sich das besser vorstellen kann. Ich kann es nicht. Aber immerhin habe ich das Gefühl, selbst hier in der Großstadt München nirgendwo eine faule Tomate werfen zu können, ohne dass sie in einer von einem Dutzend Anlagen landen würde. Noch mehr Zahlen? Pro Jahr werden fast vier Milliarden Euro für Gartenpflanzen ausgegeben. Die Hälfte davon überlebt die ersten zwei Wochen nicht – vermute ich, wenn ich meinen eigenen Verbrauch hochrechne.

Anfang des 19. Jahrhunderts dienten Gärten dieser Art tatsächlich in erster Linie der Selbstversorgung. Die Industrialisierung und die damit verbundene Bevölkerungszunahme trieben die Leute in die Städte und in die Armut. Wohlhabende Sponsoren finanzierten die sogenannten Armengärten. 1806 wurden die ersten Anlagen in Kappeln an der Schlei eröffnet, was damals noch zu Dänemark gehörte, und das Konzept machte schnell Schule. Der Name »Schrebergarten« verweist allerdings auf einen anderen Ursprung. Namensgeber Moritz Schreber wurde vor gut zwei Jahrhunderten in Leipzig geboren, mitten in die Naturverklärung der Romantik hinein. Da konnte der Arzt, Hochschullehrer und Anhänger der »Schwarzen Pädagogik« kaum anders, als er die schlechte Gesundheit der Arbeiterkinder sah. Im Grünen sollten sich die Kleinen bewegen, riet er, etwa in den Armen- und Arbeitergärten, die zu dieser Zeit gerade aufkamen. Dort könnten sie in den Genuss von frischer Luft, Leibesertüchtigung und Gemütsaufhellung kommen. Ein 1864 – somit posthum – gegründeter Verein, um dessen ursprüngliche Spielwiese herum man später Beete zur Beschäftigung der Kinder anlegte, wurde nach Schreber benannt. Aus den Gärtchen für Kinder wurden schließlich Gärten für die ganze Familie, denn auch die Eltern konnten ein wenig Landleben-Simulation durchaus vertragen. Und so ward das kleine Glück des Kleingärtnerns geboren.

Mit klein meine ich konkret: nicht mehr als vierhundert Quadratmeter, das ist vorgeschrieben. Im Schnitt ist so eine Gemüseoase dreihundertsiebzig Quadratmeter groß. Meine geliebte Scholle gehört mit gut zweihundert zu den Miniaturen. Parzellen können über Generationen in einer Familie bleiben und tatsächlich vererbt werden, wie ich inzwischen erfahren habe. Ein Drittel der Pächterinnen und Pächter behält den Garten bis zu zehn Jahre – der Rest länger, ein Fünftel sogar mehr als drei Jahrzehnte lang. So kommt es, dass manche meiner Nachbarn gar nicht aus dem Stadtteil sind, in dem ihr Gemüse-Arkadien liegt, sondern eine längere Anfahrt in Kauf nehmen. Für die eigene kleine heile Welt ist eben kein Weg zu weit. In meiner Anlage gibt es Stammhalter einer Schreberdynastie, in deren – ich vermute, schwieligen – Händen sich der Garten schon seit mehr als sechs Jahrzehnten befindet.

So eine Schrebergartenanlage ist eine Welt für sich. Ich finde:

eine faszinierende Welt, die weit über Blumen und Gemüse, Hollywoodschaukeln und Terrassenfliesen hinausgeht. Hier lernt man vom Leben und fürs Leben, kommt in Kontakt mit Menschen, mit denen man sonst nichts zu tun hätte, spürt die Energie der Natur und die Dynamiken der zwischenmenschlichen Beziehungen.

Und bekommt massenhaft Gemüse geschenkt, weil alle mehr ernten, als sie essen können.

Mit innigem Dank

an meinen lieben Gartennachbarn für die Bereitstellung seines Namens,
an Christina für die motivierende Erstlektüre,
an Kati für die Korrektur des Schwäbischen,
an die Mörderischen Schwestern für den Impuls und die Unterstützung
und an den gesamten Kleingartenverein für die freundliche Aufnahme, die Hilfe und den Humor!